普通高校通识教育丛书

王 珉 主编

普通高校通识教育丛书

DANGDAI XIFANG SICHAO PINGJIE

当代西方思潮评介

浙江大學出版社

图书在版编目（CIP）数据

当代西方思潮评介 / 王珉主编. —杭州：浙江大学出版社，2005.7（2015.6 重印）
（普通高校通识教育丛书 / 徐辉等 主编）
ISBN 978-7-308-04330-4

Ⅰ.当… Ⅱ.王… Ⅲ.社会思潮—西方国家—现代—高等学校—教材 Ⅳ.D091.5

中国版本图书馆 CIP 数据核字（2005）第 078735 号

当代西方思潮评介
王 珉 主编

责任编辑 葛 娟
出版发行 浙江大学出版社
（杭州市天目山路 148 号 邮政编码 310007）
（网址：http://www.zjupress.com）
排 版 杭州中大图文设计有限公司
印 刷 富阳市育才印刷有限公司
开 本 787mm×960mm 1/16
印 张 16.75
字 数 272 千
版 印 次 2005 年 7 月第 1 版 2015 年 6 月第 6 次印刷
书 号 ISBN 978-7-308-04330-4
定 价 22.00 元

浙江大学出版社发行部联系方式：0571—88925591；http://zjdxcbs.tmall.com

序

高等学校人才培养模式改革涉及的核心课题之一，是构建符合现代社会理念并能体现科技进步水平的教学知识体系。理想的大学教学知识体系应具有时代性、先进性、学术性和适切性，并且具体体现在能够展现上述先进理念与特征的教材体系与课程内容之中。

综观当今世界，高校本科教育越来越重视受教育者的身心素质的培养和基础知识技能的掌握，这已成为高等院校教育教学改革与发展的主要趋势之一。通识教育由于重视科学精神与人文精神的培养，重视人的发展的全面性，重视知识的交叉、广博与综合，因而越来越受到高等院校管理者、教师和学生的重视。尤其在我国，自20世纪90年代初以来，高等院校在"文化素质教育"思想的指导下，在本科人才培养模式、课程体系、教材内容、专业建设等方面进行了大量的创新，以纠正长期以来我国本科教学过早专门化和过分专门化的倾向。

浙江师范大学、杭州师范学院、温州师范学院、绍兴文理学院和湖州师范学院是浙江省以教师教育为主要特色的多科性高等院校。多年来，五院校坚持党的教育方针，坚决走改革创新之路，认真落实"育人为本"、"学术强校"的办学理念，大力推广教育部倡导的大学生文化素质教育改革工作，并在办学体制、课程设置、教育科研和研究生培养等方面开展了广泛的校际合作，取得了良好效果。《普通高校通识教育丛书》的出版，旨在发挥五院校的综合学术优势，进一步推动五院校的校际协作和浙江省高等院校本科教学的改革，探索培养更多素质优、知识广、能力强的大学生的有效途径，从而为浙江省高等教育事业发展作出积极的贡献。

徐　辉

2005年5月于浙师大初阳湖畔

目　　录

绪　论

本课程所讲的“当代西方思潮与学说”，是指19世纪下半叶至整个20世纪在西方各国流行的哲学、政治学、法学和社会学思潮。当代西方思潮与学说是在全面批判西方传统思想的基础上形成的，是当代科学发展的概括和总结，是当代资本主义社会历史条件下的产物。

本课程介绍的当代西方思潮涉及面较广。一般说来，我们只能在教学中给学生讲解一些基本的知识。但就当代西方思潮的基本态势来说，当代西方的哲学理论、政治学理论、法学理论和社会学理论都十分关注社会现实生活，有的甚至可以说是与现实生活紧密相连。这使得当代西方思潮的现实感大大增强。此外，当代的思想家们一方面注重理论的广度和深度；另一方面也非常重视实证分析方法的使用，这使当代西方的理论研究水平上升到了一个新的高度。

从哲学方面来看，当代西方哲学是在全面批判西方古典哲学的基础上形成的，是当代科学发展的概括和总结，是当代资本主义社会历史条件下的产物。19世纪中叶以后，西方哲学的重大变化首先突出表现在对以思辨哲学为中心的传统理性主义的批判，并由此分裂出两股不同的哲学思潮：当代人本主义哲学思潮和当代科学主义哲学思潮。其中，人本主义哲学思潮对“理性至高无上”的传统思想提出了尖锐的批评。它认为，无论感觉或者理智都不能揭示宇宙万物的本质，只有通过意志、欲望、情感和本能才能洞察万事万物的本质；理性不过是意欲的工具，而人的内在意欲就是世界之本质和万物之实在，这个本质和实在必须通过人的心理体验和直觉去把握。当代人本主义哲学的创始人是德国的叔本华和丹麦的克尔凯郭尔。科学主义哲学思潮则在理论上源于休谟的经验主义哲学，它的最初表现是实证主义。它并不完全否定理性主义，但是反对思辨理性，反对形而上学，反对那种把哲学归之于抽象的观念而高踞于科学大厦之顶的观点。它强调知识的经验性，主张知识必须被还原为经验，而且以经验为界限，只有被经验到的知识才是确实可靠的“实证的”知识；超经验的知识既不可能也无必要，传统哲学中的许多问题和观念（如心物问题、主客体关系）都是超经验的“形而上学”，应当加以摒弃；有了以经验为基础的科学知识就能实现社会的稳定和人类自由幸福的理想。这种哲学自诩为不同于以往唯物主义和唯心主义的一种“崭新”的哲学。它的创始人是英国的穆勒、斯宾塞和法国的孔德。

除两大哲学思潮之外，在西方世界，宗教哲学思潮和西方马克思主义流派也是非常重要的思想力量。宗教哲学思潮涉及科学知识，也涉及人的内心世界。它力图用上帝来统摄科学知识与人性，成为与人本主义、科学主义这两股思潮既有联系又自成体系的独立的思潮。西方马克思主义不是严格意义上的统一的哲学流派，而是西方各国“马克思主义者”重新解释马克思主义，想把科学主义或人本主义与马克思主义“结合”的一种思潮。它绝不是马克思主义哲学的简单延伸，而是通过对古典马克思主义的反思以及与当代西方各种思潮的辩证对话中发展起来的。

本书重点介绍的是人本主义的哲学思潮。这一方面是因为大学生在校期间主要关心和接触的是这一思潮中的当代西方哲学思想。20 多年来的萨特热、尼采热、弗洛伊德热和西方马克思主义热都说明了这一点。另一方面，正确地评价和批判人本主义思潮对于大学生的世界观、人生观和方法论的形成与发展可能更为重要。

从政治学方面看，当代西方的政治理论研究呈现出丰富多彩的局面。政治学是社会科学中一门重要的基础学科。政治学的学习和研究，同其他任何学科一样，必须面向世界，引进西方政治学研究中的新理论和新方法，进行研讨、验证，以便参考、借鉴。因此本书对当代西方政治学思想作了一定分量的介绍。这部分内容共分三个章节：新自由主义、保守主义和当代民主主义。笔者认为，这里应该分清作为主流的政治学思想和一般支流性质的政治学思考。

当代西方法学思想是大学生研习法学基本理论、提高法学思维水平的重要课程。从理论上说，由于法学家的生活和工作环境不同，接受的法律文化传统不同，个人的认识论、价值观、社会观和政治观不同，每个法学家所认同的法学理论也是很不相同的。限于篇幅，我们在本书中主要介绍三个法学流派，即新自然法学、实证法学和社会法学。

当代西方社会学是关于社会运行和发展的专门知识的理论体系。在1839年孔德第一次提出“社会学”概念以前，它的许多观点都包含在政治学、历史学和哲学等理论学说之中。“社会学”学说一经出现，就仿佛在社会学说界出现了一头大象，它企图包容整个社会科学。经过孔德、斯宾塞及其之后众多学者的发展，现在社会学理论已经蔚为大观。本书主要介绍新功能主义社会学思想。

我们学习和研究当代西方思潮课程，要防止两种倾向：一是唯当代西方的思想为“新潮”和“科学”，片面夸大其合理性，采取过多的肯定态度；二是只看到它同过去我们已经学习过的中国传统文化与马克思主义思想的对立，采取简单排斥或简单否定的态度。这两种态度都背离了“实事求是”的科学原则。研究当代西方思潮，必须坚持两条基本原则：第一，理论联系实际的原则。我们不仅是对西方各种学术流派从某一具体学科的角度进行学术评价，而且以改革开放和现代化建设中出现的社会矛盾为聚焦点，把研究现实社会矛盾与研究当代学术流派思想结合起来。第二，实事求是的科学原则。我们要把当代西方思潮放在它产生、存在和发展的特定历史条件下加以考察，把它作为人类思维发展的特定历史阶段的产物来研究，从而正确评价它的历史地位和作用。由于篇幅的限制，我们不可能介绍当代西方所有的思想流派，希望同学们在自学中进一步学习。

为了方便同学们学习和思考，在本教材中，我们特别设置了“思考题”，同时还适当增加了“相关阐释”和“相关文献”等内容，以利于同学们在听课的基础上进一步拓展研习。

相关阐释

哲理是关于宇宙和人生的原理。

哲人是智慧卓越的人。

哲学是关于世界观的学说，是自然知识和社会知识的概括和总结。

摘自《当代汉语词典》，商务印书馆 1978 年版

什么是哲学？这是一个众说纷纭的问题。有的人认为它是一种高度抽象化的思维活动；有的人认为它是使人聪明的学问；有的人认为它是脱离实际的空谈；有的人认为它是充满理想的希望，如此等等，反映了人们对于哲学的困惑和期望。

从哲学的历史看，哲学是关于智慧的学问。哲学即是爱智慧。哲学作为智慧的学问，就是理论化和系统化的世界观。哲学不仅是世界观，也是最一般的普遍的方法论，同时也是价值观。

摘自郑祥福等：《马克思主义哲学教程》，上海三联书店2001年版，第1－2页

我们可以把哲学定义为："对于存在界和人所进行的整体性、基础性和批判性的探究"。哲学是对智慧的爱好与追求，这一点注定了哲学的意义在于作为一种探究的方式，而不只是作为智慧本身，或仅是一种特定的、专门的知识的体系。……哲学也是一种"批判性"的研究。批判一词可有好几层意思。首先，一般而言，批判是根据所指向的理想状态而对现实状态有所不满和指正。其次，如康德所言，批判是追问所研究对象的"可能性条件"，换言之，追问到底这些研究对象是因为什么先在条件而成为可能的。此外，……批判也有"弃劣扬优"的意思。

摘自沈清松主编：《哲学概论》，贵州人民出版社2004年版，第2－3页

什么是哲学？这个问题看上去很容易，实际上是非常困难的。本来，一门学科"是什么"即它的概念或定义乃是这门学科得以成立的基本条件，然而恰恰在这个最基本的问题上，哲学家们至今尚无定论。……在某种意义上说，哲学居于科学和宗教之间：一方面它像科学一样属于理论思维，因而从根子上总是诉诸理性；另一方面它又像宗教一样起源于人类精神的"终极关怀"，追求热爱的是永恒无限的智慧境界。显然，与科学和宗教相比，哲学自有哲学的优越之处，因为科学解决不了人类精神的终极关怀的问题，而宗教由于诉诸信仰，从而缺少理性的清晰明确和普遍适宜的特点。但是，哲学的优越之处恰恰也是它的局限所在：哲学既起源于人类精神的终极关怀，它的对象就一定是永恒无限的东西，那实际上是我们的认识能力亦即理性所难以企及的。结果，哲学既缺少宗教单纯诉诸信仰的便利条件，同时又无法达到科学知识所特有的确定性，这就使哲学陷入了极为尴尬的境地——它试图成为科学却从来不具备科学所应该具备的基本条件，因而"不可能得到解决"甚至成了哲学问题的标志，以至于维特根斯坦说，哲学问题的特征是"我知道出路何在？"

摘自张志伟、欧阳谦等：《西方哲学智慧》，中国人民大学出版社2000年版，第4－5页

人是天生的理性动物，人是天生的社会政治动物，这是亚里士多德关于人的本质的经典定义。在亚里士多德看来，人天生就有一种参与社会生活的愿望。因此家庭和城邦的形成完全出于人类的本性。

摘自张志伟、欧阳谦等：《西方哲学智慧》，中国人民大学出版社 2000 年版，第 215 页

政治理想的形成对政治行为来说是很关键的，对这一课题的研究包含了政治哲学的概念。正如俾斯麦所定义的，政治学是"一门可能的艺术"。尽管在这儿所想象的政治是一门在所有可行的政策中挑选最有价值的谨慎偏好。

摘自莱斯利·里普森：《政治学的重大问题——政治学导论》，华夏出版社 2001 年版，第 18 页

美国法学家霍尔认为，法哲学包括四大部分：第一，法律价值论，主要研究法律强制的可行性，特别是法律强制的伦理问题。第二，法律社会论，主要研究法律规则的目的、应用和效果问题。第三，法律形式论，主要对法律术语、规则、裁决等进行逻辑分析。第四，法律本体论，主要研究法理学主题的性质，亦即基本概念问题。英国法理学教授哈特指出，法哲学是关于法律的普遍本质的思考。他所关心的不是法律的知识，而是法律的思维或思想。法哲学的基本问题包括：定义和分析问题，法律推理问题，法律批语问题。……从以上引语可以看出，西方法哲学研究的实际上是两类关系，一类是法律和法律制度内部的关系，另一类是法律与其他社会现象之间的关系。

摘自张文显：《二十世纪西方法哲学思潮研究》，法律出版社 1996 年版，第 7－8 页

马基雅维利是第一个把公义、善及神圣排除于政治领域之外的人。对他而言，权力是政治的最终目的。因此，在马基雅维利眼中，政治已转变成一种纯粹夺取权力、保护权力及扩张权力的技术。霍布斯认为，在为国家的所有主体创造幸福并贡献利益的口号下，政治变成了一种管理与管制的技术。在卢梭眼中，政治变成是经由参与公众活动（生活）之方式来自我决定的技术。今日，政治环绕着人类生活的各个层面。它不仅是夺取、维护与提升权力的技术，而且也是夺取、维护与增进人类利益的技术。更重要的是，政治是作为改善生活的工具。同时，正如马克思所强调

的,政治是根据政经结构来运作的。

摘自沈清松主编:《哲学概论》,贵州人民出版社 2004 年版,第 228 页

在谈及社会学与科学体系中其他各门科学的关系时,孔德通过强调社会学对相邻学科生物学的依赖,以及两门学科之间的相似之处,阐发了关于社会学学科性质的基本思想。……在孔德看来,物理学和化学都是从研究分散的、非有机的个别物质开始,而生物学的研究,则是从整体性的、有机的个体作为自己的出发点,社会的研究与此类似。

摘自贾春增:《外国社会学史》,中国人民大学出版社 2000 年版,第 25 页

相关文献

1. 谢庆绵主编:《当代西方哲学评介》,厦门大学出版社 1989 年版。
2. 薛文华主编:《当代西方哲学评介》,高等教育出版社 1994 年版。
3. 刘放桐:《新编当代西方哲学》,人民出版社 2000 年版。
4. 张汝伦:《现代西方哲学十五讲》,北京大学出版社 2003 年版。
5. 张志伟:《西方哲学史》,中国人民大学出版社 2002 年版。
6. 张志伟等:《西方哲学问题研究》,中国人民大学出版社 1999 年版。

第一章

意志主义

意志主义哲学是当代人本主义哲学思潮的重要基石,是当代西方哲学的重要流派之一。它把意志和理性加以区分,有时竟将两者完全对立起来,认为“无理性的意志”是世界的本体和万物的根源。它是当代非理性主义的发源地,是当代哲学中的一种典型的唯心主义学说。意志主义形成于 19 世纪上半叶,其创始人是德国哲学家叔本华。19 世纪末的最主要的代表是尼采。20 世纪初,流行于英国、法国和北欧诸国。意志主义在 20 世纪的中国有着广泛的影响。

一　意志主义概况

意志主义的产生和流行有其社会历史根源、阶级根源和思想渊源。

首先,它反映了德国资本主义发展的时代要求。叔本华的意志主义是在“神圣同盟”之后德国加强封建专制之时问世的。它与 19 世纪上半叶拿破仑时期的战乱,以及由此而来的对人的践踏等社会条件相联系。当时德国资本主义迅速发展,反封建的革命要求提高了。但是在强大的封建压力面前,一部分资产阶级又产生了消极悲观的厌世情绪。叔本华的意志主义和悲观主义正是这部分资产阶级的革命性和软弱性的反映。尼采的权力意志论则与 19 世纪 70 年代后资本主义向帝国主义过渡、工业社会的种种弊端日益暴露的时代背景有关。德国在完成了统一和工业革命后,成了世界上的一等强国,并以帝国主义的姿态出现在世界舞台上。后来居上的德国资产阶级,要冲破已经被列强瓜分完毕的世界,重新划分势力范围,就必须走侵略扩张的道路。当时欧洲其他主要资本主义国家正开始向垄断资本主义过渡,资产阶级已由推动革命性而转向野蛮性。于是,资产阶级就求助于意志。生产的高度集中和大量的资本输出,需要靠意志来控制；资本主义的贪得无厌、专制霸权和侵略扩张，也需要无理性的意志来主宰。资产阶级反对唯物主义、反对理性主义、反对马克思主义，更需要意志主义这种新式工具。尼采的意志主义正代表了当时德国和西欧垄断资产阶级的精神状态。

其次，生物学、心理学、生理学等学科的发展，为意志主义的滋生提供了养分。同时，意志主义也是继承和改造了西方哲学特别是德国古典哲学中的意志主义倾向而形成的。叔本华改造了康德关于世界本体具有自由的思想，还吸取了柏拉图的理念论、贝克莱的存在就是被感知以及康德的先验主义和印度哲学的悲观厌世思想。尼采的思想则吸取了古希腊神话和哲学、近代非理性主义倾向和叔本华的意志主义。

意志主义的主要代表人物，除了叔本华和尼采以外，还有德国的哈特曼、英国的卡莱尔等。

在现代西方各种资产阶级哲学思潮中，意志主义有其明显的基本特征。

首先，意志主义不是从外界，而是从人的心灵内部探求世界的本原，并把它归结为意志。它否认唯物主义以物质解释世界和唯心主义以理性精神解释世界的传统思维。它把意志看成是世界的本体和万物的根源，用意志去解释自然界、社会和人类精神的各种现象的存在和变化。它完全否认人类意志的客观物质根源，把意志对世界的反作用夸大到了极端，从而陷入了一种非理性主义的主观唯心主义。

其次，意志主义认为人的心灵中具有决定意义的不是理性，而是情感意志。他们一概贬低理性，抬高直觉，并由此否定理性思维的各种形式。它把意志看成高于理性的存在，是理性的主宰；而把理性看作从属于意志的，是意志的工具。它宣扬非理性的心理活动胜于理性认识，认为非理性的意志可以支配人的一切思想和行为。它完全夸大了意志和非理性的心理情绪在认识过程中的作用，把神秘的内心体验——直觉看作是达到真理的唯一途径，故意志主义也称为非理性主义。

再者，在伦理观上，意志主义反对基督教伦理思想，关心个人的前途和命运。同时，它把意志和客观规律完全对立起来，把人的主观意志凌驾于客观规律之上，鼓吹意志不受客观规律的制约，甚至抹煞客观规律，主张单凭主观愿望随心所欲地行事。它吹捧“英雄”式的超人，藐视普通群众。

可见，意志主义实质上是一种主观唯心主义、非理性主义和个人英雄主义的哲学思潮。

二　叔本华的哲学思想

1788年,阿尔都尔·叔本华出生于德国的但泽(今波兰的格但斯克)。父亲是一个大银行家,母亲出身贵族,是个颇有才华的女作家。1793年,叔本华随父迁居汉堡,后在巴黎、哥廷根和柏林等地生活与求学。1813年以论文《论充足理由律的四重根》获得耶拿大学哲学博士学位。此后几年他博览群书,研习经典,独自创造新哲学。1818推出巨著《作为意志和表象的世界》。1820年,叔本华作为一个名不见经传的年轻人向校方提出了开设哲学讲座的申请,而且要求讲座与黑格尔的讲座同时进行。当时黑格尔已经蜚声哲坛,大名鼎鼎。叔本华要向他挑战,争一高低,决一雌雄。结果是黑格尔的教室座无虚席,而来听叔本华讲课的人却寥寥无几,最多时不超过三个人。于是他愤然地偃旗息鼓,大骂柏林大学是"肉体上和精神上都可诅咒的土匪窝"。"30年河东,30年河西。"30年之后,显赫一时的黑格尔从哲学的顶峰跌落,叔本华却东山再起。一顶顶令人羡慕的桂冠戴到了他的头上,如"一个新时代的先知","一个具有世界意义的思想家"等等。叔本华的哲学理论可以概括为"生活意志论"。

世界是表象和意志

叔本华崇拜康德,在书斋里供奉着一尊康德的半身雕像,另外还有一尊铜佛。他从康德哲学出发来探讨世界问题,把世界分为现象和自在之物两个方面,现象就是作为表象的世界,是"我的表象";自在之物就是作为意志的世界,是"我的意志"。

叔本华认为,"'世界是我的表象':这是一个真理,是对于任何一个生活着和认识着的生物都有效的真理"。[①] 即"世界是我的表象",这是从作为主体(表象者)的人和作为客体(被表象者)的世界的关系中推出的一条普遍有效的不证自明的真理。然而,世界的本质或自在之物就是意志。这个意志指的是生存意志。

叔本华认为,意志是一种"盲目的、不可遏止的冲动",是一种不受理

① 叔本华:《作为意志和表象的世界》,商务印书馆1982年版,第25页。

性制约的神秘的生命力,是永不满足的欲求。它永远欲求着生命。因此,意志包括两个方面,即求生存和繁殖后代。求生存是对个人生命的肯定,繁殖后代是对个人生命的否定和对人类生命的肯定。所以要把生殖和死亡看作属于生命的东西,看作意志这一现象的本质的东西。他运用类比的方法,推论出其他动物、植物、无机物和人体一样,都是意志的客观化。例如,老虎的尖牙锐爪和强蛮体力,就是捕捉其他动物以求生存的意志表现。树木渴望阳光,所以向上生长;它又需要养料水分,所以向土壤扎根。由于人有自我意识,所以,人是意志最完善的表现。人因而能够认识到自己既是意志,又是表象;世界也既是意志,又是表象。人作为主体的意志与世界的意志是相通的。

认识是意志的工具

叔本华认为,认识是意志客体化的产物,是意志客体化到了较高级别之后才出现的;认识是为意志服务的,是实现意志目的的手段。他说:"感性、神经、脑髓,也只是和有机生物的其他部位一样,都是意志在它客体性的这一级别上的表现;因此通过这些东西而产生的表象也正是注定要为意志服务的,是达到它那些现在已复杂起来的目的的手段(机械工具),是保存一个有着多种需要的生物的手段。"[①] 当然,他也认识到,理性认识在人的生活中有一定的作用。在他看来,人的理性认识具有以下特点:(1)抽象性;(2)多次性;(3)普遍性;(4)可传达性和可保存性。但他同时认为,人的理性认识也有许多不足:(1)随着理性认识的抽象作用,它可能会出现怀疑和错误,失去直观的那种清晰度和明确性;(2)理性概念无法把握细小的变化和差别;(3)在许多场合,比如在击剑、演奏等文体活动中,一旦有理性思索加入,反而会分心迷乱;(4)在日常生活中,如果你处处思索,便会虚情假意;(5)在艺术上,理性几乎是无能为力的,因为艺术只靠直观。

叔本华认为,把握世界的本质即意志,只能凭借直觉。因为直觉在认识理念时,不用概念,不用推理,而是处在时间的空间之外,依靠纯粹的直观。直觉把握事物本质时有两个特点:第一,非功利性。作为认识主体的人,首先必须挣脱意志欲望枷锁的束缚,使自我成为一个纯粹的主体。第二,对于客体的静观。在认识事物时,不要考虑事物的"何时"、"何处"、

① 叔本华:《作为意志和表象的世界》,商务印书馆 1982 年版,第 247 页。

"何以"、"何用",而仅仅考虑事物是"什么"。当主体摆脱了对意志的一切关系,就进入了直观者与直观本身融合为一的境界,这时整个意识为当下的直观景象所充满,物我两忘,利害全无,认识就在刹那间直接达到理念,达到真理。叔本华的直觉主义认识论在西方历史上第一次强调了非理性因素的重要作用,对现代西方科学、哲学中的非逻辑思维方式的影响是深远的。

人生就是痛苦

在叔本华看来,意志就是痛苦,因为意志是欲望,而欲望按其实质来说就是痛苦;一切欲求和挣扎都是由于欠缺和不满足,而欠缺和不满足就是痛苦;欲望是无止境的,痛苦也是无止境的;欲望的满足又会带来无聊:"人生是在痛苦和无聊之间像钟摆一样来回摆动着;事实上痛苦和无聊两者也就是人生的两种最后成分"。[①] 他指出,人们的痛苦各不相同,大小也不相等。人的智力越高,认识越明确,就越痛苦。天才最痛苦。

痛苦对人生并非毫无意义。痛苦使人生不感到无聊;痛苦有着导致清心寡欲的促进作用,从可能性上说还有一种圣化的力量;痛苦能激励人前进,造就伟大的事业。幸福经常是消极的,而痛苦则是人生的积极因素。

然而,人们总是希望能够消除或摆脱痛苦。如何摆脱人生的痛苦呢?摆脱痛苦就要否定意志和欲望。否定生命意志的禁欲主义有三种:一是自愿放弃性欲,因为性欲是生命意志最坚决的肯定;二是甘愿受苦,因为痛苦可以净化人的原本贪欲的灵魂;三是自愿地以死来灭绝意志。而绝食自杀是真正的、最高度的禁欲——这是在完全中断了欲念之后才结束生命的。叔本华认为,"自杀"是愚蠢的行为,因为自杀离意志的否定还远着呢。从事哲学思考和艺术创造是两种较好的暂时解脱法。另外,摆脱痛苦还有两条道路:一是对于永恒理念的无意志的静观,这一方面是纯艺术的欣赏,另一方面是纯学术的研究与直观——为学问而学问,为艺术而艺术,无意欲而超实用;二是对他人和自己给予忘我的悲悯和无限的同情。永久的解脱是信仰宗教,直接弃绝欲念,进入涅槃世界。

---

① 叔本华:《作为意志和表象的世界》,商务印书馆1982年版,第443页。

三　尼采的哲学思想

1844年,弗里德里希·威廉·尼采出生在德国萨克森一个乡村牧师的家庭。自小聪明过人,10岁时就能做诗谱曲。20岁进波恩大学,一年后转入莱比锡大学,主攻语言学,亦对文艺和哲学感兴趣。1869年被聘为瑞士巴塞尔大学语言学教授,后他主要从事哲学思考。1879年因病退职。其后十年,浪迹天涯,奇文迭出。十年以后,精神失常,1900年去世。尼采的主要著作有:《悲剧的诞生》(1871),《查拉图斯特拉如是说》(1883－1884),《瞧,这个人》(1888),《权力意志》(未完成之遗稿,1901)。

尼采对西方文化的批判

首先,尼采认为,西方文化的主要问题是它的伦理主义。西方传统的伦理价值观以柔弱为善,以力量和征服为恶,并以驯服和顺从为幸福。

在尼采看来,什么是善?凡是增强人的力量感的东西如力量意志都是善。什么是恶?凡是一切来自柔弱的东西都是恶。什么是幸福?幸福是一种力量增长和阻力被克服的感觉。什么东西比恶更有害?主动地怜悯一切失败者和弱者。尼采把增强还是削弱人类力量作为善恶以及幸福与否的标准。

尼采认为,伦理观念是人类上升或下降、超越或毁灭的重要因素。当时,统治着人们思想和生活的旧道德严重阻碍着生命活力的增强,不利于人类的上升或超越,是对生命的摧残。西方传统的伦理观已经使人失去了奋发健康的生命活力和追求力量的本能,因而导致人类的软弱和堕落。这种伦理观脱胎于基督教的教义。尼采声称"直到现在为止,基督教一直是人类的最大不幸"。尼采分析了基督教的三美德:(1)基督教要人们所信仰的并不是真实的东西。如果这种信仰普遍成立的话,理性、知识就不足为训,就等于封闭了通向真理的道路。(2)基督教倡导的爱,实际上是要人们更多地忍耐。(3)基督教所说的希望,是要把受苦的人维系在一种幻想之中。尼采说这是基督教的三个诡计,基督教完全是靠它们来驯服人的。

其次,尼采认为,西方文化的问题在于它的理性主义,理性主义的病毒是由苏格拉底引入欧洲文化的。苏格拉底把知识当作改造城邦每个公民的根本手段，甚至断言：知识就是美德。

柏拉图继续强化理性知识的作用。在《理想国》中，把培养哲学家作为社会的头等大事。

尼采说，我们不得不把苏格拉底当作西方文明中的旋风和转折点。他区分了三种文化：苏格拉底文化、艺术文化和悲剧文化。

苏格拉底文化下只能产生理论型的人物。这种人物有最高的认知能力，却脱离了真实的人生。而人必定是要为真实命运而生活的。

再次，尼采认为，西方文化的问题在于它的理想主义。理想只是对自身进步的向往。而“进步”只是一个现代观念，并且是一个错误的观念。“理想总是对现实的诅咒”，理想就是逃避现实，盲目崇拜对“未来的革命和平等”的空洞议论。他在回顾自己的人生道路时说：“那扑朔迷离的‘理想主义’才是我生命的真正祸害……当我差不多绝望时，才开始省悟自己生活的致命伤——理想主义。”

英国学者史丹说过，尼采的思想不是讲什么是好，什么是不好，而是讲如何创造一种新的道德观念。我们评价历史人物，一定要从人的创造性这一点出发。

尼采的价值观包含着积极向上的合理思想，他对旧道德、旧宗教和旧哲学的批判是深刻的，但有时又陷入了否定一切的泥坑。哲学重于批判，轻于建树。包括他对基督教的批判，尽管咄咄逼人，堪称独步，但仍浮躁凌厉，缺乏深度。

世界就是权力意志

尼采反对宗教神学以上帝作为万物的本原，他借着狂人的口向全世界宣布上帝已经死了，人唯有依靠自己才能生存；他反对思辨哲学以理性作为世界的本原，指出“‘理性’就是埋葬生命的危险的暴力”①；他反对唯物主义以物质作为世界的本体，宣称根本就没有什么自在之物。他接受叔本华的意志主义思想，又不满叔本华悲观主义的生存意志说。他从酒神狄奥尼索斯的精神即生命力强大精神出发，把叔本华的生存意志改造成为权力意志。

这里特别要说明一下，“权力意志”的翻译是一个约定俗成的用法。其实，尼采的原意更应该是“the Will to Power”，即“Creative Power”，是

① 尼采：《权力意志》，商务印书馆 1991 年版，第 51 页。

“冲创意志”，而不是“the Worldly Power”，即世俗权力的意思。他所说的权力意志是指宇宙万物所共有的释放和扩张自己力量的欲望，进行创造的欲望，占有、支配他物的力量。按尼采的哲学原意，尼采的哲学“本体”更准确地说应该译为“强力意志”或“冲创意志”，即扩大自身、超越自身，具有旺盛生命力的意志，就是释放自己能量的“创造性意志”。

由此，尼采提出“重估一切价值”的重要思想。他所确定的价值标准就是人的生命的强大。凡是有利于生命强大的思想和行为，就是有价值的思想和行为。反之，就要加以否定。他肯定苏格拉底以前的某些哲学思想，特别是修昔底德否定道德并以强壮的日益健康的力量为快乐的希腊风格，以及古希腊的“永恒轮回”思想。他批判了苏格拉底以来的哲学，认为都是颓废的哲学。他主张用酒神狄奥尼索斯的精神来革新哲学，用强力来重建哲学的价值。

与关于权力意志的观点相联系，尼采提出了“永恒轮回”的思想。他认为，“万物方来，万物方去；存在之轮，永远循环。万物方生，万物方死；存在之时间，永远运行。万物消灭了，万物又新生了；存在之自身永远建造同样的存在的屋宇。万物分离而相合；存在之循环对于自己永久真实。存在念念相生；围绕着这之轨道，永远回环着那之星球。任何一点皆是宇宙的中心。永恒的路是螺旋形的”[①]。可以看出，他不满于叔本华的万物归于虚无的观点，而认为意志世界处在“循环的欢乐中”，是个令人双重销魂的酒神世界。他也不满意叔本华的人生寂灭的悲观主义论调。尼采从世界万物的循环中推出人生内容的循环，是要给人类一个最高的肯定方式。他希望人们不要一成不变地生活，不要安于现状，而要承认变化，面对变化的世界，追求更有意义的创造性生活。

超人哲学

19 世纪被尼采说成是一个颓废的世纪。然而也正是在这个世纪，他看到西方文化已经出现黎明的曙光。因为这时出现了一件大事——上帝死了。正是人类自身创造的科学技术和人类自身日益的麻木不仁摧毁了1000 多年的对上帝的信念。上帝之死标志着以基督教为精神支柱的西方文化开始崩溃。

千百年来，上帝一直是人类文化的监护人。现在，他死了。人类孤立

① 尼采：《查拉图斯特拉如是说》，文化艺术出版社 1987 年版，第 261 - 262 页。

无援地立身于宇宙之间。人类要继续生存下去，就必须摆脱原来的依赖顺从心理。人类自己要成为创造和评价价值的主体。

什么是尼采所说的超人？在我国哲学史界有一些分歧。有人在列举了尼采关于超人的一些话语之后说，在尼采那里，所谓超人，就是天才艺术家和世界征服者兼于一身的人，有五大特点：天才人物，拥有至上权力，凶残，狡狯，孤独。

尼采对“超人”曾经作过许多描述和比喻。他说，超人是高等人类中理想的类型，是生存的意义，云中的闪电等。在《查拉图斯特拉如是说》一书中，他说：超人“是指这样一种类型的人，他们的出现是伟大幸运的一个片断，是一种与‘现代人’、‘善人’、‘基督徒’以及别的‘虚无主义者’正相反对的人”。综合尼采的论述，他所说的超人具有这样一些特征：

第一，超人热爱生命和强力，而不热爱僵尸和怯懦，因为他本身就具有非常旺盛的生命本能和强力意志，是非常健康的人。

第二，超人有一双轻捷的足，视人生为神圣的舞蹈，总是把超越传统道德观念和价值观念乃至全人类当作目标，而不是把自身当作目标。正因为如此，在基督教徒的眼中，他总是旧道德、旧价值、旧法律的破坏者，是不能容忍的疯狂者。

第三，超人具有自主的道德和独特个性，是自颁法律、自我评价、自树价值尺度的创造者。

第四，超人是伟大的人，但不是完全的人。在他身上，人性的一切对立和矛盾的东西，如最崇高和最卑下、最愉快和最痛苦、最轻松和最可怕的力量都能体现出来。

总之，在尼采眼中，超人是超越人类的一个新种族。人类所不具有的一切优点、一切优秀品质、勇敢精神都在他的身上得到体现。事实上，超人是一个永远无法实现的梦想。尼采之所以要构思出这么一个如同上帝的超人来。其用意究竟是什么呢？

由此看来，尼采创造“超人”这样一个概念的实质是要说明：

首先，人类是应当被超越的一种存在。人类是什么？人是一根系在野兽和超人之间的绳索——一根悬在深谷上的软索。在尼采看来，人类之伟大，正在于他是一座桥梁而不是一个目的。即，人是一个不断超越自己、升华自己的过程。超人的概念就是这种自我创造、自我超越的具体化。从这个意义上讲，超人并不表示人以外的一种东西，而是表示人自身的那种超越性和创造性。“自我超越的苦斗的历程，就是超人性的实现”。

其次，超人是人类生活的目标，是人生存的意义。从前，上帝是人类生活的目标，信仰上帝是人生的最大意义；现在，要由超人来填补这一空白，“我要教人以存在的意义，这就是超人”。

最后，超人是对现时代各种懒惰和颓废的克服，是各种有害疾病的战胜者。尼采声称自己的毕生工作是要“改良人类”，为人类带来一个“伟大巅峰”。他痛感现代人堕落了、残废不全了。他期待更高大、更强健、更快乐和身心严整的人——超人的到来。

尼采认为，由于超人或对“超人”的追求都需要人们有杰出的强力意志，因此，超人是旧世界和旧文化的毁灭者和挽救者，是新世界和新文化的创造者和倡导者。在他看来，超人是大海，它会掀起猛浪，吞没浊世和一切污行；超人是“闪电”，它痛击旧世界的一切罪恶；超人是“大地”，它要创造地上的生活、现世的生活。超人是新世界的不断更新者。

在过去导致人性颓废的社会中，人类自身是不健全的。尼采将他所期待的“超人”概念作为一个崇高的目标提供给人们，体现了尼采试图把理想人格由“神”转化为人的努力，体现了一种价值观的转变。

思考题

1. 怎样看待非理性主义哲学与社会时代背景的关系？
2. 如何理解意志主义哲学对西方传统哲学理论的继承与发展？
3. 试论叔本华的人生哲学理论。
4. 对尼采关于“重估一切价值”理论的反思。
5. 如何认识尼采的超人哲学思想？

相关阐释

非理性主义思潮在19世纪终于汇聚成一股巨流，与思辨哲学、实证主义三分天下，分庭抗礼，进而直接影响了20世纪思想、文化和艺术领域的许多流派，其中涌现出三位著名人物：叔本华、克尔凯郭尔和尼采。他们所关注的是人，直面的是人的生命。他们并不嘲笑因仰观天象而坠入井底的泰勒士，他们却悲悯出于好奇和求知而仰观天象的泰勒士。他们敏感而悲观地透视了19世纪人的生存状况，勾画出痛苦、恐惧、颓废等等抗拒着一切理性乐观主义的人生的常态。他们似乎“发现”了个人的肉体、欲望和意志的不可遏止的力量，也深究到思辨理性、日常伦理和流行信仰的软弱与空洞。简言之，他们洞察到"本能冲动造反逻各斯"这一现代性的本质，由此痛恨一切蔑视个人、扩张理性、驯顺肉体的思想体系。

摘自张志伟主编：《西方哲学史》，中国人民大学出版社 2002 年版，第 697 页

从 1902 年梁启超首次论及尼采算起，尼采哲学在我国流传已有一百个年头了。百年来，尼采这个名字在我国或被大吹大捧或被大批大贬，几起几落，历尽坎坷。……最早介绍进入中国的尼采，他要求打碎一切偶像，重估一切价值的思想与中国彻底反帝反封建的历史要求相吻合；尼采在呼唤"超人"的同时，也无情地揭露了资本主义社会的拜金主义所造成的颓废、沉沦以及精神和信仰上的虚无危机，这一切又和中国的有识之士反对帝国主义侵略、力图避免资本主义弊害的愿望结合在一起；尼采提出强烈的意志力和勇敢、坚强、创造性的强者道德，对于改造旧中国半殖民地半封建社会的颓靡、虚伪、苟且偷生、浑浑噩噩的社会风气和懦弱顺从的奴隶道德恰恰是当头一棒。……在 20 世纪 40 年代末至 70 年代末，尼采思想总是被莫名其妙地与各种被打倒的政治势力挂钩。……1978 年以后，中国的尼采研究从政治符号学开始向真正的学术研究转化。

摘自李洁：《尼采》，浙江教育出版社 2003 年版，第 123－146 页

启蒙思想家怀有普遍的关于人类进步的信念。他们相信，随着人类理智的进步，人类社会会有整体性的全面进步。……

启蒙理性主义的唯理智主义，即认为理智进步势必导致道德进步从而会促进文明全面进步的观点，已遭受双重失败：(一)启蒙之后的世界历史和今天的社会现实都雄辩地证明：理智进步可以与道德进步相脱节，理智进步并不必然带来道德进步。(二)即便作道德虚无主义的退却，承认道德没有进步，但声称道德堕落无碍于"凡人的幸福"，也同样没有立论的基础。因为一旦道德堕落的人们和只守"道德底线"的人们的物欲洪流将地球破坏得不可居住，"凡人的幸福"便失去了根基。

摘自卢风：《启蒙之后》，湖南大学出版社 2003 年版，第 245－249 页

基本伦理学关切基本的道德原则或规范。道德原则分为两类，一类规范行为者的态度或动机，另一类规范行为。……

目的论的典型代表是效益主义。效益主义的主张可以用积极与消极

两种方式来表述。积极方式就是:为最大多数人谋最大福利便是道德善的内涵与第一原则。消极表述则是“较小恶原则”。行为者在大恶与小恶之间必须选择小恶,道德上善的抉择就是两恶相权取其轻的抉择。

谈到义务论,最受瞩目的大概是康德伦理学。……行为的伦理价值不在于行为的效果,也不在于由效果而道出的任何原则,而只在于行为者的善意志。所谓善意志则是指乐于服从良心无上命令的意志。“无上命令”要求考查自己所遵循的行为准则是否符合可普遍化原则,也就是说,行为者应当问,自己所采取的行为准则是否具有一种“为一切人均适用的普遍性”。

摘自沈清松主编:《哲学概论》,贵州人民出版社 2004 年版,第 31－33 页

相关文献

1. 谢庆绵主编:《现代西方哲学评介》,厦门大学出版社 1989 年版。
2. 薛文华主编:《现代西方哲学评介》,高等教育出版社 1994 年版。
3. 刘放桐:《新编现代西方哲学》,人民出版社 2000 年版。
4. 叔本华:《作为意志和表象的世界》,商务印书馆 1982 年版。
5. 尼采:《权力意志》,商务印书馆 1991 年版。
6. 尼采:《查拉图斯特拉如是说》,文化艺术出版社 1987 年版。
7. 陈鼓应:《悲剧哲学家尼采》,生活·读书·新知三联书店 1987 年版。

第二章

科学主义

与人本主义相对应,还存在着一种科学主义思潮。其实,作为一种思潮,科学主义自古有之。从亚里士多德开始,便有了与人本主义相对立的科学主义思潮。而20世纪西方的科学主义思潮是与20世纪自然科学的突破性进展相适应的,它包括:实证主义、分析哲学、逻辑实证主义、逻辑实用主义、否证主义、科学哲学的历史主义、科学实在论与反实在论等等。其主要特征是强调一切思想观念的实证特征,以经验的证实或逻辑证明为标准来划分知识的科学性与否。

一　20世纪科学主义的形成与演变

历史背景与理论渊源

19世纪以来,英国与欧洲大陆的政治、经济处于世界的领先地位,原先宗教在意识形态领域中的地位不断下降,人们的精神已经从天国转向世俗,大学里的教师与学生也纷纷把目标朝向科学的研究,而非争取成为牧师,神职人员已经不再是大学生们最崇尚的职业。科学观在人们心目中占据了主导地位,逐步改变了人们对世界的看法,形成了实证主义的哲学观,例如19世纪初有孔德的实证哲学,后来有马赫的实证主义等等。

20世纪初形成于英国的数理逻辑,是20世纪科学主义潮流最深刻的基础。数理逻辑借助于形式化的逻辑语言与逻辑演算来处理形式逻辑中的问题,它便于使问题得到高度的清晰化与理论表述的严格化,避免了日常语言的不确定性和不严密性的局限。

20世纪初欧洲大陆在自然科学方面也取得了突破性的进展,其中相对论与量子力学是最富挑战性的成就。相对论构成了对牛顿理论的挑战,使传统的物理学大大地前进了一步;而量子力学则从根本上突破了传统的世界观,其测不准原理、量子跃迁等理论使传统的决定论发生了动摇,改变了人们对因果必然性的看法,同时也密切了人与客观对象之间的不可分割的互动关系。

从思想渊源来说,英国经验论传统把哲学命题限于经验的范围,超出经验范围之外的则被斥之为形而上学的无意义的。这种实证主义的哲学观,试图超越由来已久的历史上始终未得到彻底解决的唯物主义与唯心主义的争论之上,特别是自马赫主义之后,这种实证主义思潮愈加占居支配地位。它反对思辨,反对教条主义与不变论,反对历史上无谓的纠缠不清的哲学争论,试图以证实或逻辑清理这些争论的命题,分析其意义之有无。分析哲学与逻辑实证主义就是在这样的背景下产生的。

20 世纪科学主义的流变

科学主义是 20 世纪西方分析哲学、逻辑实证主义、批判理性主义、历史主义、科学实在论与反实在论等等的总称。

科学主义思潮源远流长。从亚里士多德开始,科学哲学关心的主要就是归纳与演绎的关系问题。17 世纪,在英国出现了经验论哲学,在欧洲大陆出现了唯理论哲学,两派哲学的争论最终是关于科学方法是什么,其实质就是:究竟科学方法是归纳法呢,还是演绎法?持不同观点的人形成了归纳主义与演绎主义,各执一端。这场争论持续到 20 世纪初,归纳主义初战告捷,这主要是因为数学与几何领域的变化,非欧几何的确立说明了欧氏理论并非先验的公理,相对论的建立也说明了牛顿理论并不具有绝对的必然性。尽管科学的发展说明归纳法是不可缺少的,但是,演绎主义的理论也并非几个实例就可以击败,20 世纪科学主义中的工具主义、实在论也仍然有着某种演绎逻辑的倾向。

现代科学主义发展的最初阶段是实证主义。实证主义分为三代,第一代是孔德的实证哲学,试图把知识建立在实证的基础上,认为只有根据经验才是确切可靠的,而一旦超出经验之外,便无知识的可靠性可言。第二代是马赫的实证主义,主张不讨论经验之外的问题,如果讨论经验之外的问题便是对思维的不经济,断言经验是中立的要素,但又称物是感觉的复合,把感觉看作经验中最主要的成分。第三代是实用主义,标榜是彻底的经验论,强调物是经验的结果,认为世界的本原只有一个,即"纯粹经验"。真理就是有用,就是对人们具有兑现价值,是人们进一步认识的工具。

继实证主义思潮之后，20世纪初出现了罗素与维特根斯坦的分析哲学。分析哲学强调对哲学命题作逻辑的分析，澄清哲学问题，解决哲学争论，使那些一天到晚在捕蝇瓶中争论含糊不清的哲学问题的"苍蝇"逃脱捕蝇瓶。分析哲学与以往的哲学不同，它假定人已经以各种方式获得了知识，并且在任何情况下都能认识这个世界。因此，哲学只是研究既成的知识，而不是研究如何获得这些知识。分析哲学家们都倡导分析方法，批判思辨哲学，反对建立包罗万象的体系，主张逐一地解决问题，一点一滴地进步。因此，分析哲学从来就没有一个完整的体系，而只是就几个主要的问题展开讨论。

由于分析哲学基本上停留于逻辑层面上研讨问题，所以追随分析哲学的人并不多。20世纪一二十年代，在维也纳大学集中了一批科学哲学家，他们吸取了分析哲学的精华，主张对科学理论进行经验的分析，这就是逻辑实证主义或逻辑经验主义。其领导人是石里克，代表人是艾耶尔、卡尔纳普、纽拉特等。与此同时，在柏林有赖欣巴哈的概率主义的逻辑实证主义，在华沙有塔斯基的语义学的逻辑实证主义。他们强调对哲学命题进行逻辑的分析与实证分析及语义分析，并通过分析清除形而上学的伪问题，从而达到统一科学之目的。

1933年，由于希特勒上台实行了纳粹政治，对犹太人实施残酷的灭绝政策，于是维也纳学派开始解体，其成员到处流浪，一部分人到了英国，一部分到了美国。到英国的哲学家们将自己的思想与英国当时的剑桥大学和牛津大学的哲学家们的思想结合起来，形成了语言哲学。特别是后期维特根斯坦主张"意义在于使用"的哲学观点，形成了日常语言哲学。而到了美国的哲学家们便结合美国的实用主义，形成了逻辑化的实用主义，即以奎因为代表的逻辑实用主义。逻辑实用主义是分析哲学发展的最后阶段，由于实用主义之侵入分析哲学，逻辑的分析已经失去了它的严肃性。20世纪七八十年代后，罗蒂提出了解构分析哲学的思想，主张消解分析传统的哲学，提倡"小写的哲学"，认为人类思想的丰富与扩张，只有靠创造性精神的弘扬，而非靠学习传统哲学。至此，分析哲学开始走向衰亡。

20世纪40年代，居住在英国的波普尔提出了一种证伪主义的思想，认为传统的科学哲学所讨论的是如何证明理论的真理性，实际上要发展科学，并不在于证实而在于证伪。他提出了一种科学的动力学观点，主张靠证伪去发展理论，这就是所谓的批判理性主义。其后，库恩结合心理学与科学史，创立了科学哲学的历史主义学派，主张通过科学史来研究科学知识的成长，通过研究范式的转换方式来研究个人对科学理论的认同。他认为，理论的接受涉及的不是经验的证明，而是科学理论解决问题的能力，一旦其解决问题的能力降低，理论便开始出现危机，理论解决问题能力的丧失便是接受新理论的开始。因此，前后相继的理论其本体论的承诺是不一致的，是不可通约的。60－70 年代，费耶阿本德进一步发展了库恩的观点，只是把理论看作假设而已，科学的发展在于提出对立的理论，采用“怎么都行”的方法，科学与非科学没有本质的区别。这样，科学在文化中的权威性地位便丧失了。

针对科学理论权威性地位的丧失，以 W·塞拉斯与普特南为首，提出了对历史主义的反对意见，形成了科学实在论观点，主张越趋成熟的科学理论就越具有真理性，越是当今的理论就越具有真理性。但与之相反，以劳丹、范·弗拉森等人为代表的反实在论对科学理论则采取了更加谨慎的态度。他们认为，无论科学理论成熟与否，都不具有真理性；科学只是一部宏大的巨著，每一时代的科学家都只是在给这部巨著增添其中的一些内容，但永远也写不完；我们目前称之为真理的理论，过不多久就会发现一些不相一致的反例。

科学哲学的争论仍在继续，从今天的科学哲学发展来看，科学认识论成为一个争论的核心方面。因为，我们要了解科学理论的本质是什么，就必须了解科学理论是如何形成的。为了了解科学理论的形成，哲学家们把研究的重心放在了认知心理学上，主张把哲学的研究与认知心理学相结合，并因此认为科学哲学只是心理学的一章，而心理学则是自然科学的一本书。

二　分析哲学的基本观点

分析哲学的“分析”一词是一种研究问题的特定方法，其实质是把分析看作一种单纯的技术，而不以任何与某些知识观念有关的现成形式来对分析加以限制。分析可以是逻辑分析，也可以是结构分析、实证分析、语义分析等等。

首先，分析哲学总的特征是普遍重视语言的作用，把语言分析作为哲学研究的任务，把全部哲学问题归结为语言问题，把哲学活动看作澄清问题的分析活动。

之所以出现分析哲学，是因为自近代以来哲学在发展中的穷途末路。近代哲学一开始就试图把人的认识理性化。从笛卡儿开始，哲学家们就把认识论作为哲学研究的中心，并形成了一套理性化的方法，即演绎的逻辑方法，强调真理的逻辑自明性。英国的经验主义则过分地强调了客体对于主体的决定作用，洛克的“白板说”就是一例。康德针对唯理论和经验论的争论，把问题转向研究认识自身，即人有没有能力认识世界，从而把经验论与唯理论结合起来。但是，由于康德的哲学存在着先验与后验、自在之物与现象世界之间的矛盾，而使得人们对康德哲学也表现出不满。但是，无论如何，康德哲学都可以说为现代哲学的发展找到了一条出路，即研究主体性结构。

从研究人认识什么、如何认识到康德研究人有没有能力认识，这是一个根本性转变，但却过于形而上学化，它仍属于传统哲学的本体论、认识论范畴，还没有摆脱思辨哲学的特点。哲学能否变得更实际一点呢？这便是分析哲学的基本任务了。分析哲学不研究如何获得认识，而只是研究既成的认识，研究这些知识中哪些有意义和无意义，以及我们依赖什么去判断这些知识的意义。

第二，分析哲学普遍强调分析方法的重要意义，把分析看作哲学研究的主要方法、基本技巧。

在分析方法的作用上，罗素、前期维特根斯坦以及逻辑实证主义者强调形式分析或逻辑分析；摩尔、后期维特根斯坦以及日常语言哲学则强调概念分析或语言分析。

形式分析和逻辑分析的方法是罗素提出来的。所谓形式分析也就是指从纯粹逻辑的观点去观察现实与语言命题，它所关心的是语言和现实的基本结构。按照罗素的观点，分析就是下定义，包括语言的定义与非语言的定义。语言定义是指语境定义，即用一组符号取代另一组符号。例如，圆就是以一点为中心作等距离旋转运动所形成的闭合曲线。非语言定义即实在的定义，即列举出独立存在的复合物的种组成部分。例如，猫是白天睡觉晚上出去活动的动物，等等。

维特根斯坦认为，分析就是把复合命题分解为简单命题的一种语言变换方式，把复合命题分析成原子命题，然后揭示出原子命题的正确形式的逻辑形式。

逻辑实证主义则把分析广泛地用于科学语言，他们把科学区分为内容和形式两个方面，内容是属于自然科学本身的任务，而形式则是科学语言的表述问题，它是哲学分析的任务。

日常语言所说的分析则是概念分析。在摩尔看来，分析就是对概念、命题下定义，前一组概念与后一组概念或命题是否等值，如单身汉是未结婚的成年男子。后期维特根斯坦则主张日常语言观点，认为分析就是揭示日常语言的用法，就是排除人们对哲学问题的语言上的误解。所以，他主张命题的意义在于日常的使用。

第三，分析哲学强调问题的精确化、逻辑化，标榜自己的哲学观点是真正“科学的哲学”。

分析哲学十分重视数理逻辑与自然科学的新成就，他们都强调从自然科学中引申出方法论的原则，强调像自然科学那样高度的精确化，消除摹状的描述。他们对哲学的研究方法一般都从小处着手，一点一滴地解决问题，而非引向宏伟的庞大体系的构造。特别是罗素的分析哲学，强调对摹状词必须加以清理，例如对“一切”、“所有”、“全部”等等，都必须加以改写，使之成为确定无疑的词，例如一些专名、特称名词等等。对于复杂的命题，必须加以分解，使之成为一个个意义明确的子句。

第四，分析哲学强调认识的多元论、实在的多元关系，反对一元决定论的观点。

分析哲学认为，整体是可以分析为相互独立的部分的，从复杂的东西中可以分析出简单的、基本的东西。而这些部分、简单的基本要素也是一个相对独立的整体。所以，世界是多元的，认识是多元的。罗素认为，事实就是一些性质、关系的集合，而非事物，我们认识世界就是认识这些关系，把握了事实的关系就是把握了世界。因为，世界是由事实构成的，事实是由关系构成的。但是，事实的性质和关系是多样化的，并非单一的，我们可以从各种不同的关系来认识事实，但我们却很难把握事实的全部关系。

总之，分析哲学在认识论方面仍然坚持符合原则与逻辑的标准观。但是，分析哲学却确定了20世纪西方哲学追寻内在性的基本倾向。特别是维特根斯坦的哲学，认为“我”的思想是世界的形象，语言是思想的组成部分，因此，思想的界限就是语言的界限，语言的界限就是世界的界限，主体不属于世界，而是世界的界限。后期维特根斯坦则更明确地强调了对语言意义理解的游戏方法，这就奠定了20世纪西方哲学的总体思路，使人的心灵即内在性得到了张扬。

三　逻辑实证主义哲学的基本观点

逻辑实证主义的几大派别是不统一的，维也纳学派、柏林学派和华沙学派相互之间研究的侧重点不同，前者是开创者，柏林学派则侧重于概率的研究，华沙学派侧重于语义学的研究。但是，几大派别的基本观点是大体一致的。

拒斥形而上学

逻辑实证主义认为，哲学问题实际上是逻辑问题，因为自从 17 世纪以来，哲学分化出了伦理学、心理学后，剩下的只是逻辑。所以从逻辑的观点看，逻辑命题可分为分析命题和综合命题，前者属理性的推演，后者属经验的归纳。而真正具有意义的命题就只有两类，除此之外都是无意义的，应作为形而上学而加以拒斥。在两类命题中，分析命题是严格按照逻辑推演的，所以它是必然的、普遍的，是不需要借助经验证明的。综合命题是陈述经验事实的命题，所以是非必然的，它们的真实与否只能求助于个体的经验证实。

逻辑经验主义区分两类命题的目的是为了清除形而上学命题。因为在他们看来，形而上学命题既不是分析命题，也不是综合命题，所以，它是无意义的伪命题。例如：物自体存在的命题，就是无意义的，因为在经验中我们无法找到这些词的对象。形而上学命题虽然是无意义的，但却不是错误的，因为它是超越常识的。

那么如何拒斥形而上学呢？卡尔纳普认为，必须通过语言的逻辑分析来清除形而上学。他说："在形而上学领域里，包括全部价值哲学和规范理论，逻辑分析得出反面结论：这个领域里的全部断言陈述全都是无意义的，这就做到了彻底清除形而上学。"①

证实原则——科学的划界标准

证实原则是维也纳学派的一个重要标志。它一方面是决定一切陈述、命题之有无意义的标准，另一方面也被用作鉴别陈述与命题之真伪的

① 洪谦：《逻辑经验主义》(上册)，商务印书馆 1982 年版，第 13－14 页。

手段。按照这个原则,一个命题只有还原为一个表示观察的基本命题时,才有意义。也就是说,命题的意义取决于有没有用经验去证实它的方法。维也纳学派的这一观点提出之后,就一直受到人们的关注。很多科学哲学家对此都持批评的态度,认为必须加以补充与修改,因为维也纳学派提出的证实是带有相当程度的绝对性质的。这种证实的绝对性,在实际的操作过程中存在着很大困难,任何一个命题,要得到百分之百的证实是不可能的。于是,维也纳学派的一些代表人便开始对证实原则加以修改。卡尔纳普提出了用"可检验性原则"来替代"证实原则",认为一个命题只要具有检验的可能性,就是有意义的;艾耶尔提出区分强证实与弱证实,强证实是实践上可以得到证实的,弱证实是原则上可得到证实的,但却不一定要得到完全的证实;赖欣巴哈则认为,最好用"概率的证实"来代替"证实"一词,或者用"确证"来代替"证实"一词,即只要得到较大概率的证实,那么此命题就是有意义的。

逻辑经验主义的证实原则虽然在客观上解决了科学与非科学的分界问题,但由于它不能解决私人经验与普遍经验的矛盾,无法解决有限与无限之间的矛盾,因此存在着严重的局限性。后来波普尔认为,逻辑经验主义对科学理论的探讨只强调了命题的意义,而不关心理论的发展,因而把科学哲学当成了科学静力学,而不是从动力学的角度来研究科学理论的发展。

哲学的任务与科学的统一

逻辑实证主义认为,以前的哲学是伦理学、心理学、逻辑学和形而上学的统一体,后来伦理学与心理学分化出来了,形而上学又是没有意义的,所以只剩下逻辑学了。因此,哲学的唯一任务就是逻辑分析,该学说强调对语言的逻辑句法、逻辑顺序进行分析,而不是像罗素那样研究词与对象的关系,也不像维特根斯坦那样研究语言的用法。

虽然,逻辑实证主义受到了维特根斯坦的影响,但只是受维特根斯坦前期哲学思想的影响,却反对后期维氏的日常语言分析。该学说认为,语言的最大优点是它的可交流性,即所谓的"主体间性"(或译为"互为主体性"),日常语言在各民族间差异很大,但科学语言在任何民族之间都是一致的。所以,一切专门科学的语言都可以在保存其原意的条件下翻译成物理语言,一切科学的命题都可以转化为相应的物理命题。因此,物理语言是科学的普遍语言。

纽拉特、卡尔纳普等人还试图在物理语言的基础上提出统一科学的建议，曾先后三次召开统一科学的大会。他们认为，经验科学的各个分支仅仅由于分工的实际需要才被分割开来，它们从根本上说只是一门无所不包的统一科学的若干部分。借助于物理语言，我们可以把各门科学所作用的不同语种都翻译为统一的科学语言，从而为世界科学的统一奠定基础。

逻辑实证主义的形成从当时来说，曾引起哲学界的密切关注，被认为是批判思辨哲学的一大变革。但是，随着西方哲学的发展，逻辑实证主义哲学的局限性也越来越明显，诸如分析命题与综合命题之区分、证实作为科学与非科学的划界标准之是否合理等等，受到了后来哲学家们的广泛批评。特别是波普尔、奎因等著名的哲学家，认为分析命题与综合命题的区分是不可能的，一切命题都可还原为经验命题，一个命题的完全证实历来都是不可能的。同时，哲学不能只关心理论的证实问题，那是马后炮，而更重要的是应该关心科学理论的发展问题。

四 历史主义科学哲学

由于逻辑实证主义对证实原则的过分关注，且存在诸多困难，所以，波普尔认为，科学哲学应该是科学动力学，而非科学静力学。波普尔进而提出了“问题——试验性假说——排除错误——新的问题”(P1—TT—EE—P2)的科学发展模式。按照波普尔的模式，科学家不是消极地等待经验的积累，而是主动地提出问题，进行猜想。科学就是不断地否定、不断地批判的过程，是不断地发现理论的错误、纠正错误，大胆假设的过程。

在波普尔批判理性主义的基础上，历史主义科学家库恩认为，科学理论并不是来自于对经验事实的归纳，而是一个量的累积的过程。他主张，研究科学理论的本质应该求助于科学史，从而形成了科学哲学的历史主义学派。科学哲学历史主义学派的代表人是斯蒂芬·E·图尔敏、托马斯·库恩、保尔·费耶阿本德等。

对逻辑实证主义的批判

科学哲学的历史主义学派对逻辑经验主义强调逻辑与经验提出了反对意见，认为逻辑与经验都是脱离历史的，只强调逻辑，就会使逻辑成为先验的东西;只强调经验,就会忽视理论或本体论与世界观对经验的作用。历史主义学派则从科学史的研究出发,它以描述科学实际如何、科学家如何从事科学研究为目的,认为不是观察决定理论,而是理论本身又在一定程度上受世界观的支配。从历史的角度看,理论只是科学认识的工具,是用来解决科学认识难题的。不同的理论范式相互间是不可通约的,科学的进步是理论解决难题能力的提高。

科学哲学与科学史的结合

历史主义学派反对传统科学哲学的研究方法,认为科学哲学的研究必须与科学史研究相结合。科学哲学与科学史是相互联系又相互区别的学科,科学史是描述性的,科学哲学是概括性的,"科学史与科学哲学作为两门不同的学科,它们具有一系列不同的特征。最明显的就是它们的目标不同。科学史作为一门历史,它研究的最终成果是过去具体事件的叙述或描述;而科学哲学作为一门哲学,其目标则显然是广泛范围内的概括,而不是讲故事,不是了解特定时间、地点所发生的特定事件。"①库恩和费耶阿本德等人都认为,科学史依存于科学哲学,它必须以科学哲学为指导。因为,科学史是对过去发生的具体科学事件的叙述、记录或描述,但它不是对事件的分散的零星的描述,而是系统化、整体化的描述。所以,如果没有哲学的概括,科学史就变成了科学记事年表。反之,科学哲学也必须依赖于科学史,没有科学史的科学哲学就变成了空中楼阁,就不可能获得任何积极的成果。没有科学史的科学哲学是"跛子",没有科学哲学的科学史则是"瞎子"。

科学共同体与范式理论

库恩的科学哲学思想首先是以科学共同体为起点的,这是科学哲学研究的一大进步。因为以往的研究都只从科学家个体的思想出发,而非从科学共同体的思想研究出发,其结果却使得这些研究脱离了当时社会历史条件的实际,脱离了科学家创造科学思想的社会前提。

科学共同体,就是科学家集团,是在一定历史时期形成的一定学科领域中的科学家团体。这些科学家团体具有自己的研究目标、共同的学术

---

① Thomas S. Kuhn. *The Structure of Scientific Revolutions*, the University of Chicago Press, 1996.5.

观点、共同的科学范式与理论术语、具有共同的心理素质等等，但最为根本的是这些科学家具有共同的研究范式。

所谓范式，就是科学理论的结构、模型、模式、概念框架、理论方法与成规、科学家的信念、科学的标准事例、科学家们所达成的一致意见等等。库恩在使用范式概念时，其所指是前后不大一致的，概括起来，有以下含义：(1)整体主义的科学观，它是指理论的结构、模型、框架。(2)世界观与方法论意义上的基本观点，是理论在指导科学认识过程中的一个基本体系。(3)典型事例与示范性的题解。(4)影响一个学科的基本部分，例如学科的总体框架等。库恩认为，范式是科学家共同体所遵奉、信仰的东西，它得到了该学科内部的科学家们的心理支撑。同时，科学家们也依靠范式来训练与教育科学家与科学研究的后继者们。因此，范式也就是一个科学共同体的核心。

库恩的科学革命论

库恩的科学哲学思想是历史主义学派最为经典的，他的思想曾影响了当时的哲学、社会科学乃至整个自然科学界。

库恩认为，科学哲学应该研究科学的发展、科学知识的成长。一门科学只有当它成长为具有自己独立的范式时，才能称之为科学。因此，有没有范式，是衡量一种理论是否科学的标志。有了范式，才有了真正的科学研究；有了范式，才能有一致的观点；有了范式，才使科学研究有了真正的目标、研究的问题域，才有了真正的研究队伍。

既然范式是区分科学与非科学的标准，那么，科学从其发展的角度而言，就可区分为各个不同的阶段。第一个阶段是前科学时期。在前科学时期，还没有出现真正的研究范式，科学家们意见分歧，很不统一。但它是科学发展的最初阶段，任何科学都必须经由这一阶段。

第二个阶段是常态科学时期。随着科学的发展，范式不断地固定下来，科学家们根据范式进行科学研究，根据范式选择研究的领域与对象，根据范式来解决研究领域中存在的问题。科学家们很信奉自己理论的范式，形成了共同信念。而范式在解决难题的过程中也显现出非同一般的成效。在常态科学时期，科学家们不会随意地更改自己的分工。在这个时期，科学家的思维方式是收敛式的而非发散式的。常态科学时期总的说来是保守性的。

第三个阶段是反常与危机时期。反常就是现象与预期的不相符合，人们无法用范式对现象作出解释。在常态时期，科学也会出现反常，但最初对反常往往不太介意。但是，随着反常的增多，科学家们无法对之熟视无睹，反常会使他们对原有范式失去信心，这样就出现了科学的危机。科学的危机表现为：(1)出现了大量的、理论难以解释的反常现象；(2)出现了与范式严重不相适应的现象；(3)前述现象在各种实验条件下反复出现，引人注目。由于危机的频频出现，科学家们不得不对原有范式失去信心。

第四个阶段是科学革命时期。由于科学的危机，科学家们开始形成对原理论的修改举措，作出了创立新范式的尝试。而重建理论体系，意味着科学共同体信念的改宗、世界观的转变。在这个时期，科学家们出现了发散式的思维，形成了许多新的假设。如果这些假设成功，那么新的常态科学就出现了。这就是库恩所谓的科学革命。科学革命是一个新旧范式激烈斗争、新范式取代旧范式的过程。库恩认为，新范式取代旧范式不是范式理性上的胜利，而是科学家共同体心理上的胜利，是科学共同体世界观或信念的改宗。

这四个阶段，就是库恩科学哲学中的科学发展动态模式，即前科学——常态科学——反常与危机——科学革命——新的常态科学。

库恩的科学哲学思想虽然带有些主观主义和工具主义的成分，但他把科学哲学的研究与心理学、科学史的研究结合起来，把科学哲学与科学的社会学结合起来的做法则是合理的、可取的。

五　科学实在论与反实在论

在库恩与费耶阿本德的历史主义思想影响下，科学哲学领域中出现了严重的相对主义思潮。特别是费耶阿本德，提出：巫术、神话与科学是一样的，都对科学的发展作出了贡献。科学研究是无政府主义的，人们从事科学研究可以采取任何方法，“怎么都行”。并且，他还提出了“理论的扩散原理”，即理论只要扩散，就可以有所比较，而单一的理论的好坏是难以判断的。他还提出了“科学哲学是一门有伟大过去的学科”，科学家们毋须求助于哲学家，哲学对科学并没有多大帮助。

科学实在论

在费耶阿本德观点的影响下，一股否定科学、否定科学哲学的思潮开始流行，科学的主观主义盛行。在这样的情况下，一部分科学哲学家为了维护科学在文化中的权威性地位，就提出了科学实在论的观点。最初提出科学实在论观点的是W·塞拉斯和普特南。后来，在他们的周围便麇集了一批拥护科学实在论观点的哲学家，如波依德、麦克马林、哈金、列普宁、萨普、格里默、夏皮尔、基勒、麦金农等人。

什么是科学实在论？我们只能通过描述科学实在论的基本观点来说明。传统的实在论是一种坚持抽象理论有所指、其所指是实在的哲学观点。而当代科学实在论则坚持科学理论有所指、其所指称的对象是存在的科学哲学观点。科学实在论的中心论题是：承认一个理论，就合理地包含着承认这个理论所假定的那些实体。第一，科学实在论认为，科学理论是有所指的，是说明客观事实的，因此，对理论应该作实在论的解释；第二，实在论解释的科学理论是能够确证的，它能够为一般的科学证据所确证，它们在一定程度上是真理；第三，在历史上，成熟科学其预见是成功的，后继理论是建立在前驱理论的观察知识和理论知识基础上的，科学的发展是趋同的，越是新近的理论就越具有真理性；第四，科学理论所描绘的实在，在很大程度上独立于我们的思想或理论承诺。

科学实在论坚持真理符合论的基本观点，认为成熟的科学理论总是代表着对客体的真理性的认识。

反实在论

与科学实在论相左，还存在着科学实在论的一个对立面，即反实在论的科学哲学。反实在论的科学哲学主张科学理论或术语是关于客观世界的假说，它并不一定指称客观对象，更不是关于客观事物的真理，科学理论只是解释现象的工具，前后相继的理论不一定有本体论承诺的一致性。反实在论的代表人物主要有：劳丹、范·弗拉森、斯太格缪勒、雷谢尔等。

反实在论者对科学实在论的观点持批评的态度。(1)反实在论认为，科学实在论主张的科学理论的“本体论承诺”是含糊的。第一，一部分理论术语确是有指称的，它描述的对象独立于我们的意识而存在；第二，一部分虚构的理论或假设虽然可以从字面上了解到它们是指什么，但其究竟是否存在我们不得而知；第三，某些理论术语所谈论的实体是变化的，有时可以理解为是实在的，而在另一些时候则不一定如此；第四，在当代物理学与量子力学中，本体论承诺常常随科学家的注意力的转移而改变，物理学家的实验、观察所形成的科学理解，是随着他所从事的那些活动来确定的。(2)科学实在论对理论的总体说明是抽象的。反实在论者认为，科学理论在一定意义上具有真理性，但不能肯定其总体上具有真理性。范·弗拉森认为，科学理论只有在其描述了可观察现象时，理论才是真的。但是，我们不能通过可观察性来推断不可观察的现象，一旦理论超越可观察范围，那么理论就不具有真理性。这就是著名的“拯救现象”的原理。(3)反实在论认为，科学实在论所谓的理论预见的成功，是理论真理性的证据的观点也是站不住脚的，在科学史上，成功的理论可以是不真的，真的理论也可以是不成功的。理论的发展并不在于理论的真理性程度的高低，而在于理论本身解决问题能力的高低。

科学实在论与反实在论的争论仍在继续。在这个争论的过程中，还出现了类似于既非实在论又非反实在论的“自然的本体论态度”(法因的“NOA”)，还出现了准实在论的观点，将两者融合在一起。从当今的科学哲学发展来看，主要是为了正确地理解科学的本质问题，使科学哲学朝着认知主义方向发展。

思考题

1. 怎样看待20世纪科学主义的形成与演变？
2. 如何理解科学哲学与分析哲学的关系？
3. 试分析科学实在论和反实在论。

相关阐释

科学哲学是哲学中的一支，它的主要工作是以批判性的态度检验科学，尤其是科学的方法与成果。……科学哲学的发展起源甚早，可以远溯至古希腊时期。亚里士多德在其有关逻辑与语言的著作《工具》之一的《后分析》一书中，即已针对科学作为解释自然现象的演绎知识作出说明，可以被视为早期科学哲学的代表之一。另外，我们也可以说，严格界定科学与哲学之间的区分并不具有特定的意义，因为从一种比较宽广的角度而言，科学本身即发展自哲学，至少在哲学史中，许多人可以同时被视为科学家与哲学家,反之亦然。

摘自沈清松主编:《哲学概论》,贵州人民出版社 2004 年版,第 97-98 页

科技与文化在更高层次的整合是极其重要的。中国传统文化中既有丰富的科学精神,又有与现代科技精神相背离的东西;由于近代以来中国的科学和技术基本上是从外来文化中输入的,因此还有一个文化异质性问题。当代中国处在前现代化的现实和后现代化的世界环境这样微妙境地中,整合的难度是不容低估的。整合过程中的教训尤应记取。

摘自刘大椿:《科学技术哲学导论》,中国人民大学出版社 2000 年版,第 330 页

科学知识论与方法论之间有密切的关系。这是因为在科学哲学中,原先许多有关科学的讨论,集中在解释科学知识为真的方法。这些方法的应用,不单解释科学的真实性,也指出科学为真的知识条件。也正是因为方法,所以科学不同于其他知识形态的知识(即,其他形态的知识发展不若科学知识的发展,拥有方法)。当方法被提出的时候,紧跟而来的,是以批判的态度检视方法。

摘自沈清松主编:《哲学概论》,贵州人民出版社 2004 年版,第 100-101 页

从历史上看,科学主义与人文主义的对立是存在的,但是,科学精神与人文精神之间的对立,很大程度上是现代人制造的一个幻象。科学主义的偏颇并不在于坚持科学理性或科学方法本身,而在于视其为人类理性的全部,又视理性为人类精神的全部。同样,所谓人文主义,即强调人性中情感、直觉的一面,或强调个人的自主存在的价值的一面,也不能自诩为包容了"人"的全部,并将自己等同于人文精神。科学主义与人文主义乃是两种哲学倾向的争执,不是所谓"人的哲学"与"非人的哲学"的分野,更不是科学精神与人文精神的对峙。

摘自刘大椿:《科学技术哲学导论》,中国人民大学出版社 2000 年版,第 361 页

相关文献

1. 薛文华主编:《现代西方哲学评介》,高等教育出版社 1994 年版。
2. 刘放桐等:《新编现代西方哲学》,人民出版社 2000 年版。
3. 谢庆绵主编:《现代西方哲学评介》,厦门大学出版社 1989 年版。

4. 卢风:《启蒙之后——近代以来西方人价值追求的得与失》,湖南大学出版社 2003 年版。
5. 查尔默斯:《科学究竟是什么?》,商务印书馆 1982 年版。
6.《科学哲学经典选读》(英文影印版),北京大学出版社 2002 年版。
7. 约翰·洛西:《科学哲学历史导论》,华中工学院出版社 1982 年版。

第三章

存在主义

存在主义是现代西方人本主义的核心思潮之一。20世纪20年代产生，流行于20世纪50－60年代的西欧，它影响了西方社会生活的方方面面，代表人物为海德格尔、萨特等。存在主义关注个体的存在处境，强调个体的生活意义，突出个体生活的荒诞性，认为只有在个体恐惧、焦虑、绝望情绪中才能体验到人的真实存在。这构成了存在主义的一般话题。

一　存在主义的渊源及特点

存在主义的渊源

克尔凯郭尔(Kierkegaard,1813－1855)被认为是存在主义思想的直接先驱。

在西方传统文化中，存在着存在主义的思想因素。希伯来文化强调个体在信仰中的选择性，中世纪的奥古斯丁提出向个人内心求索的发问方式“我是谁?”，近代法国帕斯卡尔描述了个体在宇宙世界中的孤立与渺小，19世纪俄国作家陀思妥也夫斯基以小说形式表达了个体生存的荒诞性和虚无感。存在主义的当代主题首先是由克尔凯郭尔提出来的。他提出了人的生存活动主要不是认识普遍的客观真理，外在的客观真理不能解决个人的生存问题，只有在体验、选择中生存着的个人那里，才有为其信所望、为其情所动的真理。正是在个体生存体验激动人心之处，才有真理之花的盛开。他认为这种主观性真理恰恰在于其客观上的不确定性甚至矛盾性。

克氏描述了个人生存处境三阶段：(1)强调感性快乐的美学阶段，追求感官享乐作为唯一标准；(2)强调凭借伦理给人生以意义的伦理阶段，个体以大大小小的伦理原则为行为指南;(3)强调凭借信仰无限对象而达到的宗教阶段,个体通过独一无二的选择让自我实现于对上帝的信仰之中。这三个阶段的生存可能性是个体意志的自由选择。其中个体生存的相关阶段展现了个体生存处境中的绝望和荒诞,从中透出"畏"的生存状态。克尔恺郭尔有关孤独的个体存在及其选择的自由性和荒诞性等主题由海德格尔、萨特所展开。

现代存在主义的产生离不开思想方法上的革新。由胡塞尔(Husserl 1889－1938)开创的现象学为存在主义提供了思考方式上的启迪。从表面上看,胡塞尔开创的现象学试图以科学的严格性来表述哲学,而存在主义则是以描述与探索个体的生存意义为目的的人本主义哲学,这两者之间似乎没有关系。事实上,海德格尔、萨特都得益于胡塞尔开创的现象学方法,可以说没有现象学的全新看问题的方法就没有现代形态的存在主义。广义上说,存在主义属于现象学运动发展一个很有活力的方向,胡塞尔的现象学则是通过直觉描述意识现象,揭示人类行为的方式。意向性活动总是意识到什么的一种活动。胡塞尔通过"加括号法"等现象还原的方式,展示先验生存着的在主客体认识方式之前的原始状态,把个体的意识活动凸现为哲学原初分析的对象。现象学主张"回到事情本身",海德格尔正是以现象学方式分析人当下的存在问题,就生活中最直接、最熟悉东西作为研究的对象,开启了存在主义的新形式。

任何哲学都是时代精神的反映。存在主义的产生有深厚的现实基础。在近代理性主义光芒照耀下的欧洲是乐观主义的世界,相信理性支配和安排的世界将是自由、平等、进步、博爱的人间天堂。但经历过作为西方社会危机集中体现的两次世界大战的人们发现自由、博爱的光辉被恐惧、死亡、焦虑所替代;同时,现代西方文明带来的新问题,特别是技术化的控制和统治,带来了高效率和巨大的财富,但人成为现代技术管理体制下的物。在现代技术、管理和政治控制下的个人如何面对这个危机世界仍具有生存意义呢?现代存在主义就是对现代社会和技术所带来的人之生存危机思想反映的典型方式。

存在主义的特点

存在主义不属于那种严格组织形式的学派,而只是具有大致相同观点和共同关心问题的哲学思潮。按现代哲学家维特根斯坦的说法,是那种一个家族的人具有相似面貌特征涵义上的特点的学派。

其一，存在主义的根本问题是对“存在”问题的探索。存在主义哲学把存在问题作为哲学的根本问题，揭示存在的真谛就是其任务，它表达了哲学追求的终极性维度。古代哲学把存在问题转换为寻找现象背后的本质问题；近代哲学则把本质论转换为如何认识这种本质的知识论。海德格尔认为传统哲学遗忘了存在问题，因而存在主义则重新恢复和凸现了对存在问题的关注。

其二，个体生存处境的分析是存在主义的出发点，个体生存意义的探索是存在主义的归宿。存在主义强调的是作为不可替代的个体的生存境况，对这种个体生存处境的揭示已成为存在主义的显著标志。存在主义描述了个体的真正生存处境：烦恼、恐惧、绝望。存在主义以个体的有限性，展示个体选择自由。认为人的存在就是无所依托的个体选择与冒险的过程，是个体分担责任并不断超越自身的过程。按萨特的说法，人创造自己的意义，“是懦夫把自己变成懦夫，是英雄把自己变成英雄”[①]。它表达了个体决断、选择、行为在人生中的作用。

其三，存在主义者大都结合自身的体验来描述和阐述其思想的，因而存在主义思想形式丰富多彩，各具特色。把意义寄托于个体自身的创造过程的存在主义被称为无神论的存在主义；反之，认为只有信仰上帝才能给有限的个体以意义的存在主义被称为有神论的存在主义。另外，海德格尔基本上是学院型的存在主义者，为存在主义理论开辟了新方向。而萨特不仅以哲学方式而且以文学的方式演示存在主义中个体存在的荒谬和自由。同时，他以自身的政治活动来实现存在主义所阐述的责任与自由。卡夫卡、加缪的文学作品成为存在主义思想生动形象的注释。

其四，存在主义对个体生活的边缘化处境的揭示虽然深刻，但没有给个体的生存意义以合理而有说服力的回答，这表现在存在主义在对待个体与大众、个体与社会的关系上，强调对立与矛盾，夸大个体自由。若个体自由不是建立在现实社会基础之上，那只能是堂吉诃德式的冒险。其实，马克思已指出了个体达到人的全面和自由发展之路，即改造使人异化的制度，建立起自由人的联合体。

① 萨特：《存在主义是一种人道主义》，上海译文出版社 1988 年版，第 20 页。

二　海德格尔的“此在”存在论

海德格尔的生平、著作及思想主题

马丁·海德格尔(Martin Heidegger,1889 - 1976)是存在主义哲学的理论奠基人,20世纪的大哲学家之一。

海德格尔1889年出生于德国南部小镇的天主教家庭,是箍桶匠兼小镇教堂司事的儿子。海德格尔所受教育得到当地教会的经济资助,中学毕业后曾加入耶稣会当见习修士。后在弗莱堡大学学习神学和哲学。1913年获得博士学位。1918 - 1923年为弗莱堡大学私人讲师和胡塞尔的助教。1928 - 1945年任弗莱堡大学教授。曾加入纳粹党,政治上与纳粹有联系,曾任弗莱堡大学校长。战后被盟军停职,1951年恢复教职,随后退休。在海德格尔的思想历程中,值得一提的是:其一,1907年教堂牧师送给当时还是中学生的海德格尔一篇布伦塔诺探索亚里士多德有关“存在”问题的论文。从此,海德格尔确立存在问题的探索为其终生追寻的目标。其二,海德格尔对现象学大师胡塞尔《逻辑研究》的钻研及后来成为胡塞尔的助手时所获得的思想方式为存在问题的探索提供了新思路。

海德格尔一生基本上是思想家著书立说的一生。1922年海德格尔在其家乡黑森林区的密林中造了托特瑙堡小屋,在这“思想小屋”里诞生了《存在与时间》等著作。其他作品有《什么是形而上学》(1929)、《康德与形而上学》(1929)、《形而上学导论》(1953)、《林中路》(1950)、《尼采》(1960)等。目前德文版已出版海德格尔全集60余卷。中文版有《海德格尔选集》(上、下)等著作。其中《存在与时间》(1927)是他成名作。该著作确立了他作为现代存在理论奠基人的地位。

当我们说“天是蓝的”、“他是好人”,即对每一件事情的判断以一个“是”来表述时,我们对这个“是”(Being)领悟了没有?海氏认为我们至今对这个“是”或“存在”还没有真正领悟。为什么这么说呢?

海德格尔认为自柏拉图以来,存在问题一直是哲学研究的中心问题,但传统哲学已经遗忘了存在。他们把“存在”仅仅作为最一般、最普遍的哲学范畴。原因就在于对“存在”问题探索方式出了问题。以“存在是什么”的方式发问,根本就无法获得对“存在”的透彻理解。存在不同于其他作为认识对象的存在者之处,就在于被问及“存在是什么”中就蕴含着“存在(是)”。一方面,“存在”不能作为对象的存在者来认识,另一方面,“存在”也不能脱离存在者而抽象地认识。因而,“存在”是不能以“什么”来问的。

对“存在”问题该如何去探索呢? 它要求从“存在(是)什么(What)”的对象性认识方式转变为“存在(是)怎样(How)”的显现其自身的现象学描述方式。存在总是存在者的存在,那么,存在通过何种存在者来显现呢? 海德格尔用“此在(Dasien)”这个名称来指显现存在的这个特殊存在者。因为作为个人的存在者具有揭示存在问题的优先地位。其他存在物是不知其存在的存在物,它们是被规定了的存在物。而个人的存在者是以生存的方式,领会着存在的那个存在者。

因此,在海德格尔那里,哲学主题就是通过现象学方式去追问“此在”生存的特征以显示存在的意义。他在说明《存在与时间》的主题时就表明“本书的目的就是要具体地探讨‘存在’意义的问题”①。

“此在”的存在方式

1.“此在”的基本存在状态

首先,海德格尔以现象学的方式描绘了“此在”当下的存在方式,总是在“此”存在,即“在世界中存在”(简称“在世”)(Being-in-the-world)。世界不是所有事物的集合,“在世”则是“此在”的基本存在样式。

如何描述作为“此在”生存样式的“在世”呢?

在海德格尔那里,通常所说的“客观世界”当然也是人生存着的世界,但只是人们以认识方式看待时才产生的世界。认知世界只是“此在”在世存在的非基本生存方式。因为,“此在”从来不是空降到世界上,然后瞪大眼睛一直看着这个“客观世界”,然后发现一些真理,通过实践来改造这个“客观世界”。相反,“此在”原初并不是传统哲学中作为认知对象的主体先存在,然后再给出一个“客观世界”作为认知对象,而是“此在”一开始就永远带着其生活在此的世界。我们的世界并不首先以客观之物来照面,森林首先是一片林场,山首先是采石场,河流首先是水力,风首先是扬帆之风。

① 海德格尔:《存在与时间》,生活·读书·新知三联书店,1987年版,第1页。

以“在之中(in)”分析为例。“在之中(in)”不是简单的空间关系(在……之中),如水在杯中或衣在衣橱里,而是“此在”已经在此世界中领悟着自身,已经拥有了它的世界,如鱼与水的关系那样不可分离。但更进一层的就是“此在”以领悟着自己的生存。这种领悟的原初经验在日常生活中是多种多样的:“对某种东西有所行事,制作某种东西,安排照顾某种东西,利用某种东西,放弃或浪费某种东西,从事、贯彻、探查、询问、考察、谈话、规定、诸如此类。”① 这是“此在”“在世界之中存在”的具体方式,世界实际上就是以人们活动的方式显现着。当说到“she is in love”的“in”时,显现了她处于一种爱的生存状态之中。

因此,此在“在世界中存在”显现了世界是此在生活于此的家园,此在与世界是本然的存在关系。

其次,海德格尔以现象学的方式分析了此在“在世界中存在”的生存机制——“烦(care)”。

第一,海德格尔把此在与日常物品打交道的方式称为“烦忙”。此在与其他“此在”(他人)打交道称为“烦神”。使烦神与烦忙成为可能的烦(care)则构成了此在在“此”的生存论建构,构成了此在能在世界中存在的机制。

烦(care)以烦忙与烦神的方式展开了此在的生存世界。具体说来,烦忙牵出了此在在“因缘关系”中的事物的实际关系,用具总是以相互指涉的方式牵出整个用具的实际世界。在这个用具关系中,以因缘的方式凸现了“此在”在世的世界建构方式。如当用锤子时,也就意味着钉子、木头、门窗等用具整体的显现。这种显现就是“因……缘”牵出的生存世界。“因我们称之为锤子的那种上手的东西同锤打有缘;因锤打,又同修固有缘;因修固,又同防风避雨之所有缘;这个防风避雨之所为此能避居其下之故而‘存在’,也就是说,为此在存在的某种可能性之故而‘存在’。”② 而这种“因……缘”最后所开启的就是对他人的关心或冷漠。显然,烦忙意味着与他人打交道的烦神。烦忙总是关涉到他人的烦忙,烦神总是以烦忙的方式来展示。

第二,烦神或烦忙着的此在如何展开自身呢?在海德格尔看来,“领会(understanding)”、“现身情态(mood)”、“话语(discourse)”是此在展开

① 海德格尔:《存在与时间》,生活·读书·新知三联书店 1987 年版,第 70 页。

② 海德格尔:《存在与时间》,生活·读书·新知三联书店 1987 年版,第 104 页。

自身的方式。

领会(understanding)指此在之为能在的存在方式。它并不是指先制定一个计划并去实施的具体做事能耐，而是从存在论上说明只有此在存在着，它必然已展开着筹划着。因为，此在作为此在已经对自己有所筹划。只要此在存在，它就筹划着。这个领会就是对此在在世界存在的领会，是对世界向此在敞开的因缘整体的领会，以把握意义世界的开启方式与方向，本体论的领会才构成认识论上的可能解释。

现身情态(mood)则指此在之生存是以情感性开启的境域。在海德格尔看来，这在心理学上被看成主观的心理活动的心情，有存在论上的切身感受性和显现自身的方式。现身情态表明生存在此就是情感性开展并发现着生存着的此在。情感在没有得到反省之前就已袭上心头。因此现身情态是此在生存论上的基本方式。

话语(discourse)是此在在"此"的生存论建构中同样重要的一种方式。话语在海德格尔那里不是简单的说话工具，话语"是按照含义对现身在世的可领会状态的分解。"[①] 正是如此，沉默、倾听、请求等等都是语言对此在生存的敞开。后来，海德格尔进一步把语言看作"存在之家"，对西方语言哲学有深刻影响。

唐代诗人王维送友人皇甫岳诗《鸟鸣涧》："人闲桂花落，夜静春山空。月出惊山鸟，时鸣春涧中。"诗中无一处直写诗人的心境，只是写了山中花开花落的寂静，月出鸟鸣的景象。但又处处凸现主人公向往自然恬静的生存方式，这又反衬出诗人对当下俗世生活的厌倦。因此，此诗无一处直说诗人生存情境的字眼，处处恰是诗人生存情境的领会；同时，正是诗人对在世存在的人生领会化为诗的话语，我们才能有所感触。

海德格尔认为任何领会都是现身情态的领会，任何现身情态是先领会着的现身，话语使领会与现身分解为更能明确解释的展开方式。故"此在"能展开自身。

2."此在"之存在意义——时间性

如果说此在的"在世界中存在"所得出的是此在生存的当下结构，其中表明了此在"在世界中"当下出现方式和此在在此的建构可能性，那么，时间性揭示了此在的根本特征即此在作为时间性生存所凸现的意义。此在的在世生存的最大特征就在于此在的有限性即它是会死的存在者，这

① 海德格尔：《存在与时间》，生活·读书·新知三联书店 1987 年版，第 198 页。

种会死的可能性决定了此在的根本性境域。时间性就是指从此在之将面向死亡而生存所开启的此在的有限性和个体性。

首先,对人之生存的时间性处境,此在一般采取非本真的生存状态。非本真生存状态指此在已在世界中存在,沉迷于对他人、他物的烦之中,把此在寄托于具体之物和对他人的牵挂或冷漠之中。在这里,此在以他人的方式行为。因为个人世界作为存在的世界,只是在"他人"的号召下,大家在不是个别的此在但又是一个个此在的"常人"的号令下生活。"常人怎样享乐,我们就怎样享乐;常人对文学艺术怎样阅读怎样判断,我们就怎样阅读怎样判断;……常人对什么东西愤怒,我们就对什么东西愤怒。"[①] 人们习惯于读一样的书,说一样的不痛不痒的话,追求一样的时尚,从而生活于常人的世界中,"此间乐,不思蜀"。但即使这样,也表明此在对其生存有限性的逃避。海氏通过非本真的生存状态揭示了本真生存状态的可能性。

其次,"向死亡存在"所显现的时间性构成了此在生存的本真性境域,它使此在成为真正的此在。因为"向死亡存在"或"先行到死"的此在时间性境域是人无法逃避的命运。"畏"就表明人觉察到虚无的力量。"畏"不同于"怕",怕总是有确立的对象,而"畏所畏"恰恰是"虚无"。这使畏不再成为偶然之现象,而是人之生存的根本处境,就是"向死亡存在"所凸现的人不得不"畏"、人不得不是无所关联和无所依托的个体。此在只有"先行到死",才能真正领悟到自身,使此在的生存境域清晰。在海氏看来,向死亡而生的人生才可能导向本真的生存状态。因为死亡之内在性表明,它是各种可能性中最极端、最绝对的一种可能性;它使此在的其他一切可能性成为不可能,它不可能通过替代来逃避此在死亡这种最个性化、只有单个个体承担的可能性。

三　萨特的存在主义

让-保罗·萨特(Jean-Paul Sartre,1905－1980)法国著名作家、社会活动家、存在主义最典型的代表人物。1905 年 6 月 21 日出生于巴黎一个海军军官家庭。幼年丧父,寄居外祖父家,自幼喜读书,好幻想。1924 年

① 海德格尔:《存在与时间》,生活·读书·新知三联书店 1987 年版,第 156 页。

考入著名的巴黎高等师范学院。毕业后任中学哲学教师，结识了后成为其终身伴侣的法国女哲学家西蒙·波伏瓦，并开始接触胡塞尔的思想。1933 年到 1934 年在柏林的法兰西研究所研究哲学。二战期间入伍，1940 年被德军所俘，在战俘营中研读海德格尔的著作，1941 年释放回国。继续在巴黎一中学任教，并参加了反法西斯组织。1943 年发表了存在主义哲学的杰出代表作《存在与虚无》，奠定了他作为存在主义典型代表人物的基础。1945 年所作的《存在主义是一种人道主义》的著名演讲，使他获得了广泛声誉，被称为存在主义哲学的宣言书。1960 年出版《辩证理性批判(第一卷)》，试图以存在主义补充马克思主义。萨特还以文艺作品的形式来表达存在主义思想，如 1938 年的哲理性小说《呕吐》，1943 年的三幕剧《苍蝇》等等。

第二次世界大战后，萨特辞去教职，专心从事写作和政治社会活动。在政治上基本上坚持相对独立的左派立场，既反对苏联式的社会主义也批判西方资本主义。反对一切侵略战争及对自由和人权的侵害，无论是美国对朝鲜和越南的侵略还是苏联对东欧的入侵，或者是本国政府在阿尔及利亚进行的殖民战争，他均表示了强烈的抗议和谴责。因拒绝来自官方的一切荣誉而拒领 1964 年的诺贝尔文学奖。萨特还支持 1968 年发生在法国以“五月风暴”命名的学生活动。

萨特生活简朴，长期居住在巴黎的小公寓中，喜欢在巴黎的咖啡馆与人交流和写作。萨特身体健康时，一直保持周游世界的习惯。1955 年曾到中国访问，赞扬中国人民对社会主义道路的选择。晚年几乎双目失明。1980 年去世时，巴黎五六万民众为他送行，悼念这位思想家。在巴黎为他送葬的队伍浩浩荡荡，反映了一位思想家由于他的榜样和思想而受到人们的敬仰。法国舆论界把萨特称为该时代的良心。

存在主义是一种人道主义

1. 现象学本体论

萨特把发现人本身的真正存在作为其哲学的根本任务。萨特是在继承笛卡儿、胡塞尔对意识和自我意识的阐述基础上，进一步突出意识与自我意识的区别，强调意向性活动中意识的原初性及改造以自我为中心的意向性理论。

前反省意识　第一，萨特指出从我思出发去思考哲学的方向是准确的，只有我思才能开辟存在问题的真理之路。“作为出发点来说，更没有

什么真理能比得上‘我思故我在’了，因为它使意识本身找到的绝对真理。”① 但在他看来，笛卡儿的“我思故我在”中的“我思”还不够彻底，这个“我思”是以思（意识）为对象的第二级意义上的思考。如对桌子的意识为例。当我意识到桌子时，桌子的存在与我意识到桌子是同时产生的，这种意识是第一级的意识。当意识不再直接指向桌子，而以对桌子的意识为意识对象来思考时，才产生自我意识。任何自我意识已经以一个反思主体与对象的存在为前提条件，因而笛卡儿意义上的反思是一个认识层次的主体的反思活动。第二，“反思前的我思”就是追寻在认识活动背后使其可能的原初意识。这种原初的意识活动构成了本体意义上意向活动。这种活动的本性就是自由。萨特认为先有这种原初的意向性活动，才有后来的认识活动。确实，一切沉浸于书中的学习过程是不可能注意自己学习的姿态，当他注意到自己的学习姿态是否优美时，他已经从第一种原初的意识状态（阅读过程）中反观其意识才可能出现。因此，萨特认为前反省的意识才是真正的原汁原味的意识，是对人的存在探索的出发点。萨特对知觉、想象和情绪的意向性分析为其后来的自由理论奠定了现象学的基础，这也反映了萨特考察的侧重点是意识与自我意识，《存在与虚无》就是围绕这一主题展开的。

自在存在与自为存在　萨特用哲学术语指出了“自在存在”（being-in-itself）与“自为存在”（being-for-itself）的区别与联系，从而，对人与外部世界的关系作了存在主义的解释。

世界上的一切存在皆可分为“自在存在”和“自为存在”两个基本概念，这也是《存在与虚无》中关于存在的两个最基本概念。

“自在存在”指不依赖于人的意识的存在，实际上指客观世界。萨特认为这个“自在存在”没有更多的规定性，除了说它“是其所是”外，不能有更多的断言。一个物体作为这个物体而存在，它不多不少，它的存在同其自身相重合。半块砖与一块石头是同质的，只是量上的差别。自在存在的分析试图表示它是不可穿透的、盲目的、无意义的、混沌的东西。对人来说，它是荒唐和恶心的。自在的世界是一个荒诞的世界，萨特的长篇日记小说《恶心》中就表达了这个思想主题。

“自为存在”指意向活动所意向的存在，它们是人的意识活动及其行为。自为是对自在的否定来达到其存在。自为存在就是使自在虚无化，

① 萨特：《存在主义是一种人道主义》，上海译文出版社 1988 年版，第 21 页。

当它指向一个不是它自身的对象时,实际上就是将这个对象与其他东西分隔,使背景虚无化而突出其所指向的对象,显出其意义。好像曝光过的底片上背景模糊,只留下清晰的摄影对象那样的一种活动。

因此,一方面"自在存在"与"自为存在"是两种根本不同的存在方式,自在是没有理由的没有原因的无缘无故的存在,对人来说是荒谬的。通过自为存在的安排和改造,才有具有实用的价值和工具的属人的世界。"自为的存在"是一种主体性的活动,它不断超越自身又否定自身。但另一方面自为存在又离不开自在存在,通过对自在的否定性过程来显现其为自为存在。因为自为存在本身就是空无,无固定的本质,只是通过对自在存在的虚无化显示其为"自为存在"。"自为存在"就是意向性活动的存在方式,本质就是自由。

2.存在先于本质

对人的意向性活动及自为存在的基本分析是其存在主义分析的出发点和前提,为其自由理论奠定了基础。"存在先于本质"的思想成为萨特自由理论的核心,也成为存在主义的基本思想。

"存在先于本质"被萨特称为存在主义者的共同出发点,是"存在主义的第一原理"。萨特说:"人的自由先于人的本质并且使人的本质成为可能,人的存在的本质悬置在人的自由之中。……人并不是首先存在以便后来成为自由的,人的存在和他'是自由的'两者之间没有区别。"① 对这一原理,萨特还有一个通俗明确的说法,也是一般教科书引用的经典表述:"首先是人存在、露面、出场,然后才说明自身。假如说人在存在主义者看来是不可能给予定义的话,这是因为人之初,是空无所有,只在后来人要变成某种东西,于是人就照自己的意志而造成他自身。所以说,世间并无人类本性,因为世间并无设定人类本性的上帝。人,不仅就是他自己所设想的人,而且还只是他投入存在以后,自己所愿变成的人。人不外是由自己造成的东西,这就是存在主义的第一原理。这原理,也即是所谓的主观性。"② 这二段引文生动简明地表达了萨特对人之特性的基本看法。具体分析如下:

第一,人之初本质未定而只是存在着,正是他以后的自由选择活动才

① 萨特:《存在与虚无》,生活·读书·新知三联书店1987年版,第56页。

② 萨特:《存在主义是一种人道主义》,转引自《存在主义哲学》,商务印书馆1962年版,第337页。

赋予自身以本质,因而人不外是由自己造成的东西。与之形成鲜明对照的是“本质先于存在”之物。试拿一件制成品——例如一本书或者一把裁纸刀——来说,它是一个对此已有此概念的人制造的。裁纸刀即是一件可以按照固定方式制造出来的物件,又是一个达到某一固定目的的东西。人们无法想象一个人会制造一把裁纸刀而不知道它派什么用场。裁纸刀的本质先于它的存在,由裁纸刀的概念和制造工艺所确定。在萨特看来,与裁纸刀之类存在本性相反,人来到世上除了是一个有七窍之孔的粉嫩肉团之外,什么都不是。

第二,萨特不承认上帝的存在,也不承认神圣理性所赋予的普遍性的法则。萨特称自己是无神论的存在主义者。在他看来,只要承认上帝创造人,只要承认神圣理性的普遍法则,那么还是在“本质先于存在”的框框中打转。萨特认为,不仅没有神圣上帝造人的概念,也没有如康德实践理性中所应当遵守的普遍道德法则。当人没有永恒不变的法则来为自己的行为辩护,给予自己的行动以意义时,人生就绝对自由。

第三,萨特认为事实性本身是人无法改变的,是属于人的过去的总和,但人对任何事实给出的解释注入了意义,从而他所选择的行动是绝对自由的。因为除了个人的自由选择之外,人不存在作为规定你该如何行动的价值参考标准。当然,萨特也注意到人之出生、性格、环境、才能等因素对人的影响,但萨特认为这些因素都属于过去的“事实性”,人在这种事实性之上还有自由选择的权力,人有绝对的对待事实的态度,它代表着人的未来和新的可能。如战争突然降临到个人的头上,这是事实,但人对战争的态度是完全自由的,那人可以参战也可以不参战,即使强征入伍,既可以忍受,也可以开小差或消极地应付战争等等。如果开小差,被送进监狱,他还可以选择越狱,可以选择天天观察头顶墙上的虫子。即使不作任何选择,消极忍受同样是一种选择。又比如残疾人的残疾只是事实,但它不构成残疾人的本质,他成为怎样的人是他选择的结果。

第四,萨特认为既然人是绝对自由的,人的选择就是没有外在的标准可以依靠,人们完全为他自己所作出的选择负责。在萨特看来,个人的自由是价值的唯一基础,没有什么绝对东西能向个人证明这种或那种价值体系是好的,因此,选择就是荒诞。萨特以一个学生所面临的二难说明选择的荒诞性。他的一个学生面临着这样的选择:或留在母亲的身边,或去参加队伍反法西斯。如果按照康德的人是目的而不是手段的要求,无论选择那种都可能把另一边变成手段。当这个学生问萨特时,萨特说,没有普遍的道德标准可以说“你应该做什么”，他只能说“你自己自由地选择吧！”因而，由这种绝对自由和选择的不确定性所造就的就是人应对自己的行为负全责。绝对自由意味着绝对责任。一个人只要选择了一种做事的方式，他就得为这一事件的后果承担全部责任，他不能以外在的环境和因素为借口来推卸自己的责任。萨特说：“存在主义的核心思想是什么呢？是自由承担责任的绝对性质；通过自由承担责任。”① 因而任何选择都是一种冒险。萨特的一句名言就是“不冒险，无所得”。除了流水线上的产品在不断重复确定的程序外，人之决断总存在着某种不确定因素。虽成功与否不可测，但我们可以决定是否努力奋斗过。

第五，萨特进一步认为一个现实性的个人就是他一系列行动的总和。日常生活中的个人常常以逃避自由而寻找借口、推卸责任的方式生活着，即日常生活中的个人以个人自欺的方式生活着。其典型方式就是“如果……，那么……。”萨特认为：“人只是他企图成为的那样，他只是在实现自己意图上方才存在，所以他除掉自己的行动总和外，什么都不是；除掉他的生命外什么都不是。”② 那种认为如果我碰到值得爱的人，我就有爱情；如果我抽得出时间，有一支好笔，我未来可以写几部伟大的作品；如果有好一点的环境，我本来可以成为有所作为的人。在萨特看来，这些都是自欺欺人的借口和托辞，为自己的软弱和不进取寻找借口。实际上，“在存在主义者看来，离开爱的行动是没有爱；离开爱的那些表现是没有爱的潜力的天才，除艺术作品中所表现的之外，是没有的。普鲁斯特的天才就表现在他的全部作品中，莱莘的天才就表现在他的一系列悲剧中，此外什么都没有。”③ 只有行动才能证明你自身。

3. 存在主义的“马克思主义”

萨特试图以存在主义来“补充”马克思主义。在他后期的代表作《辩证理性批判》中，阐述了他的“存在主义的马克思主义”。

一方面，他认为 17 世纪以来只有三个哲学创造性阶段：笛卡儿与洛克时期、康德与黑格尔时期和马克思时代。他认为马克思主义是当代唯一有活力的哲学。“马克思主义思维年轻，几乎还在孩童时期，他还没有

① 萨特：《存在主义是一种人道主义》，上海译文出版社 1988 年版，第 23 页。
② 萨特：《存在主义是一种人道主义》，上海译文出版社 1988 年版，第 18 页。
③ 萨特：《存在主义是一种人道主义》，上海译文出版社 1988 年版，第 19 页。

开始发展，因此他仍然是我们时代的哲学。"① 另一方面，萨特以为现代马克思主义"患了贫血症"，变得"僵化"和"停滞"了，忘记了哲学特征的根本是"人"。他以为在马克思主义哲学中有一块"人学的空场"。他试图以存在主义哲学中去"补充"这块"空场"，从而使马克思主义重新成为"有生命力的哲学"。

为此，萨特提出了"前进——逆溯的方法"来探索历史人物和事件。在萨特看来，如果仅仅以前进的方法去探索，结果就习惯于从最基本的生产力和生产关系的矛盾及其演化的"时代背景"、"阶级斗争"等大字眼来剖析人物及其事件，就把历史事件和人物消解在抽象的关系之中，而失去了其具体性和鲜明性。人"像洗一次硫酸澡那样给消融掉了"。真正的人学方法必须融化逆溯的方法。这种方法就是充分回复和再现个人与其周围环境特别是个性、家庭、气质等特殊关系对于个体的影响。萨特认为马克思本人的《路易·波拿巴的雾月十八日》，就是生动历史方法即"前进——逆溯的方法"的充分展现。他认为研究历史人物如拿破仑，仅仅知道他是一个军事独裁者是远远不够的，还必须了解他的性格、气质、个人嗜好、心理特征，才能发现有血有肉的活生生的拿破仑这个历史人物。

4. 萨特存在主义思想简评

萨特的存在主义的核心正是对"个体生存"问题的关注。以"存在先于本质"的挑战性口号，颂扬人之异于他物的主观能动性和主体的积极行动对个体生存世界的意义。这个挑战性命题又对个体的未来赋予极大的可能性和期望：人是自己造就的样子，相信人之为人的命运把握在自己手里，强调个体面对世界勇敢地承担责任。因此，萨特存在主义是在对法西斯战争中有关个体尊严和自由的哲学呐喊，是对个体生存行为的严肃思考。

但萨特存在主义也存在着明显的错误和缺陷。他夸大了个体自由。真正无任何客观标准的自由选择，无疑使孤独的人更加孤独，绝望的人更加绝望。萨特在阐述个体与社会的关系时，以"为他的存在"来说明，认为我与他人关系既不能完全把他人对象化，也不能完全被他人对象化，人与他人永远在冲突中。征服与反征服一直存在于个体的意识之中，连爱情都不例外，于是，萨特不得不荒唐地说"他人即是地狱"。看来个体除了无家可归的永远流浪和痛苦之外，个体还能成就什么呢？其实，马克思所说

① 萨特：《辩证理性批判》，商务印书馆 1963 年版，第 24 页。

的人的现实性只能是社会关系的总和，恰恰显示了萨特自由观的局限。而萨特所说的在事实性基础上的自由，实际上表明了存在主义的限度。同时，如果人没有任何标准，那么他可以任意妄为，必然导致无政府主义，但萨特在选择时所强调对自己乃至对他人负全部责任，又表明他还是顾及社会和他人的利益，实际表明选择不可能是无任何标准的绝对自由的选择。

萨特对马克思主义的"批判"是对一种教条主义的"马克思主义"的批判，是对马克思主义本身的误解，马克思主义所提倡的通过社会改造达到自由人的联合体的理想是人的真正解放的自由之路。当然，他对个体生存的强调和对历史人物的主观因素的考虑引导人们避免任何教条化和简单化的研究方法还是有借鉴意义的。

思考题

1. 存在主义产生的背景是什么？
2. 海德格尔是如何分析此在"在世界中存在"的？
3. 试评述萨特的"存在先于本质"。
4. 结合学习，谈谈你对存在主义特征的认识。

相关阐释

本体论产生于巴门尼德的存在学说，或者说产生于巴门尼德对于"存在"的发现，而"存在"乃是由系动词演变而来的名词概念。因此，在某种意义上说，本体论作为西方语言的产物，实际上就是印欧语系所特有的一种语言现象，……本体论的存在之谜……在于当我们使用"存在"来表述某种对象的时候，我们的语言包括我们的认识在此可能失去了作用。

摘自张志伟、冯俊等：《西方哲学问题研究》，中国人民大学出版社 1999 年版，第 55－61 页

在雅斯贝尔斯看来，哲学讲的就是"超越"或"自在"这种存在模式，更确切地说，哲学就是个人在超越过程中的奋斗。至于个人的道德，则在个人存在的层面上发挥作用。人们正是在这个层面上，才能彼此了解和体验到自由感。既然自由处于理性的范围之外，我们就不能对其作理性的解释，而只能满足于辨认它在某些情绪中的表现。据称，我们的自由感是

与某种忧虑或恐惧感相随的，雅斯贝尔斯借用了克尔凯郭尔的这个短语。总之，我们可以这样说：理性支配着“存在于此”（客观世界）的领域，而情绪支配着“自我存在”的领域。

摘自罗素：《西方的智慧》，中国妇女出版社2004年版，第407页

海德格尔与现象学的相遇，几乎构成了其存在哲学形成的必要条件。海德格尔从青年时代起就关注存在问题，但苦于找不到解决问题的方法，正是现象学方法使他在困境中看到了希望。虽然胡塞尔曾经非常器重海德格尔，甚至说过“现象学，就是海德格尔和我”这样的话，但是，无论是作为学生还是作为助手，海德格尔都不是胡塞尔理想的继承人。因为一开始他与胡塞尔之间就存在着分歧。

海德格尔与胡塞尔的分歧主要在于：海德格尔始终将现象学只看作是一种方法而不是先验哲学；对他来说胡塞尔的“纯粹意识”还不够本源，存在比它更原始；与胡塞尔的“科学情结”相反，海德格尔更关注的是科学的局限性。

摘自张志伟、欧阳谦等：《西方哲学智慧》，中国人民大学出版社2000年版，第156－157页

柏格森在自己最有名的著作《创造性进化论》中提出了这一学说，他所设定的这种进化过程直接来源于艺术创作的类推。正如艺术家在创造性欲望的驱使下采取行动一样，自然界的生命力也是如此。进化的变革通过源源不断的创造性欲望来实现，而这些欲望所针对的则是迄今尚不存在的某些新特性。

进化过程使人类成了智能超过本能的动物。在柏格森看来，这是人类的不幸。在他之前，卢梭也确实有同样的观点。人类的智能有禁锢本能的倾向，从而剥夺了人的自由。由于智能把它的概念性条条框框强加于世界，因而扭曲了世界的本来面目。理性主义学说认为智能是争取自由的力量，而我们实际上已经远离了自由。

摘自罗素：《西方的智慧》，中国妇女出版社2004年版，第392页

相关文献

1. 威廉·巴雷特：《非理性的人——存在主义哲学研究》，商务印书馆1995年版。

2. 海德格尔:《存在与时间》,生活·读书·新知三联书店 1987 年版。
3. 孙周兴:《海德格尔选集》,上海三联书店 1996 年版。
4. 吕迪格尔·萨弗兰斯基:《海德格尔传》,商务印书馆 1999 年版。
5. 萨特:《存在与虚无》,生活·读书·新知三联书店 1987 年版。
6. 萨特:《存在主义是一种人道主义》,上海译文出版社 1988 年版。
7. 萨特:《词语》,生活·读书·新知三联书店 1989 年版。
8. A·C·丹图:《萨特》,工人出版社 1986 年版。

第四章

实用主义

实用主义产生于19世纪70年代,20世纪初成为美国和西欧流行的一个“时髦”的主观唯心主义哲学流派。

“实用主义”一词来自古希腊语,其原意是行为、行动和实践。因此,实用主义又称为“实践哲学”、“行动哲学”,并以此表明它是一种推崇人类经验,着眼于现实生活,注重效果的哲学。

一 实用主义概况

1871－1874年间,美国出现了一个“形而上学俱乐部”,该组织的主持人是皮尔士。1877年和1878年,皮尔士把他在俱乐部的报告整理成《信仰的确定》和《怎样使我们的观念清楚明白》两篇文章,在《通俗科学月刊》上发表,由此提出了最早的实用主义原理。1907年,詹姆士发表了《实用主义》一书,标志着实用主义哲学体系的正式形成。

实用主义哲学的形成,有其深刻的思想渊源、自然科学根据和社会历史原因。美国实用主义的奠基人詹姆士承认实用主义是“一些旧思想方法的新名称”。实用主义的思想来源可以追溯到古典西方哲学中贝克莱、休谟和康德的主观唯心主义。对实用主义发生直接影响的,是孔德的实证主义、马赫的经验批判主义、叔本华的意志主义和柏格森的生命哲学。如果说实用主义强调经验行为中的经验理论主要来自实证主义和经验批判主义,那么,实用主义经验行为中的行为理论就主要来自意志主义和生命哲学。实用主义哲学吸取了进化论、实验生理学和心理学的研究成果。实用主义哲学的代表人物都出生于美国,它的活动中心也一直在美国。美国建国的历史较短,它没有封建传统的政治和思想体系的束缚,“自由”、“平等”的口号喊得最响,而隐藏在这些口号后面的资产阶级个人主义，利己主义也表现得最露骨、最直接。美国资产阶级可以放任自由地去争取个人的发展，追逐个人的利益和功用。这种情况使得美国资产阶级哲学的主要任务就是直接论证资产阶级利己主义的合理性。实用主义是美国资产阶级精神面貌和行为方式的写照。

实用主义哲学的基本特征可以概括为：本体论上的折中主义，认识论上的相对主义和社会历史观方面的多元主义。

实用主义以经验为世界本体。它反对古典唯心主义经验论，不再把世界的一切存在归之于主体的感觉和概念。实用主义承认外部事物有它的自在性，但也反对唯物主义关于世界存在的客观性学说。它认为外部事物只有与主体一起构成一个"统一整体"即经验，对人才有意义，才是人的认识对象和认识根据。经验就是世界。实用主义把经验当成主体和客体"两套意义"的存在，当成主体和客体之间的相互关系和相互作用，在唯物主义和唯心主义之间主张折中主义。实用主义的经验本体把人的主观因素说成是客观世界的存在根据，反对物质第一性、意识第二性的唯物主义原则，仍然是主观唯心主义的理论。

实用主义哲学强调人类认识和行为中的工具主义价值关系。它将认识中的价值关系、效用关系置于事实关系之上，甚至以人的主观需要满足的程度来排斥认识的客观性，把认识的主观效果当作真理的标准。实用主义主张，一个认识的意义和价值不在于它是否反映了事物的本质规律，而在于它对人们行为的具体效果。无论思想或概念是否反映了事物的真实本质，它们仍然是无所谓真假的。只有当人们将概念应用于存在，由应用而产生人们主观满意的效果时才形成概念的真正价值。因此，实用主义否认人的认识要获得效果首先必须正确反映事物的唯物主义前提，否认真理的客观性。它强调的是有用就是真理，满意就是真理，主张一切真理只能是相对的，片面夸大了认识和真理的相对性和主观性，走向了认识论上的相对主义。

实用主义否定马克思主义的唯物史观，反对社会历史发展存在客观规律的理论。实用主义把马克思的历史唯物主义歪曲为经济决定论。实用主义认为，社会历史的发展变化，既不是像唯物主义主张的那样仅仅由生产力发展和经济原因所决定，也不是像有些唯心主义所主张的那样仅仅由一种抽象精神本原所决定。社会的存在、发展和变化，是由经济、文化、思想、道德、宗教、教育甚至流氓集团等多种因素所决定的。因此，社会历史观中的一元论观点是不切实际的。社会历史的发展也是偶然的、无定形的,人们可以随心所欲地对社会存在和历史发展作出解释。实用主义表面上宣扬“社会历史的多元决定论”,看起来好像很全面,实际上却将社会历史发展的决定力量归结为人性和文化等精神因素,夸大英雄人物在历史发展中的作用。实用主义提倡的是唯心主义社会历史观。

实用主义的创始人查尔斯·皮尔士(1839－1914)出生于美国马萨诸塞州的剑桥。1859年进入哈佛大学就读,后任该校教授。因为他对数学、天文学和逻辑学都有研究,所以他的实用主义哲学带有较多的逻辑和自然科学色彩。皮尔士认为,人们的意识可以分为怀疑和信仰两种基本状态,思维的作用就是平息怀疑,确定信仰。确定信仰有四种方法:一是固执的方法,它否认任何客观准则,从个人意愿出发选择信仰;二是权威的方法,即由国家教会组织以及其他暴力机关规定人们的信仰;三是先验的方法,它以理性为基础,通过彼此的议论和辩驳,确定共同的抽象准则作为每个人的信仰;四是科学的方法,它排除了一切个人的因素、外在的权威因素和抽象的理性因素,以肯定外部世界的客观存在为根据,并依靠众人获得的经验来确定信仰。皮尔士指出,科学的方法既和客观存在相符,又能获得实际效果,使人感到满足,是唯一可靠的方法。皮尔士确立信仰的目的是为了消除人们在行动前的疑惑,在思维的探索中建立解决问题的信念。但是,他的信仰理论不是建立在主观反映客观的基础上;依靠众人的共同经验来确定信仰也仍然没有跳出主观唯心主义的窠臼。皮尔士还提出了概念的意义问题。他说,“硬”这个概念的意义,在于假如一个人企图去抓破那个东西的表层,他将不可能成功。因此,“硬”的概念表示的不是物体固有的客观性质,而是人们行动时得到的一种感性的效果。这种以概念的效果来代替事物独立的客观性质,开创了实用主义认识论和真理观的先河。

20世纪头20年是实用主义哲学鼎盛时期,实用主义成了美国影响最大的哲学流派,其思想渗透到美国社会生活的各个方面。第二次世界大战期间,欧洲逻辑实证主义哲学和一些后起的西方哲学流派大量传入美国,产生了重大影响,并与实用主义合流,衍化出不少旁支,如米德的社会行为主义、刘易斯的概念论实用主义、奎因的逻辑实用主义等。

实用主义几乎席卷了资本主义各国,也影响着一些殖民地、半殖民地国家。我国解放前的知识界受实用主义的影响不小。“五四”运动时期,杜威曾利用来我国讲学之际,大肆宣传实用主义,公开反对马克思主义。杜威在中国的两年多时间里,到过十多个省,做过上百次演讲。胡适青年时期留学美国,1917 年回国后任北京大学教授。他把实用主义称为“实验主义”,用极通俗的语言宣传实用主义观点,使之渗透到哲学、文学、史学等学术领域。

二 詹姆士的实用主义

彻底经验主义

詹姆士认为,人面向现实世界首先遇到的是经验事实,而不是独立于人的感觉意识而存在的客观事物。世界基本上是一种原料,它只是人们造成的那样;如果要从它“原是什么”或“离开了我们是什么性质的东西”来下定义,那是得不到结果的。它是我们怎样造就它就怎样的。世界是可塑的。因此,一切实在离不开人的感觉意识,它就是感觉经验。詹姆士把实在分为三个部分:

第一,实在是人们的感觉流。因为,可感的客观存在和人们对于这种存在所有的感觉,就在感觉产生的时候,二者是绝对同一的。我们的感觉并不是事物的一些内部的小小的副本,就事物呈现给我们这个范围来说,这些感觉就是事物本身。

第二,实在是人们的感觉之间或它们在人们心理的摹本之间所存在的关系,这种感觉间或意向间的关系都是主观精神材料的对象。

第三,实在就是过去已有的真理。这种陈旧的真理也是从感觉流和感觉间的关系中得来的。

对于这些主观的经验实在,人们可以自由地根据利益的需要加以应付。感觉的存在,人们虽不能控制,但是在人们的结论里,着重哪个,毕竟是凭各个人的利益来决定的。着重点不同,构成的真理也完全不同。事实全同,人们的看法亦可各异。因此,我们对客观实在怎样说法,全看我们怎样给它配景。实在的实在由它自己;实在是什么却凭取景;而取景如何,则随我们。实在的感觉部分和关系部分全是哑的,它们根本不能为自己说话,而要我们代它们说话。詹姆士认为自己提出的经验主义是中立的,因为这种经验主义既不同于唯物主义把物质作为世界的本原,也不同于唯心主义把精神当作世界的本原,而只有这种经验自身才是“自在的”,“实在的”。实际上,詹姆士把外部客观事物的存在归结为“感觉流”和感觉关系，把一切先于主观感觉存在的东西当作人们可以任意割取的对象，完全否定了主观感觉意识和世界存在的客观物质基础。

为什么詹姆士要从生活的感觉流，从主体和客体的关系中来规定哲学本体论呢？詹姆士指出，经验主义的看法强调，既然实在是一天天被临时创造出来的，那么概念就永远不能恰如其分地代替知觉。实在之更为深远的特点只有在知觉性的经验中才能找到。詹姆士称自己的哲学为“彻底经验主义”，因为在经验的构成中既没有任何不是直接被经验的元素，又包罗了一切直接的经验元素。詹姆士认为，彻底经验主义要求解决具体的生活问题。既然如此，哲学本体论就不能停留在静止的物质实体上，也不能用抽象的精神实体充当基础。实用主义要面向生活，就要把经验本体规定为一种生活之流，一种处在不断运动变化中的主观感觉与客观存在的关系。只有这样，才能使哲学真正成为介入生活的指导工具。从变化流动中的主客体关系来探讨哲学本体论，并由此构成整个实用主义哲学体系，是詹姆士理论的一个重要特征。但是，詹姆士停留在单纯的经验范围里，看不到感觉经验应当上升到反映事物本质规律的理性思维。而且，他认为纯粹经验本身就是一种神秘的、无法用理性概念说明的东西。由此可见，詹姆士的彻底经验主义是唯心主义的经验论和非理性主义的一种混杂。

有用就是真理

詹姆士把认识的真理性和认识的主观效用性等同起来，提出了有用就是真理，真理就是有用的观点。詹姆士否认思想观念是客观对象的反映，他仅仅从主观经验之间互相联系的有用性方面去认证真理。他提出，一般真理有着和报告或记载过去的经验大不相同的作用，它们是用来组织未来观察和经验的基础。“只要观念（它本身只是我们经验的一部分）有助于使它们与我们经验的其他部分处于圆满的关系中，有助于我们通过概念的捷径，而不用特殊现象的无限相继续，去概括它，运用它，这样观念就成为真实的了”。“如果一个概念能够很顺利地从我们的一部分经验转移到另一部分经验，将事物完满地联系起来，很稳定地工作起来而且能够简化劳动，节省劳动，那么，这个概念就是真的”[①]。不仅在主观经验领域，而且在抽象观念关系的领域，真理仍旧在起一种引导作用。在这里，

① 詹姆士：《实用主义》，商务印书馆 1979 年版，第 32－33 页。

詹姆士根本不谈真理是主观对于客观的正确反映，而是把真理看作纯粹是主观观念之间联系的产物，这就把哲学对于真理问题的讨论限制在了纯粹主观范围内。

詹姆士承认，人的思想对于事物的反映是重要的认识论方法。我们对于可感觉的事物的真实观念，的确是模拟这些事物的。但是，他认为，哲学认识论以正确摹写实在为原则，只不过是一种静止的形而上学理论。在古代，哲学家把世界看成置于时间和空间之上的永恒存在，理论越是忠实地摹写它，它就越真。近代的人们已使真理从天上降到了地上，但仍旧认为某种东西先于我们而存在，把真理的意义看作一种惰性的静止的关系。当你得到了任何事物的真观念，事情就算结束了。詹姆士指出，人们面对的实在是一些特定的变化的事实，经验呈现给人们的是一个现象的流，人们的观念必须随它一起变化和流动。因此，一个观念的"真实性"不是它所固有的、静止的性质。真理性的观念应该是与实在符合的，这种符合只能意味着我们一直被引导。在观念与外部事物的关系方面，詹姆士举了一些例子说明这方面真理的含义。真理必须是有用的。比如，当我在森林里因迷路而忍饥挨饿，忽然发现一条有牛蹄脚印的小路，这时最重要的是我应当想到这条小路的尽头一定有住家，所以如果我是这样想而且顺着它走去，我就会得救。这里，真实的思想是有用的，因为作为思想对象的房子是有用的。真理的实际价值是由于观念对象对人们的实际重要性而产生的。而且，真理意味着能够被证实。人们跟着有牛蹄印子的小路所引起的房子的意象，终于真正看到了房子，终于得到了那意象的完全证实。在詹姆士看来："'它是有用的因为它是真的'，或者说'它是真的，因为它是有用的'，这两句话的意思是一样的；也就是说这里有一个观念实现了，而且能被证实了。'真'是任何开始证实过程的观念的名称。'有用'是它在经验里完成了的作用的名称。"① 总之，假设的真实观念是由它导致的后果来决定的，而不是由它摹写眼前事实的精确程度和符合过去原则的一致程度决定的。真观念是我们所能类化，能使之生效，能确定，能核实的；而假的观念就不能。在上述思想里，詹姆士把真理看成一个向着流动事物引导的运动变化范畴，包含了肯定个体真理的合理性因素。但是，他将观念与外部事物的真理性关系完全看成主观的有用性即兑现价值关系以及感觉经验之间的证实关系，又抛弃了真理的客观性。

① 詹姆士：《实用主义》，商务印书馆 1979 年版，第 106 页。

实用主义是一种方法

詹姆士认为,实用主义首先是一种方法,实用主义方法"不是去看最先的事物、原则、范畴,和假定是必需的东西;而是去看最后的事物、收获、效果和事实。"詹姆士把实用主义当作一种确定人们行为态度的方法。他指出,实用主义要抛弃职业哲学家的许多积习,即不能像过去的哲学家那样,去追求原始的东西、抽象的绝对的原则和封闭的理论体系。实用主义方法论有两个重要特点:一是功利主义。实用主义以实际效果为解决一切哲学认识问题的准则。实用主义是注重实践的,而它的实践必须是功利主义的。没有功利效果,也就无所谓理论的真假好坏。实用主义从来不在字面上解决问题,它要求面向事实和将来。二是唯名主义。实用主义方法论和经验主义唯名论有共同一致的方面。它不把世界当作由统一规律支配的有联系的统一整体,而认为世界中只存在个别的、特殊的东西。它认为一元论哲学导致固定的教条主义态度,而多元论哲学将为偶然性、自由选择和新奇的事物留有余地。人们对外在客体的每一个认识都是独特的具体的,因此,可以允许对于同一事物作各种不同的解释。

在詹姆士看来,实用主义方法能够解决哲学史争论的一切重大难题。他认为,历史上存在两大对立哲学派别即理性主义派别和经验主义派别。理性主义者是信仰抽象原则的人,经验主义者则是喜爱各种原始事实的人。由理性主义和经验主义的斗争引出了哲学史上唯心主义和唯物主义、有神论和无神论、意志自由论和宿命论、一元论和多元论以及武断的可知论和各种怀疑论的一系列对立斗争。由此看来,两大哲学派别斗争的根本原因不过是由于哲学家之间的心理结构和气质不同所造成的。詹姆士说,这种对立斗争是毫无意义的。人既离不开事实也离不开原则,我们中间大部分人都热切盼望两方面的好东西,"事实确实是好的——给我们多多的事实吧,原则是好的——那么给我们多多的原则吧"。关于一元论和多元论的对立,他说:"从一个角度看,世界无疑的是一,而从别一个角度看,世界无疑的是多,既是一又是多,那么我们就采取一种多元的一元论吧。"关于意志自由论和宿命论之间的斗争,詹姆士说,各种事物都是命定的,但人的意志当然是自由的,真正的哲学应当是一种意志自由的决定论。总而言之,实用主义的方法主要是解决形而上学争论的方法,否则,争论就无尽无休。世界是一还是多?是宿命的还是自由的?是物质的还是精神的?这些概念的任何一对中的任何一个都既可能适用于又可能不适用于这个世界，对于这些概念的争论是无止境的。在这种情况下，实用主义的方法是试图探索其实际净效果来解释每一个概念。他认为，当一个争论激烈时，人们不应单说这方面或那方面是对的，而应当指出这方面或那方面在以后的实际结果上的差别。由此可见，实用主义在注重事实、将来和行为效果的名义下，取消了唯物主义和唯心主义、经验主义和唯理主义之间的对立区别，在唯物主义和唯心主义、经验主义和唯理主义之间大搞无原则的折中调和。从根本上说，实用主义方法论是一种引导人们去寻找思维上的折中主义的理论。

三　杜威的实用主义

经验自然主义

杜威探索了确定哲学世界观的方法问题。他认为，以往的一些哲学派别都用非经验法来认识世界。非经验法是把人的经验同外部自然客观体截然分开，把能经验的活动和所经验的对象分裂为二，于是，统一的世界整体分成了主体和客体、心理的活动和自然的活动。在众多的哲学家中：一位思想家变成了一个形而上学的唯物主义者而否认心灵的实在；另一位变成了一个心理学的唯心主义者而主张物和力仅仅是伪装起来的心理事实，于是在哲学史上产生了唯物主义和唯心主义两大哲学派别。其实，无论唯物主义或者唯心主义都找不到认识和行为的正确答案，因为非经验法在哲学中引起的问题都是一些不解之谜，这种方法引导的是阻碍问题探索的死路。

杜威指出，实用主义采用的是经验方法。经验方法把经验和自然、主体和客体结合和统一起来。经验方法能够揭露自然的秘密，它所引起的问题不会阻碍探索的道路，它会使人的认识在新的经验中开花结果。

经验方法就是要把“经验”当作兼收并蓄的统一体的方法。他说：“经验不仅包括人们做什么和遭遇些什么，他们追求什么，爱什么，相信和坚持什么，而且也包括人们是怎样活动和怎样受到的反响，他们怎样操作和遭遇，他们怎样渴望享受，以及他们观看、信仰和想象的方式——简言之，能经验的过程。‘经验’指开垦过的土地，种下的种籽，收获的成果以及日夜、春秋、干湿、冷热等等变化，这些为人们所观察、畏惧、渴望的东西；它也指这种种植和收割、工作和欢快、希望、畏惧、计划、魔术或化学、垂头丧气或欢欣鼓舞的人。”① 他认为,经验是具有主体和客体、动作和材料两套意义的,这两套意义的东西是一个不可分割的整体所包括的两个方面。

杜威自称他的哲学是“经验自然主义”或“自然主义的经验论”,以此表明他的哲学既考虑到了自然的存在,也考虑到了人的感觉经验活动的存在,是超越了唯物论和唯心论对立的新哲学。杜威在表面上也不否认自然是客观存在的事物。他说,假如有一张椅子,这张椅子表现出一定颜色,它正在被我们望着,人们在感觉它的时候是带有强迫性的;但是,自然物体和主观经验的区别并不是本质的,而只是关系上的,人们的主观感觉性质是能经验到唯一质料。外部事物不过是“为我人所对待、使用、作用与运用、享受和保持的对象。”心灵和物质乃是自然事件的两个不同的特性,其中物质表达它们的顺序条理,而心灵表达它们在逻辑上的联系和依附中的意义条理。这样一来,杜威还是把主体当成经验本原的中心,即以感觉经验意识为中心,既包容自然和社会中一切事物又包括人的一切心理活动的主观唯心主义的统一体。杜威在解决人的感觉经验和外部事物的关系中,并没有能够超越唯物论和唯心论的对立,只是变换了手法。他是将物质和意识同时塞进世界本原之后再来肯定主观意识对客观物质的决定作用,这仍然是一种主观唯心主义经验哲学。与古典唯心主义所不同的是,他的主观经验本质包含了主体和客体两个方面的关系,因而建立在这种本体论上的哲学能够展开主体如何与外部客体发生关系问题的研究。杜威就是在研究有机体与环境相互作用的过程中,探讨了主体如何接受客体环境的刺激以及主体如何应付刺激等一系列问题的,并由此论述了工具主义认识论和方法论。

工具主义

杜威认为,一切知识不过是人们制造出来用以应付环境的工具,思维是工具性的,真理也是一种人造的工具。

在杜威看来,哲学是随着历史的发展而不断变化的。欧洲最早的哲学,其任务是要在合理的基础上维护传统信念,除了扩张思索和证明的严肃的外观,没有别的方法。抽象的定义和超科学的议论由此出现。在这种情况下,最坏的时候,是使哲学成为一种搬弄名词的把戏、琐细的论理

① 杜威:《经验与自然》,商务印书馆1960年版,第46页。

和广博周详的论证的徒有外表的各种形式的玩弄。最好的时候，也不过成为为体系而体系的一种爱好，以及对于正确的一种自许。这时的哲学自以为是超越的和绝对的，它认为自己有比实证的科学和日常实际经验更为有效的认识功能。近代哲学对古典哲学进行了一个改造。弗兰西斯·培根把探索自然的经验发现法置于亚里士多德的逻辑论证之上，开始舍弃关于终极的绝对实体的研究，从永久普遍的事物向着变化和特殊的事物转移，人们学会了从经验的起源和经验中的利害得失来判定真理。但是，经验哲学家们又感到经验是变化的和偶然的，它并不可靠，经验必须有一个超乎自己之上的力量才能达到普遍和必然。

杜威指出，到了20世纪，科学更为发达了，哲学的改造可以实现了。他说，有两件事曾经使我们对于经验产生一种新的看法，并且对于经验和理性的关系形成了新的观点。第一个因素是经验在实际上所发生的变化，即实际活动的经验在内容和方法上的变化。另一个因素是一种以生物学为基础的心理学的发展，它使我们有可能对经验的性质作出一种新的科学表达。生物学的发展使人们认识到，凡是有生命的地方就有人的经验活动。人的经验活动不仅仅是适应环境，而且要对环境加以改造。经验变成首先在于做的事情，有机体并不是站在那里，像米可伯似的，静等着事情的发生。它并不被动地、死板地等待某种东西从外面逼到它身上。有机体是按照它自己的简单或复杂的构造对环境发生作用的。其结果，环境所造成的变化又反过来对有机体及其活动起作用。生物受着自己的行为后果的影响。行动和遭遇之间的这种密切联系，就形成了我们所谓的经验。这种经验是完全属于生活和实践的，它使哲学中的那种超自然和超经验的综合成为不必要。在杜威看来，哲学应该研究人的问题，为人们的生活实践提供一种工具和方法。哲学，只有当它不再研究哲学家们的问题，而成为哲学家们探究解决人的问题的方法时，才能恢复元气。

杜威十分重视哲学的方法论问题。他认为，哲学要从静观转为实用，关键是把经验加以合理化即方法论化。一切概念、学说和结论系统，不管它们怎样精致和坚实，都必须视为假设。如果观念、意义、概念、学说和体系，对于一定环境的主动改造，或对于某种特殊的困苦和纷扰的排除确是一种工具般的东西，它们的效能和价值就会系于这个工作的成功与否。如果它们成功了，它们就是可靠、健全、有效、好的、真的。它们是工具，和一切工具一样，它们的价值不在于它们自身，而在于它们所能造就的结果中显现出来的功效。

杜威认为,人的生活是由一系列动作、行为和遭遇等适应外界环境的生活构成的。人在接触环境生活时,生活也就向他提出了无数种任务。人们通常是利用自己的本能、技巧和习惯来解决这些任务。但是,光凭本能和习惯是无法解决所有任务的,当人们的本能和习惯难以应付生活时,他们就开始求助于思维。他认为思维起于岔路的疑难,起于两歧的取舍。如果行动平顺而毫无困难,如果思维只是聊以自娱的幻想,那便没有反省的必要。只有遇着困难、阻碍,或将信将疑之时,人们才会停顿下来,细细思索。只有停顿于疑难之中,人们才会遐想高瞻,找出观察新事物的立场,从立场决定各种事实的关系。杜威详细探讨了思维的具体形态和方法。在他看来,每一思维单位的两端,开始是一个令人迷惑、困难或纷乱的情境,结束时是一个澄清、统一和解决的情境。在这两端之间,思维经历了五个不同的形态:第一,暗示,即人们的思维起于直接经验的疑难情境,这时,思维跃进于一种可能的解决;第二,问题,这是把感觉经验中的难题智化,成为一个待解决的问题,一个必须找到答案的疑问;第三,假设,即人们在思维中假定种种解决疑难的办法,用以发起和引导观察并收集事实材料;第四,推理,即推演出假设中所包含的结果,看哪一个假设能解决上述疑难;第五,验证,就是在外表的或想象的行动中检验假设,用事实和行动的结果去证实、修改或驳斥假设。杜威说,以上思维五个形态的顺序并不是固定的,有时两段也可以凑合起来,每个形态也是可以扩充的,并没有固定的规则。

杜威把认识过程归结为主体对于环境的刺激反应,否认思维具有把握客观世界内部联系的功能,原因在于他根本否定存在自然和社会发展的规律性。他认为,人发现自己生活在一个碰运气的世界,他的存在,说得粗俗一些,包括着一场赌博。这个世界是一个冒险的地方,它不安全,不稳定,不可思议地不稳定。它的危险是不规则的,不经常的,讲不出它们 的时间和季节的。这些危险虽然是持续的,但又是零散的,出乎意外的。……灾祸、饥荒、歉收、疾病、死亡、战争的败北,总是随时可以降临,而丰收、强力、胜利、欢宴和歌舞也是如此。世界的存在是动荡而无规律的,人们不可能有关于客观规律的理性认识来指导自己的实践活动。人们了解和认识世界只能像动物一样摸索,在环境和行为的不断刺激下,引起解决疑难的思维活动。杜威还把对世界的经验摸索看作纯粹属于个人的行为。他认为,现代思想家发现了内心的经验——一个纯粹个体的事情领域,而个人的事情总是在个人宇宙体系,要求个人完全服从它。现代的思想则是主观主义、唯我主义和自我中心主义。

杜威的工具主义把观念当作假设的工具,以某些思维途径作为解决主体和客体关系的可靠沟通方法,从一定的合理角度提出了具体地解决人与现实世界关系的理论问题。杜威研究了对世界认识和改造必然会遇到直接的环境刺激和具体实践的问题,这种理论带有个体当下直接实践的具体性质。但是,杜威的工具主义理论是经验主义的,因为他过多地停留在被动的生物刺激反应和经验摸索的水平上,局限于探讨人类个体与他面临的世界环境的沟通问题,而没有把视野扩大到人类征服和改造自然、社会的过程,因而也就没有注意和研究人类征服和改造自然、社会过程中的理论总结和理性积淀问题,忽视了人类能动的劳动实践和理论思维的能动创造性等主客体关系的本质方面。

多元主义的社会历史观

杜威用实用主义思想方法来研究社会历史问题,形成了多元主义和改良主义的社会史观。杜威认为,社会是由许多不同元素组织而成的共同体,"'社会'是一个字,但它是无限多东西。它包括人们由合群而共同享受经验和建立共同利益和目的的一切方式,如流氓群、强盗帮、徒党、社团、职工组织、股份公司、村落、国防同盟等。"[1] 实用主义新方法的效力在于拿这些特殊的、可变的、相对的事实研究去替换一般概念的把持与摆弄。

杜威认为,在社会组成的各种因素中,人性和文化两个方面的因素及其交互作用是有决定意义的。用人性和文化的相互关系这样的字眼来陈述问题,我们才能避免空洞、抽象和闪烁的概括。研究相互关系,我们就会注意到所存在的各种各样的文化和各种各样的人性的构成因素,包括人类彼此之间的天然差异在内,而不仅仅是数量上的差异。探讨的任务就是研究人性特性特定的构成因素,天然的或已经改变的,怎样和一定文化特定的构成部分交互作用的方式;要说明人性这一方面和社会风俗与规章这一方面,两面三刀者之间的冲突和一致乃是由于各种可以记述的交相作用的方式所产生出人的利己心,人性中的结合性产生出人的利他心。在社会中,文化条件代替了严格意义下的自然条件。因此,对于人性以及人性所导致的个体自由和人类合作的问题,都应该从文化背景的联

① 杜威:《哲学的改造》,商务印书馆 1962 年版,第 107 页。

系中去看待。文化是许多因素相互作用的复杂统一体。这许多因素中主要的有法律和政治、工业和商业、科学和技术、表达和交流的艺术以及道德或人们所珍贵的价值和他们进行评价的方式,还有指导生活的一般观念体系和社会哲学等等。文化具有两重性,一方面,文化教育是人的行为的条件。人们是用“文化”一词来概括这个包括一切人类交往和共同生活的各种条件的复杂体的。另一方面,文化又是人的行为的结果。不管人性的天然构成是什么,人性的实际活动,即反映于制度和规章而最后又形成制度和规章的式样的那些活动,都是各种职业、兴趣、技能、信仰等等(它们构成一定文化)的整体所产生的。

杜威认为,社会是建立在人性基础上的。在他看来,有一种需要和兴趣,自然会有一种人群发生。譬如男女之欲,是一种天性的情欲。有了这种需要,然后有男女居室,成一家族。又如饮食和自卫保身之欲,也是一种天生的欲望,有了这种天生的欲望,然后有工商业、交通业。人类有权力的天性,所以有纷争,有纷争然后有政府,有法律,所以有国家。人类有信仰的天性,所以有宗教。这都是人群所发生的原因。他认为,经济关系和政治制度一样,是不能跟人的习性分离开的。现代社会冲突的根源就在人性中,一切冲突都是个人天性中的保守因素和解放的更新的因素之间的冲突。在社会状态下,人们就要用各种团体的、教育的、道德的、法律的文化因素来对人性加以调节和平衡,求得社会的安宁和进步。

在杜威看来,教育对于促进人性和文化的联系与统一具有举足轻重的意义。他强调教育是社会进步及社会改革的基本方法,这是因为教育本身就是以文化开发和塑造人性、有效地协调人和社会各种关系的过程。他认为,这个过程需要一切随时可以利用的道德和理智的资源,恰恰是因为要将人类身体和心理素质方面的因素与社会环境的要求和机会有效地协调起来。就这个意义上说,哲学就是教育。我们能给哲学下的最深刻的定义就是,哲学就是教育的最一般的理论。所以,哲学、教育和社会理想与方法的改造,是携手并进的。

杜威认为,以往的社会哲学理论都有简单化的弊病。它表现在或者是夸大人的因素,或者是夸大外在的环境因素;不是强调道德的力量是一切人类兴亡的最后决定者,就是强调经济条件是人类关系中最后的控制力量。他指责马克思主义完全陷入了单一经济论。杜威一方面歪曲马克思历史唯物主义,另一方面企图利用20世纪自然科学方面的一些新成果来论证他的多元主义社会历史观。杜威反对从生产和上层建筑等根本问题上对社会加以革命的改造，而主张在人性和文化的某些具体的特殊的因素上进行点滴改良。

实用主义是适应资本主义发展的需要而创立并流行起来的哲学。它主要是美国资产阶级的哲学意识形态。从哲学性质来说，实用主义是主观唯心主义的哲学。但它对传统哲学作了重大的革新和改造，比较重视哲学在有效指导人类实践行为方面的方法论功能。在概括和总结自然科学和社会科学发展的某些方面，也取得了某些局部性的积极成果。

实用主义提出了解决人与现实世界普遍性关系的任务，试图把哲学变成解决“人的问题”的方法。然而，它把经验解释为主客体相互作用的过程，即所谓“生活”、“遭遇”；它不管经验的来源，只管对付的方法；不去研究人的本质和价值，而着重研究人的行动怎样才能带来满意的效果；不是着重探究目的的合理性，而是强调方法的合乎目的性。这样，实用主义便将价值变成个人的功用价值，以功用效果来判断理性的价值，于是理性也就变成了功用理性。实用主义哲学进一步导致了道德价值和功用理性的分离。按照这种哲学，为了达到自己的目的，他人也是一种工具，这就同该哲学原来声称的“人本主义”宗旨相背离了。

实用主义在哲学的出发点和方法论等方面都存在着重大的理论缺陷。实用主义哲学的出发点是主观经验，这就使得它的整个理论体系都建置在否认物质的外在独立性、否认客观规律性的唯心主义基础上。实用主义哲学把人的心理本能和人的理性认识、把人的认识和人的行为等同起来，都看作一种生物的本能反应，这就使人类和现实世界的关系变成了一种生物学意义上的盲目探索关系。实用主义哲学把所有理论、思想都看作是为人们主观需要服务的假设工具，就无法具备哲学思维所应有的远大理想性和普遍性，也摆脱不了它的纯功利性的庸俗化倾向。

思考题

1. 怎样看待实用主义哲学真理观？
2. 如何理解实用主义哲学对西方传统哲学理论的继承与发展？
3. 试论杜威多元主义和改良主义的社会史观。

相关阐释

罗蒂对实用主义的第一个概括是:实用主义只是运用于像真理、知识、语言和道德这样一些观念的反本质主义。……罗蒂对实用主义的第二个概括是:在关于应该什么是真理和关于实际上是什么的真理之间,没有任何认识论上的区别;在事实和价值之间,没有任何形而上学的区别;在道德和科学之间,没有任何方法论的区别。在这里,罗蒂反对道德和事实的二元论,……罗蒂对实用主义所作的第三个概括是:对研究,除了对话的制约以外,没有任何别的制约,这不是来自对象或心灵或语言本性的全面制约,而只是我们研究伙伴的言论所提供的零星制约。……这种对话,正如哈贝马斯所指出的,必须是自由的,不受任何东西支配的,因为所有东西都是暂时的、人类的,因而都是偶然的。

摘自理查德·罗蒂:《后哲学文化》,上海译文出版社 1992 年版,第 29 - 31 页

杜威希望,越来越多的人认为康德谈论道德选择的方式具有吸引力。杜威认为,把道德和审慎相区分是个非常坏的理念,并认为各种道德命令相对于审慎建议有着完全不同之来源全是特别坏的理念。他把康德视为这样一个人物:他的有关人类的观点永远无法符合达尔文有关我们起源的自然主义说明。杜威论述到,从后达尔文主义的观点来看,经验知识和非经验知识之间没有尖锐的断裂,比起各种经验实践考量和各种非经验实践考量之间、事实和价值之间的断裂来,这一断裂并不尖锐。

正如杜威对这些事情所见,经验的和非经验的之间的康德主义的断裂是柏拉图主义物质的和非物质的之间的区分的遗物,进而是神学——形而上学的人和神之间区分的遗物。杜威认为,这种被他称为"孵蛋和筑巢的二元论"应该与柏拉图和康德一起被扫到旁边去。

摘自理查德·罗蒂:《困于康德和杜威之间》,社会科学报 2004 年 8 月 5 日第 6 版

杜威与教育学——杜威作为一个教育家与他作为哲学家一样有名。也许他自己从来就没有将哲学和教育完全分开,因为他也说过一切哲学都可看作是教育哲学。

教育的对象首先是儿童。在 19 世纪下半叶,多数美国学校教育还是采取满堂灌的方式,这实际上是把学生看作是被动的信息和知识的接受者。这是杜威坚决反对的。

著名的“在做中学”和“教育即成长”并不都是反智主义的观点。而是说一个合适的设计的教育必须指导学生，通过让学生参与各种不同类型的经验而开发他的创造性和主动性。

杜威认为，教育有着道德教化的功能，通过经验不断地重构和成长发展孩子的道德品质。但这不是将德行灌输给学生，而是通过开发学生的公平心、客观性、想象力、对新经验的开放性，鼓励他们在新经验中改变自己的心灵来教他们德行。

摘自张汝伦：《现代西方哲学十五讲》，北京大学出版社 2003 年版

相关文献

1. 薛文华主编：《现代西方哲学评介》，高等教育出版社 1994 年版。
2. 刘放桐等编著：《新编现代西方哲学》，人民出版社 2000 年版。
3.《资产阶级哲学资料选辑》，上海人民出版社 1975 年版。
4. 詹姆士：《实用主义》，商务印书馆 1979 年版。
5. 杜威：《经验与自然》，商务印书馆。
6. 理查德·罗蒂：《后形而上学希望》，上海译文出版社 2003 年版。
7. 理查德·罗蒂：《后哲学文化》，上海译文出版社 1992 年版。

第五章

宗教哲学

一 新托马斯主义概况

新托马斯主义是现代天主教正统宗教哲学思想，在现代西方哲学中属于代表人物最多、出版著作最多、组织最严密的流派之一。它产生于19世纪末。以教皇利奥十三世和学者麦西埃为创始人，以马里坦、日尔松为主要代表人物。比利时卢汶大学、加拿大多伦多大学等为其研究中心。该学派提出“回到托马斯·阿奎那”，重新建构经院哲学。它以中世纪托马斯哲学体系的现代注释为核心，继承了经院哲学所提出的问题及研究对象，保存和维护托马斯主义的上帝证明及理性与信仰关系等基本理论，但结合了现代科学、社会、哲学理论的新成果和新方法，以适应现代社会信仰问题的发展和变革。同时，认为托马斯主义的核心思想具有永恒性，能够解释和改造现代社会的思想危机。“新托马斯主义代表了一种要把托马斯·阿奎那的传统理论带到20世纪大不相同的哲学气候中来的努力。它力图表明，这整个学说对于现代的种种问题，正如对于13世纪的种种问题一样，是同样地适用的。”[①]

新托马斯主义的基本特点

第一，新托马斯主义与托马斯主义一样把论证上帝存在及其全知全能作为其全部哲学的基础。特别结合了现代西方社会所面临的各种危机如科学技术的危机，西方社会人之异化的现状，指出缺失信仰的世俗社会

① 詹姆斯·C·利文斯顿：《现代基督教思想》（下卷），四川人民出版社1999年版，第768－769页。

必将产生种种问题,从而反证确立上帝存在之信仰的重要性。而且就证明上帝存在的方式作了进一步解释。新托马斯主义者马斯科尔提出了托马斯对上帝的证明不是严格意义上的逻辑证明,而是出于生存判断意义上的类比推论。

第二,新托马斯主义与托马斯主义一样,认为宗教高于科学,信仰高于理性,但新托马斯主义强调宗教信仰与科学的密切关系,强调托马斯主义与科学理性精神的协调性。马里坦就认为人类知识有三种:作为最高的智慧的神学,其次是对世俗对象的细节认识的科学及其对认识方法反思的哲学。在新托马斯主义看来,近代社会的发展造成中世纪神学的衰退,但这不是纯粹科学的胜利,而是人类对物质欲望的贪婪式攫取的结果。因而,现代需要重新恢复信仰这"智慧之光"的崇高位置。由于对科学和宗教层次性差异的理解,新托马斯主义对现代科学采取宽容甚至鼓励研究的态度,有些新托马斯主义者本身就是著名科学家。

第三,新托马斯主义关注现实,它试图从确定对上帝的神圣信仰维度来揭示世俗化社会的弊端,并开出"救世秘方":认为只有依靠上帝,祈求上帝的恩典,遵守上帝给人类规定的生活目的和道德准则,才能摆脱个人的苦难和摆脱现代社会的危机。马里坦认为人要享受被爱的权利、要受到尊重,只有从上帝那里得到。同时,它比托马斯主义更具有开放性、灵活性和现世性。在它看来,这并不意味在世俗生活中无所作为;相反,人们应该投身于现世生活。马里坦指出,现代世界的一个最重要的毛病是二元化:神圣的东西与世俗的东西的分裂。世俗的东西属于社会生活、道德生活和政治生活的范围,完全受肉欲支配,结果与福音的要求越来越远。同时,基督教的伦理,也由于没有深入现代社会生活,变成了一套公式化的空话。于是,新托马斯主义提倡关爱世人,尊重人权,尊重生命,反对国家至上,提倡个人自由,甚至包括信仰自由。

二 马里坦的新托马斯主义

马里坦(Jacques Maritain,1882 - 1973)是新托马斯主义最主要的代表人物。马里坦1882年11月18日出生于巴黎。早年接受自由派新教的熏陶,后在巴黎大学研习人文和自然科学。其间,受柏格森哲学的影响。在谈到听柏格森讲课的感受时,他描述道:"仿佛由于呼吸了有益健康的空气而充满了生命力。”1905 年与俄罗斯犹太人赖莎·奥曼索夫结婚。1906 年受作家佩吉(Peguy)和布洛瓦(Bloy)的影响改信天主教，从而“一种广阔安宁降临到我们身上，随之带来了信仰的巨大财富。不再有怀疑，不再有痛苦，不再有苦难——只有上帝的无限的答案。”(赖莎如是说)。随后，马里坦开始研究《神学大全》。1914 至 1933 年在巴黎天主教学院担任哲学教授，创建“托马斯主义者联谊会”，讨论和实践托马斯主义宗教精神。后赴加拿大、美国工作研究。曾任法国驻梵蒂冈大使。1960 年回法国后一直过隐居生活。马里坦一生勤于著书立说，写有 60 多部论著，主要代表作有《柏格森哲学》(1914)、《艺术与经院哲学》(1920)、《知识的等级》(1932)、《哲学概论》(1930)、《完整的人道主义》(1936)等。

上帝论

马里坦认为托马斯证明上帝存在的五种方式并没有错，只要以恰当的方式去理解、参照当前的科学社会现实给予重新表述，仍然是具有充分说服力的证明。马里坦主要运用“直觉”和“可理解性”这两个概念来为“五项证明”作补充说明和阐发。

马里坦认为康德对托马斯的批判不正确。虽然康德对安瑟伦关于证明上帝存在的本体论方法的批判是正确的。因为从人的先验范畴去推论出上帝的现实存在的形而上学方法，既完全脱离人的经验又把理性推论本身作为证明的条件，因而是错误的。但马里坦认为托马斯的“五项证明”不是本体论证明，而是宇宙论证明，是由个别上升到一般的人类经验为基础的。

首先，这种证明是对人之生存的自然的原初的直觉发展的结果。对上帝“存在”的这种认识，它发端于对生存的原初的直觉，是“若无制造，任何制品不可能存在的自发运用。”具体说来，人们“直觉”到人之外存在着无情的不可抗拒的现实，进一步又“直觉”到个人面对死亡的孤独无助，最后“直觉”到一种无可辩驳的绝对，即上帝的存在。

其次，马里坦认为对上帝存在这一概念，仅凭理性的逻辑推理还是不足为人所信，但通过可理解性及其类推性，可避免理智对不可知物认识的悖谬，又保全超于理性认识之上的上帝存在。马里坦认为我们不能对世界诉之于不可理解性。他强调偶然性是一种诡辩，认为设想偶然之为偶然就是以可预测的必然为基础的。例外正是对规则的肯定。在他看来，信仰诉之于偶然，就是完全相信不可理解性。对上帝的信仰也不能完全归于推理,但可以归于人类对神圣非直接推理的可理解方式。

存在论

存在问题成为以马里坦为代表的新托马斯主义哲学的核心问题。这个作为哲学意义而不是感性意义上的存在,严格地应称为"存在之为存在"的那个"存在"。马里坦认为,形而上学的对象是存在本身,而并不体现在感性本质中的存在,它是一种与感性本质剥离和分割开来了的存在。这种强调"存在本身"的本体论是对中世纪存在论传统的继承,代表着人本主义思潮中对形而上学重建的一种努力和追求。马里坦结合对亚里士多德"形式与质料""潜能与现实"等关系的考察和分析,从本质、实体、现实的三重关系对"存在之为存在"作了考察。

首先,从人的可理解性的角度来看,"存在之为存在"是本质。马里坦认为本质是事物作为可理解的第一原理,本质是人们能够认识存在的首要方式。人类理智为这种认识准备了思想条件。在我们的认识中,抓住事物的本质,就是理解了该事物的根本。"上帝"作为至高的创造者的特性是"全智全能"。他决定了各种存在等级的本质。因而,"上帝"是最高存在的本质和第一原理,也是"存在之为存在"的本质。

其次,从存在性的角度看,"存在之为存在"是实体。马里坦把实体分为本体论实体和非本体论实体两种。前者只凭自身就可以生存而不必依赖其他个别事物,而且正因为它自身就是解释自身存在的全部原因,因而它是人之感官所不可察的、超验的、自足的、完满的实体。这个实体就是上帝,即只有上帝才能担当本体论实体的存在性质。非本体论实体是指具体个别的存在,是依附于本体论实体的存在而存在的,是由上帝创造的被造之物,它包括一切个别事物。

最后,从变化的角度看,"存在之为存在"是现实。马里坦继承了托马斯·阿奎那的传统,以亚里士多德的潜能与现实的关系来解释"变易",从而说明只有"存在之为存在"即上帝才是现实。在他看来,变易就表明变易者已经具有成为它所是的东西的条件和能力,但还没有成为一种现实的存在。这种介于存在与不存在之间的存在能力属于被动的潜能。与之相反,完全的存在就是现实。在潜能向现实过渡的等级阶段之中,任何变易的事物都会有潜能性,即具有不充分的初级现实性。最终,马里坦得出具有完全、充分的现实性的存在就是上帝。

总之,马里坦认为"存在之为存在"的探索是哲学本体论最基本问题。

探索的结果是上帝作为根本本质，最高的实体和纯粹的现实。当马里坦论证上帝作为一切存在之源时，表明他的思想与传统托马斯主义的根本一致性：哲学蜕变为宗教信仰服务的工具。

完整的人道主义

马里坦以宗教的热忱关怀现实社会，提出一种"救世"的社会伦理思想，即"完整的人道主义"。

首先，马里坦认为现代社会经历着严峻的考验，它遭遇了精神上前所未有的危机。20世纪，人类的科学技术空前繁荣，社会物质财富大量增加，但这些并没有给人类带来真正的幸福和安宁，反而因对自然的更大掠夺、战争、贫富分化造成人类生存处境的恶化。马里坦承认人被逐出伊甸园后的"原罪"所昭示的人生生存的痛苦与艰难是人所应该承当的，但又认为现代社会的生存处境的恶化在于人类理性的无序发展和人类缺乏真正信仰的物质贪欲。

其次，马里坦强调现代社会的不幸来源于现代文明。他认为现代社会"以人为中心的人道主义"丧失了文化之根。马里坦所说的"以人为中心的人道主义"指对人类的理性和人性的信赖达到不依赖于神性的自律和自决。在他看来，这种与上帝相分离的趋势来源于路德、笛卡儿、卢梭三位思想家。其中，路德以"因信称义"，使信仰摆脱理性而导向内心体验的主观主义；笛卡儿以人类理性作为唯一判断标准而造成了现代人的自傲；卢梭以人性本善来否认任何救赎的必要性。最后发展到康德那里，以形而上学不可知为由，开启了人类无信仰根基的科学主义和实证主义的现代思潮。结果，西方近代文明已离开基督教信仰之鲜活有生命力的土壤，使现实世界成为完全平面化的浮躁的世俗世界。在马里坦看来，一个缺少精神基础的以物质的最大利益为满足的现代文明就是无根的"插花文明"。马里坦认为在世俗的自由、平等、进步的美丽字眼下，西方社会实际上已生活在无根的"插花文明"阶段。

最后，马里坦认为要让现代文明成为有根的文明就要建立起"完整的人道主义"。这种人道主义就是以神为中心的人道主义，那是对人的真实形象的一种重新发现。

马里坦认为，近代文明虽然高扬民主、自由和人权，但由于人的目标的缺失，使这个社会成为功利主义的浮躁的社会，丧失了"存在"的神圣感。在马里坦看来，我们需要的是一种新的人道主义，一种"以神为中心的"完整的人道主义。这种人道主义在考虑人时，要看到人所有的天生的崇高和软弱，要改变以人为中心的人道主义。追求完整的人道主义就是关心人的终极目标即信仰上帝，失掉这一终极目的就使人的生活失去精神动力和历史发展的方向。

总之，马里坦试图让托马斯主义说现代语言，以基督教信仰的神学眼光来审视现代社会。他对现代社会问题的揭示是深刻的，但所开出的"完整的人道主义"的"药方"则只是表达了马里坦对现代世俗社会的忧虑及良好期望而已，只有马克思主义才给我们揭示了解决社会问题的现实道路。

三　生存论宗教哲学

作为现代西方宗教哲学的一个代表性流派，生存论宗教哲学主要利用了存在主义对人的分析所形成的主题及其开启的人之边缘化生存的处境，来揭示一种神圣存在或超越个体此在生存状态的可能性，试图找到从"无家可归"的哲学沉思转向"信仰期盼"的神圣之路。因此，借助于存在主义的生存处境的分析方式重新揭示终极关怀的本体信仰之必然，成为生存论宗教哲学的特色。代表人物有布尔特曼、蒂利希、麦奎利等人，其中蒂利希是生存论宗教哲学的集大成者。

蒂利希(Paul Tillich，1886－1965)生于德国的施塔泽德尔。在这个有中世纪围墙的小城里，原始森林和肥沃田野及其教堂的神圣氛围给蒂利希留下了对大自然和人类文化的深切感受。蒂利希曾就读于柏林大学、图宾根大学和哈雷大学等多所大学。1911 年，他以一篇关于谢林哲学思想的论文获博士学位。在第一次大战期间，他当了四年随军教师。战后，蒂利希相继去柏林、马堡、德累斯顿、莱比锡和法兰克福等大学教授哲学和神学。曾作为海德格尔和布尔特曼的同事和朋友，参加学术团体活动，酝酿其宗教哲学思想体系。作为反希特勒及其国家社会主义的最早人士之一，1933 年被解除教职，并被逐出德国，受美国同行的邀请去纽约协和神学院教授神学，兼任哥伦比亚大学教授。1955 年退休后又任哈佛大学教授。1962 年迁至芝加哥大学任教，该校专为他设了一个神学特别教席。

蒂利希最重要的代表作是他的三卷五部近 100 万字的《系统神学》。

此外,他用通俗的语言阐述生存与信仰关系的作品如《存在的勇气》、《信仰的动力》、《根基的动摇》等亦广受大众欢迎。

终极关怀——人的宗教性生存方式

终极关怀指一种无条件的、整体的和无限的关怀方式与关怀对象。人生于世,有很多事情值得操心和关注。首先得关心自己的衣食住行,为自己的肉体安顿一个居所;但人之关怀不仅仅局限于此,人还得为自己的灵魂找一个居所。人之为人还在于他超越动物性而关心自己的精神家园。在蒂利希看来,在这个家园里有必须关怀的东西,它是人的绝对性关怀,是决定了其他初级关怀的可能性的那种关怀,称为"终极关怀"。人之超越初级的生存需要的终极关怀构成了人之独特性。

这可从两个方面来说明:第一,人的终极关怀的对象构成了人的宗教性对象。蒂利希认为这种终极关怀的对象"居于人类精神整体的深层","展示了人类精神生活的深层,使之从日常生活的尘嚣和世俗琐事的嘈杂中显露出来"①。这里的深度显然不是指空间上的深度而是指表达人之关怀的本真程度。其对象构成关怀的无条件的绝对的对象。每一个人在这种终极关怀中寻找意义和寄托。换言之,每个人都具有宗教性层面的生存方式。第二 ,人的体验构成人的宗教性关怀的方式。人对终极关怀的东西赋予了一种无条件的绝对关怀,即它不是在理性、道德、审美之外的关怀能力,也不是在各种初级关怀的具体对象之外的一种关怀,而是构成道德、理性、审美之可能和各种初级关怀有意义的关怀。这种关怀使人的生存具有某种终极意义。

正因为如此。首先,蒂利希认为宗教层面上终极关怀的对象只能是无限的上帝;从哲学层面上说就是使人之存在成为可能的存在本身。"我们终极关怀的东西,乃是决定我们存在还是不存在的那个东西。"②真正关怀的东西只能是超越了有限对象又使有限对象成为可能的东西。无限地关怀一切有限对象的只能是上帝或存在本身。这种关怀就构成了人的宗教信仰。其次,蒂利希强调人类面临的最大危险就是把无限的无条件的终极关怀对象给予有限的有条件的东西。例如,荣誉地位、金钱权势、

---

① 蒂利希:《文化神学》,工人出版社 1988 年版,第 9 页。

② Tillich , *Systematic Theology*, Chicago: the University of Chicago Press, 3Vols., 1967, p.14.

种族等有限物。当只有有限的局部的初级关怀的对象上升为无条件的无限的终极关怀的对象，就必然造成灾难性的偶像崇拜。

人的生存处境——疏远与回归

首先，蒂利希以生存论眼光对基督教的“原罪说”重新加以诠释来分析人们当前生存困境的原因。

人之现世生存一直处于完全存在和非存在之间，它不可能完全实现自己的存在但又处在试图实现自己的种种可能性之中。这使个体作为有限的存在者易处于从“梦的天真”（存在的本质）转变为有限生存的“焦虑”境地。其结果正如利文斯顿所评说的那样：“蒂利希认为人的有罪的疏远，其特征是不信、狂妄和纵欲。不信是使人的意志背离或脱离上帝的意志，而狂妄是不信的另一面即转向自己并把自我抬高为自己世界的中心。”[①] 这种疏远必然导致过失、独立和无意义乃至绝望。蒂利希认为两次世界大战就是人之有罪的疏远的验证。而就西方思想史看，在欧洲古代文化、中世纪文化、现代文化的终结时，依次出现了本体论上占主导的个体对命运和死亡的焦虑；道德上占主导的个体对罪责和天罚的焦虑；精神上占主导的个体对空虚和无意义的焦虑。在蒂利希看来，这三个方面根本上就是人之生存脱离存在本真状态（即信仰状态）所产生的结果。

其次，蒂利希认为作为存在基础和根据的上帝给人导向本真的存在提供了终极性回答和意义[②]，耶稣基督意味着“新存在”对人的拯救，作为人从疏离到回归与救赎的中介。

按照存在主义对存在的分析思路，蒂利希认为存在本身就是使存在物得以存在的根据，是不能以对象性的宾词来定义的，故“存在本身”不是我们的言词所能描述的。存在本身作为决定我所以存在与不存在的东西，只能象征性地用来表达上帝，即“上帝是存在本身”。除了这话外，“关于作为上帝的上帝，就再也不可能说出什么非象征性的话来了”[③]。蒂利希以基督论来解释“新存在”，认为耶稣作为基督乃是新存在的人格化体现。这种信仰之道化身于人世个体之中的奥妙不是理性所能认识的。因

---

① 蒂利希：《文化神学》，工人出版社 1988 年版，第 9 页。

② Tillich , *Systematic Theology*, Chicago: the University of Chicago Press, 3Vols., 1967, p.166.

③ Tillich, *Systematic Theology*, Chicago: the University of Chicago Press, 3Vols., 1967, p.265.

为"新存在"的含义本身就是充满悖论:基督代表了本真存在恰显现于有限生存之中,但又不为其有限性所限。一方面,耶稣与世人一样是血肉之躯,在历史上处于神人疏离的状态,因而真切地遭受了诱惑与焦虑、贫困与失败乃至死亡的威胁;另一方面他又战胜了有限生存,他没有像世人那样犯罪,恰恰展示了"道成肉身"的"新存在"。

相互关联法——哲学与宗教间的存在论问答

人如何真正实现其终极关怀?在蒂利希看来,由生存的疏离到本真的存在,这是一个实际的个体参与的过程。这个过程就是让生存论哲学所开启的处境与宗教信仰之启示的结合,即把人的"边缘性焦虑"所包含的种种提问与耶稣基督以"道成肉身"拯救人世的这一中心信仰所提供的信息相关联,把人之生存发问与终极对象的应答相关联。

这种方法使蒂利希的思想以探索对话的方式展显出来。《系统神学》的五大部分,它们共同组成一系列根本性的对话:关于人类理性的问题与启示的回答;关于存在的性质的问题与上帝作为存在本身的回答;生存之意义问题与基督作为"新存在"的回答;人生体验的问题与圣灵体现及神圣精神的回答;人的命运和历史的意义与上帝之间的回答。对于这些关系,蒂利希特别强调答案本身不是从问题中推演出来的,因为问题只通过发问表示迷惑,渴望回答。这里,蒂利希同意巴特所说:"从人到神无路可通。"神性的回答来自神性的上帝的启示。

但蒂利希认为人不是无能为力的,个体在生存处境中对自身终极关怀发问时,答案的启示性才有意义。"人只有体验到我们历史生存的悲剧性分裂,并对此在的意义全然产生疑问,才能把握上帝之国的象征意义。"[①]因而,蒂利希把存在主义看作基督教的"运气",就是指生存论哲学揭示了人的有限性。这被看成一切人类生存最根本的特征。在蒂利希看来,个体生存处境遇到困惑时才有寻求终极关怀的需要,只有在生存的边缘处境中才有终极问题要问;反之,在蒂利希看来,也只有在宗教信仰中才有个体终极关怀的确立。

总之,蒂利希以存在主义的分析视野阐述了基督教对当代人类生存所面临困境的应答。特别是蒂利希的终极关怀理论表达了个体生存的神

① Tillich, *Systematic Theology*, Chicago: the University of Chicago Press, 3Vols., 1967, p.76.

圣价值追求和意义探索，代表了新教神学面对现代性重新作出的信仰解释。

思考题

1. 马里坦的新托马斯主义的基本特点是什么？
2. 试述蒂利希终极关怀的涵义。
3. 蒂利希是如何用存在主义语言表达基督教信仰的？

相关阐释

孔子承认无法透悟宇宙终极奥秘，故说“子不语怪力乱神”，而致力于可知可行的道德教育。康德承认纯粹理性无法透入“本体”的堂奥，搬出实践理性来解危。动物不问问题，更不问终极问题。人问问题而人的理性无法回答，人生诚可悲耶！

东西圣贤束手之际，宗教挺身而出，取理性而代之。宗教跨过思维的门槛，进入信仰之门。

摘自沈清松主编：《哲学概论》，贵州人民出版社 2004 年版，第 283 页

基督教产生之初，并不是一种理论的体系，不是一种哲学，而毋宁说是一种宗教的实践运动。然而，各种独特的社会历史条件却促使基督教最终采取了理论的形式，造就出基督教这种独特的理论形态。……神学与哲学、信仰与理性的这种结合，是两种性质不同的东西勉强捆绑在一起，自然要碰撞出一些火花。于是，理性与信仰的矛盾，就构成了基督教哲学发展的一条主线。

在基督教哲学的发展中，主要形成了以下几种基本观点：第一，信仰与理性一致；第二，信仰排斥理性；第三，信仰寻求理性；第四，信仰与理性互不干涉；第五，信仰与理性相辅相成。

摘自张志伟、欧阳谦等：《西方哲学智慧》，中国人民大学出版社 2000 年版，第 41－48 页

“神圣”显然地与“神”不同。为有神论者，不论是一神或多神，神是位个性的存在，即一位可与个人发生我与你关系的对象。对于佛教来说，这

样的神是不存在的。可是,我们清楚地知道佛教绝对是具有神圣含意的宗教。

摘自沈清松主编:《哲学概论》,贵州人民出版社 2004 年版,第 281–282 页

哲学的产生乃根源于人类精神的终极关怀。就此而论,宗教和哲学有着共同的旨趣,只不过它们实现自己旨趣的方式迥异罢了。哲学的根基在于理性,而宗教的根基则在于信仰。……仅就哲学与宗教的关系而言,事实上今日的我们已经无法分清西方的哲学中究竟包含有多少宗教的因素,西方的宗教中包含有多少哲学的因素了。然而有一点是可以肯定的,那就是:不了解基督教及其与哲学相结合的产物——基督教哲学,就不可能了解西方人的哲学和智慧。

摘自张志伟、欧阳谦等:《西方哲学智慧》,中国人民大学出版社 2000 年版,第 35–36 页

相关文献

1. 詹姆斯·C·利文斯顿:《现代基督教思想》(上、下),四川人民出版社 1999 年版。
2. 刘小枫主编:《二十世纪西方宗教哲学文选》(上、中、下),上海三联书店 1991 年版。
3. 王珉:《终极关怀——蒂利希思想引论》,新华出版社 2000 年版。
4. 蒂利希:《存在的勇气》,贵州人民出版社 1988 年版。
5. Tillich, *Systematic Theology*, Chicago: The University of Chicago Press, 3Vols., 1967.

第六章

弗洛伊德主义

精神分析学派也称为弗洛伊德主义。精神分析最初是一种治疗精神病的医学方法,也是一种研究心理功能的技术。后逐渐成为一种心理学理论,并成为现代心理学的一个重要学派,对心理学、医学、人类学乃至史学、文学艺术和哲学都发生了不同程度的影响。

精神分析学说以一种把"无意识"(潜意识)当作研究对象的独特理论为基础。弗洛伊德认为,有些精神病的原因不是机体性的,而是机能性的。对于这些精神病,可以从发掘病人内心的隐秘着手,发现致病原因,使患者从受盲目的无意识的支配,上升到受自觉理性的支配。精神分析作为一个完整的理论体系是由三部分构成的。第一部分是精神病治疗的方法与理论,属于精神医学的范畴;第二部分是无意识心理过程的科学,属于深层心理学的范畴;第三部分是精神分析学说在人文社会科学领域中的扩展和应用,属于哲学的范畴。弗洛伊德本人反对把精神分析等同于哲学。但是,当 20 世纪 20 年代他把精神分析应用于社会道德、宗教、历史、政治、科学、艺术和教育等领域时,便显现了精神分析的哲学性质和价值。

一　弗洛伊德主义概况

精神分析的创始人西格蒙德·弗洛伊德于 1856 年出生在奥地利弗来堡一个犹太商人的家庭里。4 岁时随父母移居维也纳,1873 年考入维也纳大学医学院。1876 年在布吕克教授指导下当助理研究员,受到物理主义的生理学训练,承认心理学是有关中枢神经系统的研究,心能就是由大脑细胞所供应的物理能。后来弗洛伊德师从法国医生沙可,逐渐从生理病因说走向心理病因说,认为精神病起源于心理内部动机的矛盾。1885

年弗洛伊德与维也纳著名的精神病学家布鲁尔合作研究并治疗歇斯底里症。1895年合作发表了《歇斯底里研究》一书。1900年以后,弗洛伊德不顾别人的攻击,相继出版了《梦的解析》(1900)、《日常生活的心理病理学》(1904)、《性欲理论三讲》(1905)。这些著作奠定了精神分析心理学的基础,使他声名大噪。1902年,弗洛伊德和他的学生阿德勒等一起创立了"心理学周三学会"。该学会后来更名为"维也纳精神分析学会"。1909年,弗洛伊德在荣格陪同下赴美国讲学。尔后,他又发表了《精神分析引论》(1910)、《图腾与禁忌》(1913)等著作。他的最后一部著作是1939年出版的《摩西与一神教》。在这一年,弗洛伊德在伦敦逝世。

弗洛伊德在他的主要著作《精神分析引论》中指出,他有两个最伟大的发现,这些发现足以震怒整个世界。首先,他发现在人的有意识的思维活动底部还有一个广阔得多的"无意识"存在。人们很少注意到无意识的存在。但是,没有注意到,不等于它不存在。恰恰相反 ,无意识是人的心理结构的核心,人的心理过程主要是无意识的。其次,弗洛伊德发现"性本能"是人的精神活动的主要动力。他认为,无意识系统实际上是人的生物本能与欲望的储藏库。储藏在这里的本能、欲望和意识是不一样的。它们并不是在社会中形成的,而是与生俱来的。性本能并不受现实原则支配,而是服从于快乐原则的。它虽然常常被压抑在"无意识"的深处,使人忘记了它的实际存在,但它却对我们的精神、行为有着决定性的作用。

弗洛伊德主义的产生具有自然科学和哲学前提。它是弗洛伊德对他所生活的时代的科学文化知识主观选择的结果。从思想背景上看,古希腊哲学、近代德国的非理性主义哲学和无意识心理学,对弗洛伊德主义的产生有着很大的影响。从科学背景上看,19世纪中叶以来,物理学、生物学、生理学和医学都取得了重大进展,这不仅为人们深入地认识心理活动的本质提供了科学条件,也为弗洛伊德思想的形成提供了重要前提。例如,弗洛伊德特别热衷于物理学的力和能的概念,并且用这些概念来解释精神病患者和正常人的行为,以致他的精神分析学被归结为动力心理学。达尔文的进化论促进了弗洛伊德确立生物决定论、有机体有规律发展和泛性论的观点。

弗洛伊德创立的精神分析学说,以人为研究对象,突出人的非理性作用,努力揭示现代西方文化危机的人性根源,对人类文明的进步提出了自己的独到见解。

首先,弗洛伊德是从人的心理深层结构和内在心理动力方面去探讨人的奥秘。以往的哲学家和心理学家没有揭示人自身精神结构的基础和实质,其原因主要在于:一是他们把人的规定性局限于意识,把人归结为理性的存在,只触及人的心理表层;二是他们只看到人是自然存在和社会存在这两个方面的特点,没有看到人作为自然存在和社会存在相互联系的基础。在弗洛伊德看来,正是由于人的自然存在的生物本能不断受到压抑,才使得人成为社会的文明的人,而绝非是出于人的什么目的。因此,人之所以成为人,其最原始的基础并非意识和理性,而是某种生物的本能——无意识。这样,他着重研究的就不是传统哲学中的显意识问题,如感觉、知觉和思维,而是像无意识、情欲、动机、人格这样一类更为深层的内容。尽管弗洛伊德对人的深层心理结构的理解还有许多争议,但他毕竟是一个思想领域的开拓者,他思考着用一种新的方法去理解人性。

其次,弗洛伊德学说具有泛性主义的倾向。他对性的问题予以特殊的关注,把人的心理动力和能量都归结为性的问题,并且把性的作用扩大为整个社会文明的基础和动力。他以极大的勇气,把性的问题作为科学的对象,从性医学、性心理学、性社会学和性哲学等多侧面对性的问题进行了一系列开拓性的研究。尽管弗洛伊德的一些观点尚存在是否科学的问题,但他冲破社会禁忌,提出新观点的精神值得赞赏。

再次,弗洛伊德主义既有科学的实证成分,又带有宗教神秘的色彩。他针对有人把精神分析排斥在科学的大门之外的做法,一再强调他的研究是从实证出发的,是以临床观察为主,广泛收集包括过去和现在的各种经验材料,而不是借助于哲学的思辨。但是,由于弗洛伊德所采取的研究方法和得出的结论的独特性,又使人对其观点的科学性表示怀疑。因为,弗洛伊德的结论往往是以对不正常人的分析为根据,把这个结论应用于正常人的心理。而这些结论往往缺乏可重复性和客观有效性,这就必然带有主观猜测和臆想的性质。弗洛伊德也曾经把自己的学说称为“神话学”,实证主义则将其斥责为“伪科学”。

弗洛伊德学说对后来的文化思想界有着十分重要的影响:

其一,对人本主义哲学的影响。人本主义哲学注重对人内心世界的研究,试图从人自身寻找个体生存和社会文明的危机和根源,这就使弗洛伊德的研究成果成为其重要理论支柱。例如,萨特提出的“存在精神分析法”即揭示人的活动的内在根源的方法,“是由弗洛伊德和他的弟子们的精神分析法中得到启示的”。

其二,对科学主义哲学的影响。逻辑实证主义哲学家卡尔纳普认为弗洛伊德揭示人的心理现象严格遵循着因果关系,而这正是科学理论的根本特征。维特根斯坦早年曾对精神分析学派提出许多批评意见,但在后期转入语言分析后,所应用的方法却和精神分析有许多类似之处。

其三,对结构主义的影响。结构主义是从语言学的问题入手,把语言的结构模式加以普遍化,广泛涉及与语言密切相关的各种人类文明现象和个体心理现象。弗洛伊德的无意识学说为其探讨语言结构和语言现象的根源提供了理论基础。在许多结构主义思想中,可以看到语言学问题和精神分析问题趋于结合的倾向。

其四,对西方马克思主义的影响。一些西方马克思主义者为了改造和发展马克思主义,试图把弗洛伊德主义和马克思主义结合起来,即把本能动力与社会历史、性格结构,心理革命与社会革命结合起来,结果形成了一种"弗洛伊德主义的马克思主义"的思潮,在西方颇有影响。赖希、弗洛姆、马尔库塞等都是这一思潮的代表人物。

二　弗洛伊德的主要思想

弗洛伊德的无意识学说

弗洛伊德全部心理学都奠基于同一种原理:我们可能有一种能刺激我们的行为然而又意识不到的本能、感觉、愿望。他称这种本能为"无意识"。"无意识"的意思是不仅我们无法意识到它们,而且强有力的"审查者"也不让我们意识到它们。在为数众多的理由中,最重要的一条是因害怕失去父母和朋友的赞许,我们就压抑诸如此类的本能。弗洛伊德的无意识学说是对传统哲学认识论和心理学说的巨大挑战。传统的哲学认识论和心理学说把对人的意识研究当作人类精神现象研究的全部。人的意识活动包括感性、意志、思维等精神活动。意识的特点是自觉性、目的性和社会性。人的意识活动可以用语言来表达。

弗洛伊德把人的心理过程分为三层,上层为意识,中层为前意识,底层为无意识。这构成了他的深度心理学。他认为一个观念的意识是转瞬即逝的,但是消逝了的观念有需要时可以再次成为意识,这便叫作前意识。无意识的观念是遭受过压抑而被摒之于意识领域之外的。他创造性地提出了人的无意识即潜意识问题。在弗洛伊德看来,人的全部精神活动如同一座漂浮于海上的冰山，意识只是呈现在海洋表面上的一小部分，无意识则是海洋下面的那巨大的山体。科学的研究就是要透过人的精神生活的表层，揭示出人的全部精神生活的原初基础。那么，什么是无意识呢？无意识是潜伏在人的心理深处的、人们意识不到的、在正常情况下也体验不到的一种精神活动。它主要是人的本能冲动，来自机体内部的刺激，不能直接进入意识领域。因此，无意识成了人的本能欲望以及与之相关联的被压抑的情感、意向的贮存库。它具有强烈的心理能量，总是伺机渗透到意识领域，以求得满足，从而构成了人类一切活动的总源泉。无意识的特点是：(1)原始性。无论从人类系统发展系列还是从个人心理发育系列来看，无意识都源于人们心理中的原始与非理性的低级部分。(2)冲动性。无意识具有强大的内驱力，不顾一切追求快乐满足。(3)非时间性。无意识的活动与时间没有任何联系。(4)封闭性，无意识不受外部现实的任何制约。

弗洛伊德研究了无意识向意识转变的机制和途径，提出了压抑、升华和转移等重要概念。所谓压抑就是指把意识所不能接受的欲望、冲动、意念、情感和记忆抑制在无意识当中。压抑可以阻止一个人看见某些东西，或将所看见的东西加以歪曲篡改；压抑也可适用于与创伤或与创伤经验有关的记忆。压抑是造成许多变态行为的原因。无意识的本能冲动受到抗拒而被压抑到心理结构的底层，并不意味着消失，恰恰相反，它的作用力变得更大，渗透力更强。转移是指被压抑的无意识或者顺利地进入意识领域，或者在某种条件下以变形的方式进入意识领域。在非正常人那里，转移表现为歇斯底里症状；而在正常人那里，转移表现为梦境和日常生活的过失，如口误、笔误、遗忘等。弗洛伊德认为，理想的转移方式是把本能冲动转化到被社会所认可或赞许的目标和对象上去，这就是升华。无意识的升华被弗洛伊德广泛地应用到社会生活的各个领域，用来解释人们的各种创造性活动，如艺术创作、科学发明的动因等。精神分析的目的就在于克服无意识进入意识的抵抗，把无意识的欲望化为意识，治疗就可以奏效了。

性的理论

人类被压抑的欲望是什么性质的欲望呢？弗洛伊德认为主要是性的欲望。性的扰乱是精神病的根本原因。在精神分析学说的形成和发展过程中，性的概念和范围也有所变化。在 19 世纪 90 年代，弗洛伊德发现性是一个引起精神病的重要因素，这时的性概念只是指与生殖活动有关的性欲。20 世纪初，他对性的要领予以重新界定和说明。这时，性的概念是性本能和性冲动。性本能是一种原欲、一种力量。它表现为性的冲动，寻求满足的快感。性的范围也扩展到生殖器官以外的活动，扩展到婴幼儿和童年时期的性活动。他的性不是专指生殖的或生殖器官的快感，而是指一切敏感区的快感。从 20 世纪 20 年代开始，弗洛伊德把性本能泛化为一种包罗一切的爱欲。如性爱、自爱、对双亲和子女的爱，以及对具体对象和抽象观念的爱。这种博爱体现了人的生命本能、潜伏着生命自身的无限创造力。这个理论显然是他早期用性来解释精神病的观念的扩展。弗洛伊德不仅用性的原因来说明歇斯底里患者的反常行为，而且还用它来解释正常人之间的相互关系，使它成为人与人之间关系的核心力量。他还注意到，性本能也包含着破坏力，因而是与生的本能相对立的一种死的本能。这样，性本能又成为生与死、创造与破坏、爱与恨混合在一起的驱动力。

人格结构论和社会文明观

弗洛伊德从人的现实生活考察人的精神活动，提出了人格结构的理论，并把它看作由精神分析推及社会学乃至哲学的过渡环节。

弗洛伊德认为，现实的人的精神人格或精神活动是由本我、自我和超我三个部分组成的。本我是人所固有的原始情欲和原始本能，它处在无意识的深层，构成人的生命力的内在核心，是人进行一切活动的内驱力。它遵循的是快乐原则，即不顾时间、场合和结果，一味寻求满足和快乐，本我和外部世界不发生关系，不受理智和逻辑法则的约束，也不具有任何道德和价值的因素。自我即自我意识，代表人的常识和理性，它是在周围现实世界的影响下，逐渐从本我的表层分化出来的，是本我和外部世界的中介。它奉行的是现实原则。它的作用在于一方面对本我进行压抑，另一方面又必须实现本我的意图，使本我的要求以一种变化了的能为现实所接受的形式得到满足。超我是从自我分化出来的代表社会生活的规范和社会道德的原则。它按照“至善原则”行事，以“良心”要求自己，尽力不做违反社会公德的事。它要求人应当有更高的超越现实生活要求的理想，以使人进入一个更高的理想境界。

弗洛伊德认为，“人类是在自下而上竞争的压力下，曾经竭力放弃原始冲动的满足，将文化创造起来，而文化之所以不断地改造，也由于历代加入社会生活的各个人，继续地为公共利益而牺牲其本能的快乐”[①]。文明是人类利用本能而又舍弃性的目标，转向较为高尚的社会目标，即性的精力的升华。文明的发展是不断否定本能享受的结果，因此，文明和本能始终处于尖锐的对立之中。弗洛伊德在后期著作中把人的本能分为生的本能和死的本能，认为它们的满足都不利于社会文明。从生的本能来看，由于性爱具有排他性，并且过多地消耗“力必多”的能量，也就没有足够的精力用于文明建设；从死的本能来看，当这种本能冲动向外表现时，便成为破坏或伤害的动力，而战争就是建立在死的本能基础之上的。因此，为了社会文明的存在和发展，就必须对它们加以限制。

弗洛伊德基于文明和本能的矛盾冲突，对资本主义的文明进行了批评。在他看来，资本主义文明的根本缺陷在于没有重视和顾及人的本性需求，因而为了维护文明的利益而牺牲人的本能满足，从而引起各种不良后果，如精神紊乱现象和性格畸形等。

弗洛伊德在理论上存在着许多困难。首先是无意识问题。据定义，无意识是有异于前意识的。前意识有可能进入意识，无意识则是不准进入意识的。这样人们就有可能攻击他的理论是既不能证实也不能证伪的神秘主义。更何况，弗洛伊德重视无意识，就相应地轻视意识，甚至认为人的一切行动都决定于无意识的欲望，这显然陷入了反理性主义的错误。其次，弗洛伊德的泛性主义抹杀了人的本质特征，把人降低为一般动物。他采取生物学的观点，将他的理论建立在生物学事实的基础上，认为生物只有自我保存和种族保存两种目的。因此，他将本能分为两类，相当于人类的两大需要——饮食和性欲。而弗洛伊德尤其重视性欲。再次，弗洛伊德对文化的态度也是大受非议的。他对唯乐原则的重视要胜于唯实原则。他说：“在精神分析理论中，我们十分肯定地认为，心理事件经历的过程是受唯乐原则自动调节的。”[②] 弗洛伊德问，人生有什么目的呢？答案是“寻找幸福”。这个幸福一方面是要消除痛苦和不适，另一方面是要体验高度的快乐。同时，弗洛伊德认为，文化成就要用人类幸福的程度予以测量。尽管我们创立了现代文化的辉煌成绩，但是不能因此忽视文化的建立有赖于本能的牺牲的程度。按照弗洛伊德的这个逻辑，似乎文明的进步不能增进人的快乐，反而增进了人的痛苦。他在晚年除了对性本能

① 弗洛伊德：《精神分析引论》，商务印书馆 1984 年版。

② 弗洛伊德：《弗洛伊德后期著作选》，上海译文出版社 1986 年版。

的研究外,对“死本能”研究颇深。在弗洛伊德看来,不论是性本能还是死本能,在正常的文明社会里都会受到克制和压抑,不能得到真正的满足。

三　弗洛伊德后继者的主要思想

弗洛伊德主义分为古典(正统)弗洛伊德主义和新弗洛伊德主义。古典弗洛伊德主义就是弗洛伊德的精神分析学及其在社会文化领域的应用。新弗洛伊德主义是在古典弗洛伊德主义内部分化和发展起来的一个新的理论体系。它最初是由弗洛伊德的学生对精神分析学的某些概念加以修正和更改开始的。

弗洛伊德认为,人的思想和行为主要是由他的童年和性心理特别是“性压抑”的心理缺陷控制的。人只是在社会的文明压抑中成长起来的。精神分析学派的后继者们提出了“成长心理学”的理论。与弗洛伊德的思想相比,这个理论提出了更合理和更符合人性的新观点,即:人的精神世界内部也会有一种“内在”、“内生”的成长要求。奥尔波特认为,对于研究人格的心理学家来说,最重要的问题是尝试阐明动机。那种推、拉,或者以其他某种方式指引人活动的力量是什么呢?在他看来,人格的中心部分,是我们仔细考虑过的和有意识的意向——希望、志向和理想。成长心理学要求更多地考虑人的成长与进步要求,由一种健康的人格来培养和塑造新型的“人力资源”。

在弗洛伊德的后继者的思想中,人的模式的研究占有很大的分量。在现代哲学的研究中,人曾被当作众多的模式进行“假设性”思考。英国的马丁·霍利斯提出“可塑性的人”和“自主性的人”两种模式。杜克海姆等人提出了“社会学的人”和“心理学的人”等模式进行人的行为的探讨。“社会学的人”和“心理学的人”都指可塑性的人,在这种意义上,他们的行为是用像规律一样的方式而起作用的前提因素的产物。论争的焦点就是这一决定性的因素是社会的还是心理的。“自主性的人”是指在娘肚子里便化好了妆,去演那人生的短剧的人;自主的人是努力塑造自己角色的人。

在当代影响巨大的精神分析学派中,马斯洛提出的人格模式是“自我实现的人”。马斯洛认为,调查和研究心理的健康,只能去研究极端健康的那种人。心理成长和健康的潜能是生来就有的,我们的潜能是否能实现或现实化,决定于个体的和社会的力量。这种力量促进或者阻止自我的实现。但是,在我们的社会中,只有极少数人能达到自我实现(百分之一)。达到自我实现的先决条件,是满足四个需要:(1)生理需要;(2)安全需要;(3)所属和爱的需要;(4)尊重的需要。

弗洛姆提出了"创造性的人"。弗洛姆把人格看成文化的产物。据此,他认为,人的心理健康,应该根据社会对所有个体的基本需要适应得怎样而定,而不应该根据个体对社会适应得怎样而定。因此,心理的健康,更多的不是作为社会成员的个人的事情;关键的因素,是社会满足人的需要充分到何种程度。

在弗洛姆看来,一个不健康或病态的社会,会在其成员中制造敌视、猜疑和不信任,而且压抑个人自我的充分成长。一个健康的社会,准许它的成员彼此相爱,成为生产性和创造性的人,塑造和锻炼他们理性和客观的能力,而且促进具有完美机能的自我的出现。我们所有的人,对于情绪健康和身体健康,都有一种先天性的追求。这是一种对创造性生活、和谐和友爱的固有倾向。如果有机会,这种先天倾向就会兴旺起来,引导我们去充分地利用我们的无能。但是,当社会力量与天然的成长倾向发生冲突的时候,结果就会产生非理性的和神经病的行为,病态的社会制造病态的人。

罗杰斯在关于人的模式的研究中,提出了"健康人格"和"充分起作用的人"的概念。罗杰斯与父母在宗教和理智上的断裂,使他获得了新的自由和自信,也使他相信,人最终必须依靠自己的经验,因为这是个体能够了解的唯一现实。这种对自己的经验的相信,就成了罗杰斯研究人格的基石。罗杰斯认为,人们是被他们关于自己和周围世界的有意识的思想引导的,而不是被他们不能控制有无意识的力量指引的。人的最终标准是他们自己的有意识的经验。这种经验提供理智和情绪的框架,人格在这个框架中持续不断地成长。在他看来,健康人格的动机是"实现"。他在自己的人格体系中,假定了一个单纯的动机,"一个基本的需要",这就是保持、实现和提高个体的各个方面。这个倾向是天生的,而且包含着生理和心理两方面的成长因素。

在罗杰斯关于健康人格的见解中,有以下几个要点:(1)健康人格不是人的状态,而是过程;是"趋势,而不是终点",自我实现是不断进行的,它永远不是完成的或固定的状态。这个目标,这个未来的方向,牵引着个体向前,进一步分化和发展自我的各个方面。(2)自我实现是困难的,而且有时是痛苦的过程。它包括持续不断地考验和刺激人的各种能力。这样，人沉浸于此并且展现出丰富的情绪和体验，而且，他们同不健康的人相比，要深刻得多。他并没有把所有和大多数的自我实现者都描绘成快乐和满意的人，虽然他们体验着这种情感。他把这种快乐看作努力自我实现的副产品；快乐本身并不是目标。自我实现的人使生活丰富多彩，有挑战性，而且富有意义，但是，他们并非任何时候都是快乐的。(3)自我实现者确实是他们自己。他们并没有隐藏在假面具或者门面的背后。这些假面具或门面把人们打扮成不是他们自己的某种东西，或者对他们的自我起着保护作用。自我实现者并不遵循行为的习俗惯例，也不对不同情景表现出不同的人格。他们摆脱了由他们的社会或他们的父母所强加的期望和禁令；他们的成长超越了这些规定的范围。

罗杰斯认为，充分起作用的人具有五个具体特征：(1)经验的开放性——对于当前发生的任何事情都是敞开的。(2)存在主义的生活——完全生活于存在的每一个瞬间。每一体验结构在应答下一时刻的经验时可以顺利地改变。在这样的人格中，没有僵化或可预测性。(3)信任自己的机体。(4)自由感。(5)创造力。

荣格关于人的模式是“个体化的人”。在弗洛姆的心目中，荣格是弗洛伊德最有天分的学生之一。但是，荣格很早就意识到弗洛伊德梦解析理论的弱点并设法加以修正。弗洛伊德固执地拒绝接受任何这类修正，而且坚持只有欲望满足理论才是解释梦境的唯一方法。荣格与弗洛伊德分裂以后，当弗洛伊德越来越倾向于自由联想并把梦理解为是幼稚无理性欲望的宣泄时，荣格则越来越趋向于摒弃自由联想，并武断地把梦分析视为潜意识智慧的表现。荣格早就意识到了内部梦想和幻想世界的重要性。我们在其他理论家的思想中已经注意到，个人的经验可以塑造他们对于人格的理解。个人的体验和专业态度之间的这种相关性，在荣格身上可能是更强烈的。他给心理健康所下的定义和所作的描述，是他自己的情绪危机和他自己解决危机方法的镜像。他制定并详尽阐述的人格理论，与任何其他人都不相同，完全集中在每一个体正视或留意无意识体验的必要性上。荣格的心理学、神秘主义和玄妙之事的有迷惑力的结合，已经使之找到大量热心的听众。

以上弗洛伊德后继者们提出的各种各样的“人的模式”，为人的健康成长提出了有价值的分析参考。人的模式研究为我们探讨人的学说提供了一个很好的哲学基础。事实上，并不存在一种绝对的人的固定模式。

然而,人在社会中生活,却时常进行着各种各样的模式表演。哲学应当关注这些问题,以求得对人的思想和行为有一个更加准确的判断。

在人的模式的研究中,人们十分重视"人的潜能"。它是指人的智力和体力中尚未完全表现和发挥出来的潜在的力量。这些潜能可以分成多个部分。有的潜能只要给予适当的激发,就可以充分地发挥出来;有的潜能却需要良好的训练,才能有较大的发展和发挥。

在关于人的潜能理论中,我们应当将人们没有充分发挥的两种能力区分开来:一种是人们本来就有的能力,但由于社会的原因,更直接地说,是因为管理的原因,而故意或非故意地没有发挥出来。另一种是需要在良好的氛围下,同时需要个人作出相当努力才能得以发挥的能力。只有后者才能真正称得上是人的潜能。前一类情况只是人们不想或不肯发挥自己既有的能力。当然,两种能力的充分发挥都需要管理者作出最大的工作努力。

美国著名心理学家舒尔茨在回顾和总结"人的潜能"研究成果时指出:"人类潜能运动的支持者提出,有一种超越'正常状态'的成长和发展的理想水平,而且他们证明,对于人来说,力求达到更高的成长水平,以便实现他们所具有的潜能,或使他们所具有的潜能现实化,这是必然的。"这个理论很好地提出了人的潜能问题。

我们对于潜能的重视,可以在人的创造力的开发方面取得意想不到的奇迹般的效果。因为,人的创造力究竟有多大,至今仍然是一个谜。我们一定要最大限度地激发人的潜能,并且要大胆地发现那些特别具有潜在能力和优秀素质的人才,加以培养和训练。

思考题

1. 怎样看待弗洛伊德学说及其后继者思想的形成与演变?
2. 如何理解哲学与精神分析哲学的关系?
3. 试论科学思想与无意识学说、自我学说之间的关系。

相关阐释

现在,某些心理学家对人的人格的考虑正在发生根本性的变化。这个新的中心或方向被称之为"成长心理学"或"健康心理学",它关心的不是人性的疾病方面(心理疾病),而是人性的健康方面(心理的"健康")。成长心理学的目的不是去医治神经病和精神病患者,而是要打开并且释放人的巨大潜能,以便实现和完善我们的能力,并发现人生更深刻的意义。

摘自舒尔茨:《成长心理学》,生活·读书·新知三联书店 1988 年版,第 7 页

我们人性这一被否认的部分,就是荣格所称的"阴影"中的一部分。光学的比喻说法承认阴影是光线所产生的,是那光线的影子,是意识的结果与反面。阴影不仅包括已被自我感受过和拒绝过的部分,而且还包括从未曾意识到的原始的和不成熟的那些部分;荣格时常将阴影与全部无意识等同起来。阴影具有个体的和个人的标准;……

在 1959 年的采访中,荣格继续说到:"我们对人性需要更多的了解,因为现存的唯一真正的危险是人类自己。……我们对人类一无所知,实在是知道得太少了。应该研究人类的心理,因为我们是一切即将到来的邪恶的根源"。诺伊曼在本书中已对这种研究做出了重大的贡献。

摘自埃利希·诺伊曼:《深度心理学与新道德》,东方出版社 1998 年版,第 2-8 页

相关文献

1. 薛文华主编:《现代西方哲学评介》,高等教育出版社 1994 年版。
2. 刘放桐等编著:《新编现代西方哲学》,人民出版社 2000 年版。
3. 马丁·霍利斯:《人的模式》,辽宁人民出版社 1989 年版。
4. 弗洛姆:《占有还是生存》,生活·读书·新知三联书店 1988 年版。

第七章

西方马克思主义

西方马克思主义是西方哲学与马克思主义理论结合的产物。它针对西欧工人阶级革命实践的失败进行反省，试图找出高度发达的资本主义社会阻碍理论与实践相统一的原因。西方马克思主义者将文化层面的思考提到了优先的地位，他们重视资本主义社会中的文化危机，关心资本主义社会的各种文化问题。西方马克思主义除了诉诸文化分析途径以了解资本主义社会以外，也求助于心理分析或其他心理学方法以掌握资本主义社会不可预期的变化与转折，例如第二次世界大战期间法西斯主义的出现。有些西方马克思主义学者认为，心理分析可以弥补马克思主义异化论的不足，突出地显示生命异化表现在心理层面上的问题。况且，马克思的人学理论也可以因为心理分析或其他心理学方法获得更为周详的发展。

西方马克思主义重视马克思思想中的"整体性"概念，并且采取整体主义的研究途径。西方马克思主义缺乏一定的社会实践基础，因而无法提出具体的行动纲领来引导广大人民群众从事实践。虽然他们一再强调要做西方社会或人类的代言人，但其相关理论与社会大众仍有很大的距离。西方马克思主义不是通过群众性的社会运动得以扩散的，而是通过西方马克思主义者当中的激进分子所形成的文化共同体逐渐传播的。在此我们着重介绍西方马克思主义中的一个重要流派——法兰克福学派。

一 法兰克福学派概论

法兰克福学派产生于20世纪30年代的德国，由发源于德国美因河畔的法兰克福大学而得名。它是西方马克思主义中流行最广、影响最大的流派之一。这一流派以弗洛伊德学说为依托，以恢复马克思主义批判性的旗号,研究和批判现代资本主义社会,建立了闻名于世的社会批判理论。

法兰克福学派使哲学从纯粹学术圈子中摆脱出来,并结合到现实中去。它的主要工作是把哲学作为分析批判的工具,对社会现实的各个层面进行深入剖析,并试图开出根治当代发达社会弊端的灵丹妙药。

1923年法兰克福大学社会研究所成立。所长是“奥地利马克思主义”传统的历史学家格律恩堡,他使研究所成为研究工人运动史和马克思主义的中心。1930年,霍克海默接任所长之后,召集了在哲学、社会学、心理学、经济学等方面有相当研究水平的一批青年知识分子,把研究所改变成了以哲学和社会学相结合、对现代资本主义社会作跨学科综合研究的机构。1937年,霍克海默发表“传统理论和批判理论”一文,第一次使用“批判理论”概念。同年,在与马尔库塞合著的《哲学和批判的理论》中对批判理论和传统理论的区别作了说明,为法兰克福学派的社会批判理论确立了基本的立场和纲领。法兰克福学派已历经三代。第一代是霍克海默、马尔库塞、阿多诺和弗洛姆。第二代是哈贝马斯和施密特。第三代是威玛与欧菲等。法兰克福学派的一些杰出代表都以“马克思主义现代化者”自居,他们对发达资本主义的现状和前景进行了系统分析,提出了较为激进的看法。他们的一些著作被许多人特别是青年学生奉为进行现代革命的指导思想和理论武器以及标准的造反教科书。

法兰克福学派以提出社会批判理论而闻名于世。该学派认为,马克思主义在本质上就是一种批判理论。马克思的许多重要著作的标题或副标题都有“批判”一词。该学派声称要恢复马克思主义理论的批判本质。在哲学理论上,科学主义和人本主义各有偏差,没有抓住问题的实质。人与自然的关系问题在实质上是社会问题。法兰克福学派就把社会问题当作哲学研究的中心,建立起社会批判理论。法兰克福学派在思想渊源上与青年黑格尔派、存在主义和弗洛伊德主义关系密切。卢卡奇等西方马克思主义者对法兰克福学派也有重要影响。卢卡奇在《历史与阶级意识》一书中,将韦伯的理性化思想与马克思对资本主义的批判结合起来。在卢卡奇看来,对于马克思对资本主义社会的批判,只有通过韦伯“理性化”辩证悲剧理论,才能获得更深层的理解。就韦伯而言,“理性化”意味着西方世界解除魔咒,即从魔术和巫术中解放出来,从而使人的工具理性、计算和控制力获得发展。韦伯从宗教改革、官僚组织和资本主义企业公司和资本主义精神追述了这种理性的发展过程。卢卡奇把韦伯的理性化与马克思的“商品拜物教”联结起来，并且归纳概括出了一个“物化”新概念。他用这个概念来指资本主义社会将人的关系物化为物的关系，而在物化的世界中，劳动者必须将自己的劳动当成物、当作商品出卖。法兰克福学派的发展与反对法西斯主义有着密切关系。该学派力图探究法西斯主义产生的根源，不只是从经济和政治的层面来探讨，而且有意识地从文化和意识形态的层面来探讨。其中有人认为法西斯主义代表着启蒙以来所标榜的操纵理性的胜利，有人则认为法西斯主义是对理性的反动，是非理性的现象。法兰克福学派的产生与现代资本主义的历史发展密切相关。发达工业社会出现了工业一体化与人们生活自由的矛盾，加深了各种危机。

20世纪中叶，在西方马克思主义尤其是法兰克福学派的思想影响下，在一些西方发达国家先后爆发了以激进大学生和社会青年为主体的“法兰克福学派”运动。该运动起源于1956年的英国，在联邦德国、法国、日本和美国迅速发展，并在60年代达到高潮。1968年5月，法国平地一声雷，爆发了第二次世界大战以来规模最大的学潮和工潮。其起因是：1968年3月22日，法国巴黎大学农泰尔学院以科恩·邦迪为首的一些号称“法兰克福学派”的左翼激进学生，集会抗议政府逮捕学生。会议结束后，部分学生占领学院，成立团体。“法兰克福学派”在索邦学院里构筑工事，警察开进校园，与学生发生冲突。战斗一直延伸到了巴黎街头，整个巴黎成了战场。法国当局害怕局势恶化，采取了退让战略，撤走警察，释放学生，巴黎大学重新开学。但这时，抗议风潮已经席卷全国。“法兰克福学派”发动工人和其他人民投入运动，使学生危机转变成为社会危机和政治危机。这时的“法兰克福学派”提出了以下一些口号：“不要资本主义大学”、“消费社会必须暴死，异化社会必须消灭，我们正在创造一个新世界”、“看看你的工作，你就是虚无和痛苦”、“行动一定不要是反映，而是要一个创造”、“不要改变雇主，而要改变生活的被雇佣”、“禁止去禁止”和“我越谈恋爱，我就越要造反，因而我也越要谈恋爱”。

法兰克福学派的领袖人物在“五月风暴”之后做了些什么呢？其一，返回书斋，深刻反思。萨特指出，现在可以认为在发达社会内进行革命是可能的了。“五月风暴”缺乏政党的领导，但并不能因此而否认它的成员的创造性自由。它第一次以其对发达社会的否定表达了反对异化和争取自由的斗争，使发达社会面临它的限度和矛盾。其二，摇身一变，从极“左”跳到极右。一些“五月风暴”的干将，如李维、格鲁克斯曼，原来都把马克思主义看作行动准则，把革命当作天职。但是，风暴过后，发生了

180 度的大转变。李维把“新思想”提升为“新哲学”，喊出“马克思主义是人民的鸦片”，并在其著作《人面兽心》(1977)中提出，现存制度——不管是资本主义还是社会主义——都是戴着人的面具的野蛮人。格鲁克斯曼则说：既然“造反有理”，则什么都可以反，马克思主义也不应当例外。他的著作《大思想家》把马克思与费希特、黑格尔、尼采等人并列，称他们是关于国家政权学说的“意识形态之父”，认为一切极权主义学说均源于他们。其三，改变斗争策略，汇入其他运动。大多数“法兰克福学派”不像李维等人那样，而是依然保持着原有的信念，并和其他运动结合在一起，如女权运动、生态运动。西方评论家指出，60 年代的法兰克福学派运动为后来的女权运动、生态运动奠定了组织基础。

法兰克福学派用全新的立场、观点和方法，以当代社会中最为突出的人的问题和社会问题作为研究的中心，注重人在社会中的地位、命运和解放，试图解决人与社会的分裂与异化问题，真正建立起人与社会统一的、合理的社会。虽然，在不同的哲学家那里，社会批判理论的具体观点各有不同，但也有其共同的基本特征。

第一，法兰克福学派自称为“唯物主义”，认为唯物主义从古至今都主张快乐主义，都是能够给人带来快乐幸福的思想体系。他们不承认甚至坚决否认恩格斯关于哲学党性的观点，否认马克思主义哲学的物质本体论，主张唯物主义首先具有社会实践的意义。

第二，法兰克福学派把对于当代社会的“立场”问题看作是头等重要的，强烈要求对现行社会进行深刻的思想批判。它区别于其他现代西方马克思主义和西方哲学各流派的一个突出理论特点，就是极力倡导和恢复马克思主义的批判性，以现代资本主义社会作为批判研究的对象，建立一种新型的批判理论，即社会批判理论，并将其视为马克思主义的代名词。

第三，法兰克福学派不再用传统的经济和政治的批判方法，而是用人性的和思想的批判方法来分析当代社会的问题。它主要用弗洛伊德的心理分析和本能结构理论补充马克思的学说，试图把马克思主义和弗洛伊德主义综合起来，制造“弗洛伊德的马克思主义”，以“性解放”和“性文明”的理论来修补马克思主义。这一点使得法兰克福学派在西方马克思主义中独树一帜。

霍克海默在其著作《传统与批判理论》中揭示了传统理论与批判理论的不同。传统理论是在将社会加以自然化的前提下来建构有关社会的理论,既存的社会被看成自然的甚至永恒的客体世界,像大自然一样都受不以人的意志为转移的客观规律的制约;而批判理论则把现存社会看作不断发展变化的过程,因此,既存社会就不是一堆社会事实的堆积。

由于传统理论是把社会视为永恒的、自然的客体世界,因此,也就采取顺从的态度去接受社会。它变成了继承既存社会的理论,成了现存社会再生产过程中的一个环节,即以智力劳动的方式来维护现存社会的存在。而与此相反的是,批判理论对现存社会采取一种批判的态度,并将现存社会的基本矛盾带入人们的意识结构中。因此,批判理论是在现存社会的再生产过程之外的,而且也跳出了现存社会的分工系统或机制的制约。批判理论是想要在揭露现存社会的矛盾以后,使社会成为无剥削和无压迫的社会。而且,批判理论不只是要揭露和消灭社会的弊端,更重要的是想改造与社会弊端密切相关的社会结构。

批判理论是从人本主义出发,将人视为历史的主体和创造者。社会将因对其内在矛盾的理解,并且诉诸于具体的改造行动而不断被改变和创造,即批判理论将社会视为人类劳动实践的场所。

传统理论所代表的社会观和世界观,是近代启蒙的具体产物。而从传统理论到批判理论,不只是代表着更加合理进步的社会观与世界观的重建,更代表着人们对于从启蒙的辩证悲剧解放出来的要求和实践。

马尔库塞指出:法兰克福学派与共产党有三大重要的区别:(1)法兰克福学派是新马克思主义者,它受到毛泽东主义的强烈影响,也受到第三世界革命运动的强烈影响,而且,法兰克福学派包含一种新的无政府主义趋势,其特点是对老左派的各政党及其理论深表怀疑。(2)法兰克福学派并非以老工人阶级为革命的唯一代理人,不能用阶级这个词来给法兰克福学派本身下定义。实际上,法兰克福学派包括知识分子,民权运动的各个集团,青年中的各种群体、特别是青年中的激进分子,包括那些乍看起来没有一点政治气味的嬉皮士。(3)法兰克福学派的发言人不是传统的政治家,而是诗人、作家和知识分子这样的人物。

法兰克福学派所持的新马克思主义主要"新"在下述两个方面:

第一,主张马克思主义的"多元性"和"开放性"。他们认为,没有单一的马克思主义,在对马克思主义的重新解释中,已经允许从黑格尔、弗洛伊德等人的立场解释和补充马克思主义。

第二,在对马克思主义的研究中,往往把早年马克思和晚年马克思对立起来,把马克思和恩格斯对立起来。他们认为马克思是一个人道主义者，恩格斯是一个科学主义者。只有人才是马克思主义的出发点，革命的真正目的是解放人性；异化具有无所不在、无处不在的普遍性，异化是批判资本主义的中心范畴；实践是世界的本源、是解释历史的最普遍的范畴。

与传统社会主义和共产主义强调职业革命家和严密政治组织性不同，法兰克福学派崇尚"个体性的暴乱"。他们认为，人们是为了争得自由才去参加斗争的。那为什么还要让大家在斗争中受政治家的支配和政党的束缚呢？他们强调革命的主体是个人，只有个人才能对自身的异化作出判断并加以改变，阶级斗争只有建立在斗争着的个人的自由意志基础上，才能成为一种普遍的社会主义运动。

法兰克福学派与社会民主党也有着根本区别。这种区别主要表现在对待现代资本主义的态度上。社会民主党的理论家认为，第二次工业革命已经使资本主义改造成为社会主义了，提出要通过改良的道路实现资本主义的变化。所谓改良的道路也就是工人自我管理的道路，也就是民主的道路，是在资本主义条件下建设社会主义的道路。而法兰克福学派则对现代资本主义社会持强烈的批评观点。在他们看来，从自由资本主义发展到现代资本主义，其矛盾不但没有缓和而且是在不断加剧。

法兰克福学派与社会民主党在对待资本主义态度上的分歧，直接源于对待现代科学技术的社会功能评价上的对立。社会民主党高度评价科学技术的积极作用。认为现代科学技术的进步产生着一种具有强大"兼容力"的社会政治效应，它是一种"暗中操纵着""新社会主义"实现过程的"客观精神"。法兰克福学派认为科学技术在现代资本主义社会中的消极面大于积极面。他们把对于现代科学技术的批判和对现代资本主义的批判紧紧地联系在一起，提出了"技术进步＝日益增长的社会财富＝扩大了的奴役"的公式。

法兰克福学派对于现代西方文化的批判突出表现为以下三个方面。

1．对现代社会"消费主义"的批判

在"五月风暴"中，法兰克福学派喊出了"消费社会必须暴死，异化社会必须从历史上消灭"、"商品——我们将焚毁它"的响亮口号。马尔库塞说，追求物质享受不是人的本质特征。但是，在现代西方社会里，人们恰恰把物质需求当作自己最本质的需求。现代社会实行"强迫性消费"的政策，动用一切宣传机器刺激人们贪得无厌地追求物质享受，使人们把这种"虚假的需求"当作自己的"真正的需求"。并且，这已经成为晚期资本主义控制人们的必要手段之一。其结果是:(1)资本主义一再唤起新的需要使人们去购买最新的商品,把人完全交给了商品世界的拜物教,并在这个方面再生产着资本主义制度与它的需要。(2)一旦把追求物质享受这种虚假的需要加之于人以后,就出现个人与整个社会制度的"一体化"。在这种"一体化"下,人们过的是一种"痛苦中的安乐生活"。法兰克福学派的另一个精神领袖弗洛姆也指出,在现代社会,人们被购买更多、更好尤其是更新的东西的可能性所迷惑了。在消费上,人们永远感到饥饿。购买和消费行为,已经成为一种强制的、非理性的行为。他具体揭示说,一瓶可口可乐在手,我们喝的是漂亮的少男少女在广告上畅饮的那幅图像,喝的是瓶上那条"令你精神百倍"的标语。有许多东西,没有任何实用价值。人们需要那些东西,只不过是为了要"有"。消费主义把人贬低成为机器的附件,人被它的节奏和需求所统治。人唯一的目标就是拥有更多的东西、使用更多的东西。这样,社会就制造了许多无用的东西,也同样制造了许多无用的人。也由于消费主义,现代社会占主导地位的生存方式是"占有"而不是"存在"。所谓"占有"方式是指一个人试图将世界上的一切东西变为自己的财产。而所谓"存在"方式乃是相对于"占有"而言的:一个人并不因为他所拥有和占有的一切而存在,他的存在正是他独立、自由、批判理性、创造性、主动性以及给予、富有牺牲精神的具体体现,这才是人的真实存在。

2. 对"科技主义"的批判

法兰克福学派不断向人们描绘着科学与人性对立的图景。他们认为,科技主义是万恶之源。马尔库塞指出,科学技术的发展意味着不断地切断人与自然统一起来的纽带。被切断了这种纽带的人是一种没有根基的、迷失方向的存在。科学技术的发展越来越使人成为一部机器的零件、一种工具在发挥作用,使劳动者"肉体受到摧残,精神遭致摧残"。科学技术的发展严重地扰乱了人的价值活动;科学只关心可以衡量的东西及其在技术上的应用,而不再过问事物是什么东西;它只问这些东西如何发生作用而不关心其被应用的目的。其结果是:真与善分离了,科学与伦理学分离了,实在与其内在目标分离了,真、善、美被剥夺了普遍有效性。科学技术的合理性变成了政治合理性,科学技术成了维护现存秩序、操纵大众意识的工具。所谓技术合理性就是以技术进步作为一切合法活动的标准与模型。所谓技术合理性导致政治合理性,就是说在当代工业社会,技术中立性的概念不再有效,技术的进步及其合理性的扩展,已经成为巩固现存秩序的政治手段。科学技术和社会操纵结合为一体,人们保存的自己的私人空间由于技术的发展而遭受侵害;自我深化的多样性过程在工艺过程和机械反应的状态下被固定化、单一化,个人只能模仿外界,再也不能对社会提出抗议。哈贝马斯早在20世纪60年代就提出,科学技术在西方社会中已经成为第一生产力。但它所产生的政治效应完全是消极的。它履行的是消极的意识形态功能。意识形态即是虚假意识、梦幻、颠倒性反映,其功能是维护现存的社会秩序,顺应既定的社会存在,成为现代社会一个严肃而听话的好孩子。科学技术在今天有了双重功能:作为生产力,它实现了对自然的统治;作为意识形态,它实现了对人的统治。

3. 对"极权主义"的批判

美国法兰克福学派思想家、外交史学家威廉斯在《现代美利坚帝国的根基》一书中指出:大公司通过它的各种工业和金融形式,已经冲破了经济、政治和社会的种种界限,对政府的各个部门施加影响,并且还渗透到公民私生活的各个方面。马尔库塞认为,判断一个社会是民主社会还是极权社会,关键的是要看生活在这一社会中的人们,其人性是实现了还是异化了,而主要不是看这一社会是否实行了直接选举之类形式上的东西。

二　马尔库塞的社会批判理论

在法兰克福学派中,最有影响的人物是赫伯特·马尔库塞。马尔库塞于1898年出生于柏林一个犹太血统的资产阶级家庭。先后在柏林大学和弗莱堡大学学习,当过现象学大师胡塞尔和存在主义创始人之一的海德格尔的学生。1922年,在海德格尔的指导下写成博士论文《黑格尔的本体论及其历史理论的基本原理》,获得哲学博士学位。1933年到法兰克福研究所工作。马尔库塞的主要著作有:《理性与革命》(1941)、《爱欲和文明》(1955)、《单面人》(1960)、《从富裕社会中解放出来》(1969)和《反革命与起义》(1972)。从第二次世界大战以后直至1979年去世,马尔库塞在其著作中对资本主义社会的种种弊端进行了系统而尖锐的批判,因而他的理论被人们称为"青年造反哲学"。马尔库塞在实际行动中一贯同情和支持西方社会中激进的学生运动,坚持用现代乌托邦理论去指导法兰克福学派运动。他还强烈反对美国帝国主义的侵越战争及其镇压第三世界民族解放运动的行径。

单向度的社会

马尔库塞认为，马克思主义的理论是对古典资本主义情况的概括，在当时是正确的。但是自1929年以后，时代的改变使资本主义社会发生了许多重大变化，马克思的一些理论不再适用于具有新特点的现代工业社会了。他认为，现代工业社会具有四个新特点：(1)在统治阶级内部，出现了由管理人员所组成的经理集团，企业的领导权已经完全从企业主转到经理人员手中，资本家已被排除出关键性领导岗位，他们只有坐享利润，他们与工人之间只在收入上有量的差别。(2)在工人阶级内部，发生了蓝领工人白领化的重大变化。(3)由于生产的机械化、自动化水平的提高，机器已经成为独立的剩余价值来源，而直接从事生产的劳动力变得越来越不重要，这使工人阶级的地位发生了变化。(4)由于政府采取高生产、高消费、高福利的政策，工人阶级已不再贫困化，因此，他们已经被资本主义"同化"了。

马尔库塞在分析发达工业社会时认为，表面上看，发达工业社会正在变得越来越富有，人对自然的支配能力提高了，人的生活更为轻松自得。然而，作为整体来说，这个社会仍然是反理性的。它的生产力对人的需要及能力的发展是破坏性的，它的和平由永恒的战争威胁维持着，它的增长依赖于对缓和(个人的、国家的及国际的)生存斗争之现实可能性的压抑。马尔库塞一方面批判了资本主义社会中的劳动使人变成一种工具，使劳动变为手段而不是目的的罪恶；另一方面运用弗洛伊德的精神分析理论批判发达工业社会对人的攻击性。

马尔库塞社会批判理论的确立点是发达工业社会的技术合理性。他认为，发达工业社会的科学技术达到了前所未有的程度，走向了技术合理性并进而变成政治合理性。现代工业社会已经演变成为一个新型的极权主义社会。这一社会的主要特征不是采取恐怖和暴力的手段，而是运用科学技术这一新的控制形式，来征服和同化所有的社会力量，从而使一切真正的对立一体化，使一切不同的选择同化。工人阶级已经不再是现存制度的否定者。它已经溶化到资本主义制度中去了。在发达工业社会，保持和改善高生产和高消费的社会制度成为所有人的共同利益。于是，以各种名义出现的抗议都被击败了，所有的批判都停顿了，发达工业社会成为没有反对派的社会。

马尔库塞分析没有反对派的社会，实质上是一个单向度的社会。单向度的理论,是马尔库塞对当代资本主义社会所作的独特分析。他认为,社会及其人都应该是多向度、多方面的。既有肯定性,又有否定性。但发达工业社会却只是一个向度、一个方向,只有肯定,没有否定的社会。因为这个社会是在压倒一切效率和日益提高生活水平双重基础上利用技术去压服那些离心的社会力量,社会中没有反对派和反对意识,它窒息了一切多向度的否定思想,征服了所有的对立面。单向度社会是一个技术理性达到终点的社会。这个社会制造出许多"假"的需要。虽然,真和假这些用语完全是历史的,它的客观性也是历史的。并且,归根到底,什么是真需要和什么是假需要的问题必须由个人自己来回答。现在的问题是发达工业社会的人们都在被灌输、被控制,他们不能自主,人们对这个问题的回答不能算是他们自己的。

单向度社会利用先进的科学技术,创造了充裕的物质财富。因此,发达工业社会是一个"富裕社会",它满足了大多数人的物质需求。然而这一富裕社会却是一个"病态社会",它虽然解除了物质贫困,却又以技术控制的新形式加强了对人的奴役,"它不能使用现有的物质手段和精神手段使人的存在(人性)充分发挥"。这是单向度社会的主要病征。具体表现为:

第一,发达工业社会创造了一种新的生活方式,去控制人们的物质生活,使人们的思想行为与现存社会相一致。

现代化的公共运输和通信工具,大量的商品,各种服务设施以及新闻娱乐产品等,这一切都使人们无条件地接受,而成为固定的态度和习惯,变成了一种生活方式。在这种固定的生活方式中,在整个社会都标准化、协调化的过程中,人们产生了一种与现存制度一致的"单向度的思想和行为模式",凡是超越现有社会的话语、观念、愿望和目标都会受到排斥。

第二,发达社会借助最新的意识工业手段——无线电、报刊、广告等去操纵人们的意识,直至潜入人的内心自由。

由于大量的商品生产和消费占据个人的整个身心,人们接受的是美化现实生活的种种"虚假意识",所以社会有效地窒息了那些要求自由的需求,使人们彻底地屈从于社会总体的需要。

第三,发达社会是一个具有攻击性的社会。

为了高生产高消费,把人变成生产消费机器上的附属品;商业组织的扩张造成环境污染,人们失去了真正的大自然;宣传上的混乱、语言滥用、是非颠倒等等,这些就是攻击性的具体表现。随着科学技术的进步,这些攻击也越来越加强。

在《单向度的人》一书中，马尔库塞将希望寄托于那些被挤压到“保守的公众基础下面的”、“生活在底层”的人们（流浪汉、局外人、异种族的被剥削者和被压迫者、失业者等）身上，希望通过他们的失望和不满意识，造成革命性的政治冲动。但是到了晚年，他却给了我们一条文化解放之路。他要求通过艺术所特有的形式的变异性、创造性和反叛性，来冲击资本主义社会。

本能革命论

马尔库塞对资本主义社会的抨击，表现了他对这个社会不合理性的认识和厌恶，但是，当他分析这些病态根源时，却没有触及这个制度本身，而是归咎于人类文明。他认为，发达工业社会的文明对人进行的“技术征服和政治征服”已经渗入人的本能领域，严重地压抑和摧残着人性。然而，由于单向度的思想窒息了人们的灵魂，所以，人们感觉不到自己的压抑和不快，完全屈从于一种虚假的“幸福意识”，因此，必须进行本能结构的革命，排除压抑，恢复人性。

马尔库塞赞同弗洛伊德关于“人类的历史就是性欲受压抑的历史”的论断。弗洛伊德认为，压抑性欲是合理的。理由之一是性本能的反社会性。压抑的根源在于人类的性欲本身。但马尔库塞认为，弗洛伊德的这一判断只能说明过去，而不能说明现在，更不能说明将来。“性欲解放”能否成为现实，关键在于压抑性欲是否合理。如果在文明社会里对性欲的压抑是合理的，从而也是不可避免的，那么人类就无望建立“性欲解放”的文明社会。如果对性欲的压抑是不合理的，那么说明人类的文明与性欲并不完全冲突，建立一个“性欲解放”的社会是完全现实的。马尔库塞指出，以性本能的反社会性来作为压抑性欲的合理性的理由是不能成立的。全部的关键在于，与人类文明冲突的只是性本能的某种“扭曲的形态”。这种性本能的“反社会性”不是其固有特性，而是由外部条件造成的。他强调，性本能按其本来面目不但不会与人类文明发生冲突，而且还会促进人类的文明。性本能按其本性有一种内在的“约束力”和“团结力”。内在的“约束力”指：它不会毫无节制地去追求自身的满足，它总会不断地加以自我限制。内在的“团结力”指：它在满足时不仅考虑自身，而且还顾及他人。为了把这种“本来面目”的“性本能”和“扭曲了”的“性本能”区分开来，他把“本来面目”的性本能称为“爱欲”。

弗洛伊德用以论证压抑性本能的另一个理由是物质生活资料的贫乏。马尔库塞认为，在现代工业社会里，随着科学技术的迅速发展，贫乏已经基本消除。按照弗洛伊德的观点，在这种情况下，人们的性欲完全能得到满足。但实际却恰恰相反，现代人性受压抑的状况愈演愈烈。

马尔库塞批判现代西方社会压抑人的性本能，首先就是批判它用“把人的性活动商品化”来限制人的“性自由”。在现代社会，由于性的关系更加密切地与社会的关系相同化，性自由用来为获得利益服务，从而这种自由是虚伪的。现在这种性自由，不是以满足自身的本能的需要为目的，而是服务于自身之外的目的。在这种“性关系商品化”的环境下，人们自觉不自觉地把婚姻视为交易，把两性视为杯水，把爱情视为消费。这样给人带来的不是自由，而是更大的压抑。

马尔库塞对弗洛伊德关于人的心理结构的理论进行改造，认为人的真正本质是“生本能”，“生本能”就是爱欲。爱欲既包括性欲，又包括食物、休息、消遣等其他生物欲望。人的所有活动都可能成为爱欲活动。爱欲的最高内容就是使人体获得快乐，所以，人的最重要的本能是追求个人的快乐，即“快乐原则”，但发达工业社会的“效率原则”却大大强化了对人性的压抑。他把对人的压抑分为两类，即基本的压抑和多余的压抑。所谓基本的压抑，就是为了创造社会文明和维持社会生存所必不可少的压抑。而多余的压抑，是指为了维持某种特殊形式的社会控制而实行的压抑。随着人类社会生产力的发展和科学技术的进步，人类已经能够解决经济上和物质上的匮乏，文明不再妨碍人类实现自己的爱欲本能了，这时再有超出维持文明所必要的压抑，就是多余的压抑，就是不合理的。

马尔库塞把“解放性欲”与“放纵性欲”区别开来，认为后者对人来说只能获得局部的短暂的快感与欢乐，而它们还伴随着痛苦。人们会因获得这种短暂的欢乐而付出高昂的代价，社会也会出现混乱。而个人在“解放性欲”的过程中获得一种全面的持久的快感，社会在“解放性欲”的过程中建立了新型的关系。人性要得到解放，就必须解放爱欲。解放爱欲的核心是解放劳动。劳动能够使人整个身体的爱欲器官享受到真正的自由消遣，劳动比其他活动更能体现出人追求快乐的本质。要解放爱欲，恢复人性，就要进行“本能革命”、“意识革命”。这是改变人的心理结构、解除人的心理压制的生物学或心理学的革命，不是原来意义上的政治经济革命。这种革命包括意识、语言、价值、本能、欲望和需要等各个方面。这种革命首先要人们自我改造，成为具有新意识的新人。

从“本能革命”、“意识革命”入手，可以建立一个“现代乌托邦”的总体社会主义，即人道主义的社会主义。在革命的手段和方式方面，马尔库塞提出了自己的独特观点。他认为，发达工业社会的政治和经济能力都是巨大的，足以允许对被迫害者作些调整和让步，而他们的武装力量训练有素，装备精良，足以应付突然事变。因此，马尔库塞指出，对于这个社会的否定就应当是一个纯粹的否定——绝对否定、绝对拒绝。

马尔库塞在论述革命的主体问题时指出，新的革命主体在发达资本主义国家中处于社会金字塔的极端：一方面是那些“不幸者”，另一方面也有一些“幸运儿”。所谓“不幸者”由两类人构成，一类是在发达资本主义社会中受排挤的“少数民族”，特别是黑人。他们大多数是一些在生产过程中不占决定地位的集团。因此，按马克思主义学说的观点，不能把他们看作潜在的革命力量，但实际上，他们是对资本主义世界体系的真正威胁者。另一类人是“嬉皮士”和“垮掉的一代”。这些人社会地位低下，与资本主义较少联系，因而较少受到资本主义的控制和压抑，能够最早表现出对资本主义社会的反抗。所谓“幸运儿”也可分为两类。一类是包括技师、工程师、专家在内的中上等技术人员和管理人员。他们处于特别地位，又参与生产过程，可以说是代表了客观革命力量的核心。另一类主要是青年知识分子和大学生。青年知识分子的反抗运动是社会变革中的一个决定性因素。马尔库塞指出，研究革命的主体问题主要是研究青年知识分子的问题。青年知识分子把“不幸者”和“幸运儿”的革命特性和优秀品质集于一身。他们一方面能够像中上等技术与管理人员那样在现代化生产中占有重要地位，具有高度的科学文化知识，因而“能看破科学技术的面纱”；另一方面能像少数民族和“嬉皮”那样，自觉地意识到自己人性遭受摧残的处境，无私无畏地与这一制度作斗争。

三　哈贝马斯的晚期资本主义理论

尤尔根·哈贝马斯是德国著名的哲学家、社会学家，也是法兰克福学派第二代代表人物中最著名的一位。与马尔库塞不同，哈贝马斯在涉及反对发达工业社会的斗争策略时采取较为保守的态度，被称为法兰克福学派的右翼代表人物。

哈贝马斯继承了韦伯分析近代工业化社会所用的“理性化”概念，并提出了一些新的范畴架构。这套范畴架构主要包括“工作”和“互动”两个概念。他认为,所谓“工作”也叫“目标理性活动”,就是指工具理性行动或理性选择,而工具理性行动受奠立在经验知识基础上的技术规则支配。技术规则是指对于物理和社会世界可观察世界的有条件预测。理性选择的行为是受到奠立在分析性知识基础上的策略选择的支配。这些策略选择是从喜好或价值系统出发,并在自己的决策过程中推衍出来的。目标理性行动可以体现既有条件下的某些特定的目标。但是,当工具理性行动按照对实体某种有效控制的标准组织了某些合适或不合适的手段时,有效的策略性行动就有赖于对可能选择作出正确的评估。

所谓“互动”是指沟通行动。符号性互动受有规定作用的共识性规范的支配。这些规范一方面可以界定人们对于相互行为的期望,而另一方面是必须被两个行动主体所了解和承认。社会规范通过惩罚而得到强化,它们的意义在一般的语言沟通中被客观化。社会规范的有效性植根于人与人之间相互了解的交互主观性,而且必须通过对于义务的普遍承认来加以保证。而在两种行动中,对于规则的破坏会有不同的结果。破坏了技术规则或策略就是失败,但是,破坏了共识性规范就会受到契约中的惩罚。目标理性行动的规则提供给人们各种技巧,而社会规范则会内化到人们的人格结构中。

哈贝马斯就以这两种形式的行动,配合社会系统论来分析人类社会。他认为,一个社会的制度架构,包括了能够引导符号性互动的规范。而社会中的一些次级系统,例如经济系统或国家机器,则使目标理性行动制度化。这些次级系统与家庭或血缘结构有所不同。因为家庭或血缘结构主要是建立在道德的互动规则基础上的。在哈贝马斯看来,目标理性行动就是一般人的所谓工作,而制度架构就是一般互动的基础。哈贝马斯也把它叫作社会文化生活世界。

哈贝马斯认为,19 世纪的最后四分之一时期,西方先进国家出现了两个相当引人注意的发展倾向:第一是国家积极介入社会事务以便保证系统的稳定,第二是科学研究与技术的相互依赖性日益增强,并且使科学成为人类社会的主要生产力。而前面所述马尔库塞所说的科学与技术已经产生了合法化政治权力功能的看法,正好是分析这种转变的关键。

哈贝马斯认为,由国家管理的资本主义,可以通过经济调节的政策或技术去消除阶级的对抗,从而使阶级矛盾隐而不显。在科技进步的条件下,科技意识已经成为超阶级的普遍社会意识。同时,在国家管理的资本主义中,由于政治分配机制的运作,产生了超越阶级的群众忠诚。科技意识的目的就是维系群众对于社会以及技术官僚政体的忠诚。另一方面,科技意识的目的在于使人们稳定在目标理性行动的系统之中,而不是要人们沉淀在某种规范系统(或超我系统)中,这样一来,就会使现在日常语言的互动参考架构陷入停滞状态。换言之,科技意识使得人们维持相互了解的交互主观性的生活兴趣趋于消失,代之而起的是技术控制兴趣。

晚期资本主义的发展趋势

哈贝马斯提出了要“重建”历史唯物主义的任务。他用自己创立的“晚期资本主义”理论来对历史唯物主义进行改造。他认为,人类社会应该划分为三种形态:一是原始社会;二是传统社会,即从奴隶社会到自由资本主义社会;三是晚期资本主义社会。哈贝马斯对历史阶段作出这种划分,主要是为了表明晚期资本主义社会是人类社会历史发展的一个独立阶段,它具有自己的新特征。首先,在现代社会中,先进的资本主义国家出现了国家干预活动加强的状况。以国家政权为主要内容的政治力量渗透到了经济领域,从而造成经济和政治界限的消失,经济不再对政治起决定作用,上层建筑不再以经济基础为转移。其次,科学研究和科学技术密切结合,并日益成为主要的生产力,而国家政权深入经济领域并掌握了科学技术的管理和使用权,使科学技术具有了统治的职能,成了统治社会的力量。这种技术统治平息了阶级冲突,使阶级矛盾“隐而不见”了。(对科学技术的批判是哈贝马斯最富有特色的理论。)再次,劳动生产率的提高已经不再依靠强化劳动者的劳动技术和劳动强度,而是依靠科学技术的革新和应用,因此,剩余价值的源泉不再是工人阶级的劳动,而是科学技术的进步。

哈贝马斯在意识形态方面也对当代西方社会提出了批判。在他看来,当代工业社会的所有意识形态都有为现存社会对人的压抑和控制作“辩护”的作用,并且它们本身是一种“异化”的力量。科学技术与意识形态结合在一起,一方面,科学技术通过它的客观强制性和合理性使发达资本主义的政治统治合法化;另一方面,科学技术通过它的意识形态职能成为统治人的工具。结果在现代社会里,原有的阶级斗争和意识形态理论也不能加以运用了。

晚期资本主义的社会危机

哈贝马斯认为,现代资本主义社会面临的主要问题是:生态平衡受到干扰,个性系统遭到破坏(异化),国际关系所具有的爆炸性负担等。最主要的危机是意识形态对人或人的本性的奴役和压制。晚期资本主义对人民的统治,已经由外部的政治统治,深入到私人生活的统治和心理本性的统治了。而所有的意识形态都是履行庇护者职能的虚假意识,它们起着为现存社会对人的压抑和控制作"辩护"的作用,压抑着人的欲望冲动,使人失去天性、失去自由,它们是一切社会弊端的根源。

如何解决资本主义的社会问题呢?哈贝马斯既不赞成青年学生的造反运动,也不赞成马尔库塞的"大拒绝"方案。他认为,在统治阶级拥有强大的军事机器的情况下,在经济调节和政治操纵的技术统治取代了阶级统治,依靠群众通过武装斗争夺取政权已根本不可能的情况下,只有运用资产阶级的民主制度来改造社会。他认为,现在统治者所进行的统治是一种"思想桎梏",是利用意识形态对人性进行奴役。因此,必须提出使人们从意识形态的奴役下解放出来的要求。哈贝马斯还提出要改善人与人之间的交往关系,健全议会制度,建立合理的行政机构,加强公共舆论监督,彻底改良资产阶级民主制度。而要实现这些又要依赖具有自由意识的青年知识分子,因为青年知识分子对人的"异化"最为敏感,精神上渴求自由的愿望最强烈。这就要加强对人的教育。他一再重复要用"活动动机的道德化"和"社会意识的改良"来取代社会主义革命。他强调净化道德、完善心理的作用。他宣扬人类的"爱"与"和",要求从根本上改变人们的互相压迫和互相奴役的心理结构。他把这个看作是实现人性解放的根本途径。

在法兰克福学派之外,西方马克思主义还包括了存在主义的马克思主义、结构主义的马克思主义等等。"西方马克思主义"可以分为理论型的"西方马克思主义"和实践型的"西方马克思主义"。如果我们将苏联、东欧和中国等社会主义国家奉行的马克思主义与"西方马克思主义"作出一些比较的话,可以看出有如下一些差别:(1)马克思主义在各国的民主主义和社会主义革命实践中,已经对马克思和恩格斯本人所代表的早期马克思主义思想作了创造性发展。而"西方马克思主义"虽然对恩格斯之后的马克思主义大加批判,却大都保持着马克思的原始期望:真正的共产主义革命只能够在高度发达的资本主义社会成功。不管是从地理层面或理论层面来看,“西方马克思主义”都具有欧洲中心主义的特性。(2)马克思主义主要是在苏联和中国等地的革命实践经验中获得发展的。而“西方马克思主义”则是在融合当代西方各种思潮尤其是哲学思想中得到发展的。没有弗洛伊德的心理分析、现象学和存在主义、结构主义以及实证主义等哲学思想的产生,就不可能有西方马克思主义的众多流派。(3)马克思主义着重对于资本主义社会的经济分析,以及伴随着经济而来的阶级斗争的政治分析。而“西方马克思主义”则更着重资本主义社会文化和意识形态分析。因此,有人认为“西方马克思主义”只是一种上层建筑的马克思主义,也有人认为,“西方马克思主义”更像一种文化危机理论。(4)马克思主义将自己的学说当作一套分析和把握社会发展规律的科学理论。而“西方马克思主义”则愿意把马克思主义看作是一种人道主义思想和社会批判理论。(5)马克思主义认为自己继承了黑格尔的部分思想和方法,在建构形成了独特的历史唯物主义之后,马克思主义已经和黑格尔哲学传统划清了界限。许多“西方马克思主义”者则对德国古典哲学、特别是黑格尔哲学传统情有独钟。在他们看来,马克思只是一个激进的黑格尔主义者。当然,西方马克思主义是一个表现形式极其多样、内容极其庞杂的思潮。

西方马克思主义和列宁斯大林主义都认为第二国际无法解决理论与实践相联系的问题。但是,列宁面对第二国际把马克思主义庸俗化的行为作了坚决斗争,并从理论与实践两个方面提出了自己的新思想,从而把马克思主义发展到列宁主义新阶段。西方马克思主义也都强调要否定第二国际在理论和实践两个方面的遗产。它认为第二国际把马克思主义庸俗化为经济决定论的同时,也使各国工人党走上了官僚化、非革命化的歧途。但是,西方马克思主义者不愿采取列宁主义的实践途径,他们宁愿倾向于走激进的政治自由主义道路。尽管后来的实践表明,西方马克思主义激进的政治自由主义道路几乎都是失败的。然而,西方马克思主义仍然努力地想找一些替代性的历史主体力量来担负起促使资本主义社会变迁的主要角色。

思考题

1. 怎样看待现代西方马克思主义与时代背景的关系?
2. 如何理解法兰克福学派对马克思主义理论的继承与发展?

3. 简论马尔库塞的革命理论。

4. 试对哈贝马斯的意识形态理论提出看法。

相关阐释

福利国家资本主义制度所引起的当前的种种急诊可以与第二次世界大战结束后不久这个时期的明显自信和乐观主义的舆论形成对照，当时，至少统治集团内部认为，福利国家——社会民主计划的永久胜利似乎是不可避免的。……

福利国家要变成现状的看管者，使自己渗透到社会生活中去，从而有可能实现一种没有阶级、兄弟般合作的生活方式这个最终目标。在追求这个(往往不太明确的)目标时，福利国家会重新分配各种报酬和特权，以便尽量减少社会的不满，保证个人与群体之间的公正和使机会均等。这种社会安定和重新分配的战略是对现有的权力关系和生产关系的破坏。

摘自约翰·基恩：《公共生活与晚期资本主义》，社会科学文献出版社 1999 年版，第 7 页

布洛赫认为，虽然存在着多种多样的乌托邦，但“抽象的乌托邦”和“具体的乌托邦”之间有着本质的区别。他把马克思主义以前的社会乌托邦称为“抽象的乌托邦”，而马克思主义则是“具体的乌托邦”。“抽象的乌托邦”是静态的、非辩证的乌托邦。……在布洛赫的心目中，乌托邦的总体特征是：其一，乌托邦具有冲破现实的要求；其二，它表达了对更美好生活和世界的愿望和希望；其三，乌托邦设想的基本核心是人，它是人道主义的同义语。……在布洛赫的乌托邦研究中，还形成了一个较具特色的哲学体系：希望哲学。

摘自陆俊：《理想的界限——“西方马克思主义”和现代乌托邦社会主义研究》，社会科学文献出版社 1998 年版，第 41－47 页

我国的学者对哈耶克思想中自由与制度变迁以及自由与社会正义的关系予以较大关注。程虹认为，哈耶克对所有人文社会学科的共同意义，都来自于他的自由主义。哈耶克对人类理性和知识的自负表现出了极大的忧虑。他坚定地认为，制度不是“设计”的结果，而是动态的“过程”，是不同人群互动和博弈的过程。在经济制度的形成过程中，人们并不能事

先预知最后的确定结果，往往是依照自己的认识，自我创造、自发选择，最后的制度结果往往与人们设想的并不一致。制度同时是一个不断“试错”的过程，人们往往相互调适、相互适应。对错误的选择只有在选择之后才能修正。“好”的制度是人们行动的结果，而不是人们理性所能及的预先设计。制度的生发和演进是一个自发的演化过程。这种逐步进化的制度要得以形成，就需要作为个体的人的自主选择和自主行动，即需要赋予个人以自由的权利。因为个人的自由是个人行动的基本前提。申建林、马亮的文章提出，一个合理的社会应该保证收入、财富、商品和服务的公平分配以实现社会正义和平等，还是应该确立不屈从于任何特定目标的法律和行为规则以确保个人自由地追求自己的生活目标？是鼓励政府肩负实现正义分配的重任、推行经济生活的政治化，还是建立不受特定的正义分配原则所强制的自由市场？这一问题是近年来西方自由理论探讨的前沿问题，也是哈耶克关注的中心。为了恢复西方个人自由主义的传统、防止经济生活的政治化和官僚化，哈耶克坚持法治和自由市场理想，认为，社会正义通常是一种分配正义，它强调的只是财产和资源的分配。这种对利益平衡的关注反映了社会正义追求的是人类活动的特定结果而不是人类活动的过程。这必然导致社会正义的致命弱点——无视自由和个人的善的观念。因为自由意味着给我们提供“获致实现我们诸多目标的机会”，给个人设置某种特定的目标和结果实际上没有给个人选择留下余地，它必然窒息自由。因此，社会正义和平等不过是海市蜃楼。

摘自程虹：《自由秩序与制度变迁——对哈耶克的一种解释》，《江汉论坛》，1999年12期

摘自申建林、马亮：《要市场自由还是要社会正义？——哈耶克的选择和困境》，《贵州大学学报》1999年第4期

政治哲学将现存国家分解成为它的要素，只是为了通过进而对这些要素施行一个更好的综合处理，正确的国家形式会由此产生。……

霍布斯对政治哲学的可能性和必要性不加置疑。换句话说，他并不在开始的时候先提出问题，“什么是德行？”“它能不能传授？”“国家的目的是什么？”因为对他来说，这些问题是由传统来回答的，是由普通人的观点意见来回答的。对他来说，国家的目的，理所当然地在于和平，在于必须不计代价地予以实现的和平。

摘自列奥·施特劳斯：《霍布斯政治哲学》，译林出版社2001年版，第183－184页

相关文献

1. 谢庆绵主编:《现代西方哲学评介》,厦门大学出版社 1989 年版。
2. 薛文华主编:《现代西方哲学评介》,高等教育出版社 1994 年版。
3. 陈学明:《法兰克福学派》,扬智文化事业股份有限公司 1996 年版。
4. 李英明:《晚期马克思主义》,扬智文化事业股份有限公司 1997 年版。
5. 赫伯特·马尔库塞:《单面人》,湖南人民出版社 1988 年版。
6. 弗洛姆:《占有还是生存》,生活·读书·新知三联书店 1988 年版。

第八章

后现代主义

20世纪中叶，在西方形成了一种拒绝用现代主义来表达的思潮，即后现代主义。它广泛地影响到了艺术、文学、哲学、科学等各个文化领域。这种文化思潮对不发达国家形成了强烈的攻势，迅速地波及了全球各个现代化发展程度不同的国家。

一　什么是后现代主义

什么是后现代主义？这是一个较为含糊的问题。因为关于“什么是后现代主义”至今尚无一个明确的、较为一致的定义。这一方面是因为表述上的困难，它不可能用现代性的词语来表达，只能说它是一种主张多元论、怀疑论、多样化的思潮；另一方面，后现代主义的作者们对后现代主义的说法不一，他们的表达是非常不一致的，因而无法就后现代主义给出一个明确的定义。因此，在此我们对什么是后现代主义只能综合各种说法以作出一个大致的介绍。

后现代主义的“post”，译为“后”、“元”、“在……之后”都是可以的，通常我们有“后马克思主义”、“后历史”、“后印象主义”等表述法。但这里的“后”绝不是一个时期的概念，并不是指继现代之后出现一个后现代，并不等于“after”。费瑟斯通在《消费文化与后现代主义》一书中认为，“这个概念正是通过反向区分的方法来定义的”。①

如果我们强调后现代与现代的联系，那么，后现代主义是指对现代主义的否定，是对现代主义的扬弃，是现代主义的消解；它更多地是指文学、艺术等文化产品的创作风格不同于现代主义的风格，因此无法用现代主

① 参见迈克·费瑟斯通：《消费文化与后现代主义》，译林出版社2000年版。

义的风格来表达，只能用后现代主义这个词来表示这种新的创作风格。

1934年，弗·奥尼斯在其编著的《西班牙暨美洲诗选》一书中首次使用了后现代主义一词。1942年，德·费兹在其编著出版的《当代拉美诗选》中再次使用了这个词。汤因比在《历史研究》这一巨著中也使用了这个词，意指19世纪末叶之后西方文明出现的历史新循环。

对后现代主义出现的时间，思想家们各有不同的看法。詹姆逊认为是20世纪60年代之后，斯各特·拉什认为是20世纪初达达主义出现之时，列奥塔认为是20世纪40－50年代以后。通常我们可以说，不同的领域其后现代主义出现的时间也是不同的，在艺术领域，后现代主义形成于20世纪10－20年代的达达主义；在文化知识领域，后现代主义形成于20世纪40－50年代；在哲学领域，后现代主义形成于20世纪60－70年代等。

后现代主义所波及的领域极为广泛，包括建筑设计、艺术、文学批评、音乐、美术、小说创作、电影、戏剧、摄影、哲学、人类学、社会学、地理学等等。其中，后现代音乐的代表人物有凯奇、斯多克豪森、布列尔斯、霍罗威、特雷迪奇、劳里安德森等；在美术领域，有劳申伯格、贝斯里兹、斯纳贝尔、基菲尔等；在小说领域，有凡内格特、巴思、马泰尔梅、派思孔、马勒斯、马拉德、多克特罗等；在建筑设计领域，主要的代表人物有詹克斯、凡杜里、波林等；在文学批评领域，主要有斯潘诺斯、哈桑、桑塔格、费尔兹、德·曼等；在人类学领域，主要有克里福德、泰勒、马尔库塞等；在哲学领域，主要有列奥塔、鲍德里亚、瓦蒂摩、德里达、罗蒂等。

二　现代性与后现代性、现代主义与后现代主义

现代性

现代性是相对于古代而言的，是古代社会在思想文化发展中出现的新的转折，它出现于文艺复兴时期，以提出人性的解放为纲领。所以，现代性是与传统秩序相对比而言的，它是指社会在进化中经济与管理的理性化、科学化，例如泰罗制、辛迪加等。

从哲学上说，现代性代表着科学理性的统治地位的确立，代表着表象论、反映论地位的确立。它强调认识的规律性、齐一性、时间的一维性，强调人对现实的表象能力，把实在世界作为认识的最终基础等等。

从经济—社会发展的角度而言，现代性是指工业社会的到来，现代化就是工业化，因此，现代性指的是一个努力创造自己历史时期的社会状况，是指工业化后社会的状况。它表示在传统的经济结构与价值基础上经济的发展结果，常常是指工业化、科学技术化、现代民族—国家体系的形成，资本主义市场体系的形成，城市化等等。

后现代性

后现代性与现代性一样，都是指社会的状况，指社会变迁的秩序。

后现代性意指时代的转型，现代性发展的中断或断裂，或指一种新的秩序。对不同的后现代主义思想家来说，后现代性具有不同的含义。

鲍德里亚认为，从现代性到后现代性是指从生产性社会秩序向再生产性社会秩序的转变。在这个转变中，技术与信息的新形式占有核心地位。在再生产性社会秩序中，由于人们用虚拟、仿真的方式不断地扩张性地建构世界，因而消解了现实世界与表象之间的区别。

列奥塔则认为，后现代性主要是指向后工业社会秩序的发展。列奥塔的注意力是在"计算机化社会"对知识的影响方面。他认为，后现代性是指一种社会的状况，是随着计算机技术的发展而出现的知识的信息化所导致的知识价值的变化；在这种状况中，普遍的多样性的叙事代替了宏大的叙事(grand narrative)或元叙事(meta-narrative)，局部主义代替了普遍主义。

詹姆逊则认为，后现代性是一个较为明确的时段性概念，是一种与资本主义发展阶段相应的文化状况。他认为，市场资本主义所对应的是现实主义，垄断资本主义所对应的是现代主义，而晚期资本主义所对应的是后现代主义。所以，后现代性是一个阶段化的概念，它是指晚期资本主义时期的社会状况，而后现代主义则是晚期资本主义的文化逻辑。

费瑟斯通认为，后现代性是一种体验，即对于日常生活与真实实践之间的一种主观体验。这种体验就是把真实的实在理解为各种虚构的影像，用各种复合的边际化的方式建构成虚拟化的实在。

现代主义

现代主义是出现于 20 世纪初、延续至今的艺术运动、艺术风格或思想运动。现代主义的风格被概括为哲学的理解就是制度化、统一性、整体性、主体性、表象性、本质主义、基础主义等等。

现代主义的源头可以追溯到19世纪的艺术先锋派，其艺术特征是：审美的自我意识与反思，声像同步与蒙太奇的叙述结构等等。从艺术角度来理解现代主义，现代主义是对现实事物的本质性的描述，追求对事物深层本质的认识，追求对事物的美学特征的描述，追求对事物规律性的认识。在哲学领域，现代主义强调的是人的主体性与人的解放，强调人的本质的实现与对自然的控制。在美学领域，现代主义是追寻崇高理想的美的特征的表现。

后现代主义

后现代主义约形成于20世纪40－50年代，是一种高级的现代主义运动，是现代主义发展的一种高级状态。由于现代主义创作风格追求完美与至高无上的境界，所以到上世纪中叶以后，人们越来越感觉到现代主义的创作手法已经到了枯竭的地步。于是，一些艺术家、作家与批评家如劳申伯格、凯奇、马泰尔梅、费尔德、哈桑等人，便提出了一些新的创作手法，并用后现代主义这个词来表示现代主义创作手法的枯竭这一特征。随后，一些理论家如丹尼尔 贝尔、克里斯法、列奥塔、德立达、福柯、哈贝马斯、鲍德里亚和詹姆逊等人也对此产生了浓厚的兴趣，参与到后现代主义的讨论中来。然后，后现代主义便迅速地流行起来。

后现代主义指的是广泛而全球性的文化变迁。按照詹姆逊的观点，这是一种“文化转向”，是与晚期资本主义相适应的文化转型。这种转型意味着以形象取代语言，社会充斥着影像文化，所有不可表达的、不可视的、实在的东西全部转换成了可视物和惯常的文化现象；文化逐步与市场相联系，形成了以实现交换价值为目的的文化工业。詹姆逊认为，后现代主义有两大特征：一是对高级的现代主义的刻意反动；二是一些主要边界或分野的消失，最值得注意的是传统的高雅文化与大众文化或通俗文化之间的区别的消弭，即对传统精英文化的反动。

表现后现代主义风格的作品是很多的，例如：建筑方面有美国波特曼设计的波拿文都拉宾馆，亚特兰大的桃树中心，底特律的复兴中心等；绘画作品有拼贴画，白色画布，涂鸦式的作品，渍染法，普普艺术，锋刃画等；造型艺术作品有《喷泉》，《匙状桥》，《交织字母》，《被埋葬的自行车》，《回到道奇38型汽车的座位上》等；在电影领域主要有《体热》，《婚礼》，《蓝色天鹅绒》，《阉羊》，《第三类接触》，《本能》，《沉默的羔羊》，《毕业生》等；在音乐领域有环境音乐，偶合音乐，无声音乐，KTV和MTV等。

三 后现代主义的基本特征

后现代主义作为一种艺术创作的风格，自有它不同于以往任何时代的特点。同样作为一种文化思潮，也与现代主义不相一致。它是现代主义发展的高级阶段，是现代主义在其发展中的一种特殊形态，是现代主义发展的断裂，是现代主义创作手法的“枯竭”。

空前的大拼贴

现代主义对形而上的寻求，致使任何创作都达到了大众无法理解的地步。这种创作和学术研究越来越趋向于发掘事物的本质，越来越深刻化，以致使所创作的作品与理论不断升华为形而上的语言和代码，并逐步脱离了大众，脱离了现实，成为一种专业的孤独，一种“语言的孤岛”。为了寻求更深刻的本质，人们挖空心思或绞尽脑汁都无法超越别人，无法创作出别人所没有的作品。于是，人们越来越感到对事物更深刻本质的认识是不可能的。于是，一些后现代主义的作家便就此认为，与其说认识事物的更深刻的本质，不如干脆放弃对事物本质的认识，而通过另一种手法来描绘世界，通过内在性的冲动来丰富感性世界。

詹姆逊说：“拼贴，像戏仿一样，是一种特殊或独特风格的模仿，载着文体的面具，说着已死的语言；但是它是一种中性的模拟方式，没有戏仿的隐秘动机，没有讽刺的冲动，没有笑声，甚至没有那种潜在的可与很滑稽的模仿对象相对照的某些‘标准’东西存在的感觉。”① 拼贴是一种新的创作手法，它把过去的与现在的或将来的东西混拼在一起，把高雅的与通俗的东西拼贴在一起，把本土的与外国的拼贴在一起，把手工的与高科技的拼贴在一起，把一些毫无关系的东西混拼在一起。在这样的拼贴作品中，我们找不到拼贴对象之间的任何联系，我们无法了解创作者的动机，不了解作品的真实意义是什么，只能任凭读者依据自己的心理与文化背景去创造性地想象。拼贴的创作手法去掉了创作的规范、创作的统一性与规律性，消解了现代主义对创作手法的统一要求，消解了作品的现实性。

---

① 詹姆逊：《文化转向》，中国社会科学出版社 2000 年版。

主体性的死亡

现代主义突出的是个人、私人风格、独特的人格与个性，因此，常常倡导人的解放、个性的解放。人的解放与个性的自由发挥等，是现代主义最为明显的特征。自从文艺复兴时期以来，资产阶级就一直倡导个性的解放与人的自由。然而，后工业社会的到来并没有使人们感觉到人的个性得到了解放，人的自由从根本上说是停留于过去。资产阶级的个人主体或“真正的主体”从未实现过，它仅仅是一种神话，只是使哲学、艺术越来越神秘化了。由于当今的社会是组织化的社会，人是以共同体出现的，所以个人主体已不复存在。所以，当今的艺术家们认为，他们所要做的并不是为了体现个人主体，而是不知道自己在做什么；创作只是一种游戏，游戏只是为了在形式上丰富文化世界。

如果我们回顾一下哲学史，我们可以发现，尼采首次提出了“上帝之死”的口号。上帝是西方世界有关世界终极原则的代言人，是世界的本质。上帝死了，也就意味着世界的终极本质的消解。后来，海德格尔提出了“形而上学之死”，“现代哲学的终结”。形而上学之死与上帝之死实际上是同一的，我们也可以说，上帝死了，也就意味着形而上学之死，因为上帝与形而上学两个词都是世界终极本质的代名词。在20世纪后半叶的钟声刚敲响，福柯便提出了“人之死”。这里的“人之死”，便是主体性的死亡。上帝死后，人们便用人来替代上帝，但是，随着资产阶级社会的发展，人的主体性并未因此而得以实现。因此，消解主体性便自然成了后现代主义者的任务。西方20世纪的哲学定位于对语言与思想的内在性的研究，只要语言的世界得到丰富，思想的世界得到丰富，那么现实的世界也就得到了丰富；为了丰富现实的世界，我们就得寻求内在性；而要使内在性得到最大限度的发挥，唯一的办法是“语言游戏”。

怀旧模式

后现代主义一方面是最前卫的东西，它表现那些现在远远还没有出现的东西，即所表现的是现实中还不存在的、或许将来才会出现但又不一定出现的东西，例如电影中的星球大战，未来世界的战士用的那些现在还不知道的武器与地球人进行战斗等。另一方面，由于后现代主义的作品是大众化的，它大量地存在于大众文化之中，为了迎合大众，后现代作品又反映了那些较为原始的内容，例如以性与暴力为主题的影片等，这些影片所反映的是现代主义秘而不宣的东西，是人的最为原始的冲动现象。因此，从大众文化的性质来说，它是我们较原始的时代、较肤浅认识的产物。所以，我们将这种风格称之为一种“怀旧模式”，无论电影抑或其他艺术形式，都有回到以前的时代的感觉。

追求永恒的变化

詹姆逊认为，后现代主义的出现是与跨国的、消费的或晚期资本主义的发展紧密相关的。与市场资本主义相对应的是现实主义，与垄断资本主义相对应的是现代主义，而与晚期资本主义相对应的则是后现代主义。在后现代状况中，人们开始追求永恒的变化，历史感已经消失，整个当代社会体系逐渐丧失了保存过去历史的能力，开始生活在一个永恒的现在和永恒的变化之中，而抹去了以往社会曾经以这种或那种方式保留的信息和种种传统。

之所以历史感会消失，是因为当今媒体的发展将帮助人们遗忘历史。无论是罗斯福还是斯大林，都将被媒体中的广告所掩盖，社会过程中的人们将其注意力集中于消费，这是消费资本主义的逻辑方式。

不确定性和内在性

在后现代主义看来，一切都是不确定的。事物没有确定性，创作没有确定性，只有模糊性、间断性、异端、多元论、散漫性、反叛、倒错、变形。

现代时期是科学占据统治地位的时期，科学所寻求的是确定性与规律性；没有确定性与规律性，也就没有科学。但是，随着人类认识能力的不断提高，人们对自然界的认识越来越显示出不确定的成分。一切原有的确定性与规律性开始失去它应有的认同。特别是自量子力学创立以后，人们开始认识到越来越多的不确定性。于是，不确定性就成了后现代主义立足的一个重要方面。

内在性，是指人类心灵的能力——在符号中概括自身、作用于自身，是人通过语言、符号扩展自身的能力。而在这种语言的发散、传播、推进、相互作用、交流、相互依赖的过程中，人构成了自身，并通过自己创造的符号而创造世界。对内在性的寻求，是西方世界20世纪以来较为明显的特征。它不同于中国文化对现实的反映论式的态度，而是追求从心灵中开拓思想，丰富人类的文化，而人本身只是语言体系的一部分，思想的一部分。因此，后现代主义的作品仅仅是后现代作家自我心灵的再现形式，而非对现实的反映。

正因为后现代主义追求内在性能力的发挥，所以他们强调的一个最基本原则就是“怎么都行！”随着计算机科学的发展，人们愈益感到无力将自然界以更深刻的方式表现出来，以致人们开始把深度削平，把自然本身遮掩起来；一切艺术都可以在一台电脑中制作出来，它什么都没有，什么都不是，只是一个被弄平了的平面形象。这种削平深度的做法表现出了一种歇斯底里的崇高。

批评距离的消失

由于艺术所反映的是现实世界，因此，现实世界常常成为人们批评艺术创作的标准。然而，由于后现代主义的艺术作品并非是反映现实的对象的，而是人们精神生产、电脑制作的产物，它失去了现实的对象，因而也就失去了批评所要参照的标准。因此，也就没有了批评的距离，艺术成了一种胡作非为的活动，艺术品成为一种人们欣赏的边际性的对象，它非牛非马。而人们在欣赏这些作品时，只求感性的视听觉的快乐以及随心所欲的想象，而不求理性的评价性的理解。后现代主义的文化创作，是把文化创作当成一种文化工业，其所生产的文化产品，是为了大众消费而攫取最大利润之目的。

四　后现代主义的实质

总之，后现代主义是20世纪后半叶出现的一种新思潮。虽然这种思潮从本质上有悖于现代主义思想，但作为一种文化运动，它仍然有其独到之处。詹姆逊认为，后现代主义是：(1)一种新的平面模式，它来自于深层模式的消失；(2)历史向度的消失；(3)一种新的高强度的感情方式；(4)一种全新的依赖技术的现象。

第一，后现代主义是一种文化思潮。后现代主义对现代的一切都持批判的态度，它对现代主义的理论与思想方法加以改造。现代主义的文化特点是，一切都可以为人所反映，人的认识能力是无限的，人在世界上的生存就是为了不断地超越，它所重视的是现在、将来，而非过去；而后现代主义则放弃了对世界的反映，它认为世界没有本质，认识没有真理，它不是对现实的反映，而是文化自身的一种创造。后现代主义绝不是某一个国家的产物，而是已扩散到众多国家的、跨越洲界影响全世界各国的文化潮流。正如我们难以确定其产生的时间一样，我们也难以确定其发源地究竟是哪一国，只能说它是20世纪出现的流行范围最广、影响最大的文化思潮。

后现代主义作为一种文化思潮，它的最大特点是把原先秘而不宣的东西公开宣布为自己的意识形态，以解放色情与冲动为本质，创造出渗透力强大的消费文化与大众文化。所以，在后现代主义思潮盛行的社会，人们往往把它称之为“后工业社会”、“跨国资本主义”、“消费社会”、“媒介社会”等等。

第二，后现代主义是一种艺术实践。首先，后现代主义的运动是一种改变人们生存方式、思想方式的运动。但它又首先是一种艺术运动，这是因为它最为明显地表现为艺术创作风格的转变。即在创作上不同于现代主义的表象主义、现实主义，而是不拘形式的胡作非为的一种创作风格，想要怎么创作就怎么创作的风格，诸如后现代主义作品拼贴艺术等。其次，后现代主义追求反常联系，表现当今社会的荒诞、贫乏、空虚等特征，在建筑、美术、音乐、绘画、电影电视等视觉艺术、听觉艺术上大胆地实验，使艺术成了支离破碎的碎片。再次，后现代主义强调人们的参与，它把艺术看作平常的活动，而非看作高雅的象牙塔之中的精英分子的思想运作。因此，后现代主义的艺术是一种大众性的艺术，就如同卡拉OK一样，它决不是个别歌唱家在舞台上的表演，而是大众最喜爱的参与活动。最后，后现代主义艺术还表现出一种虚无的特征。由于后现代主义反对表象主义与本质主义，所以后现代艺术便形成了类似无声音乐、哑剧、白色画布等作品。这种作品的形成，体现了后现代主义创作手法的枯竭，但同时也形成了一种新的神秘主义。

当然，后现代主义的创作也利用了现代的科学技术与现代工艺，所以有人认为，后现代的艺术是一种利用高科技而进行的创作。

第三，后现代主义是一种全新的世界观。后现代主义作为商品化社会的产物，它是一种新的价值观，即由于知识的合法性标准发生了改变，人们开始只把能直接转换为经济价值的知识看作是可接受的，而不能直接转换成经济价值的知识则是不可接受的。于是，由价值观的转变所导致的便首先是研究范式的转变，对人的解放、平等、自由等理性的追求，转变为对意识本身的挖掘与开拓。其次是价值模式的转变。后现代主义倡导消解中心，取消同一性，倡导多元论、不满现状、消解哲学与政治等元叙事。再次，后现代主义是新保守主义的，因为后现代艺术的创作方式虽然是消解了主题、没有中心的，但由于后现代主义公开把现代的秘而不宣的东西宣布为自己的意识形态，从而使性与暴力等这些较原始的东西成为其倡导的主题，体现了向原始崇拜的回复。

第四，后现代主义是资本主义新的扩张。归根到底，后现代主义是当代西方世界新的文化扩张。众所周知的是，资本主义的发展从自由竞争走向垄断时期以来，最初是军事的扩张，然后，随着军事扩张的失败，又逐步转向了经济与贸易的扩张。但是，随着各国经济与贸易的日益强盛，西方世界的扩张政策不得不改变形式，于是便深入到了文化领域。因此，可以说，文化的扩张是经济扩张的新方式。后现代主义是文化扩张的主要手段，因为它抹杀了高雅文化与大众文化的边界，使创作成为一种游戏活动；又因为它，现代主义的发展出现了断裂，使现代主义成为人们批判的对象。

从哲学上看，后现代主义是可以被评价为正反两类的。一类是批判理论，以哈贝马斯、詹姆逊、布鲁姆、德立达、赛义德等人为代表，源自以哈贝马斯为首的法兰克福学派，高举社会批判的旗帜，从解构现代主义与意识形态批判等方面展开研究。另一类是建设性的后现代主义，以德勒兹、罗蒂、列奥塔等人为代表，强调创造性精神，推崇创造性活动、创造性的人生和创造性的品格，把创造性看作人的本性，试图通过对创造性的提倡，最大限度地发挥人们创造性的潜能。为了实现这种创造性的潜能，他们倡导多元论和怀疑论，强调内在性与人的心灵的能力，主张在符号中概括自身，通过语言与符号扩展自身的能力，并在语言的交流和相互作用中构成自己，构成世界，丰富世界的内容。

对于后现代主义，我们应当正确地予以评价。一方面，后现代主义作为一种世界观，它并不是引导人们上进的方式。由于它对反映论持消极的态度，是一种新保守主义，所以有着向原始风格回复的特征；取消了高雅与通俗之间的界限，所以也就没有进步与倒退之分。那么，按照现代主义的发展就没有多少意义。另一方面，后现代主义创作风格的多样化，它对各种相异的创作手法的容忍态度，又是值得人们注意的。从现代世界的发展来看，多样化确是一种趋势，不确定性的特征也越来越明显，变化也越来越快，所以，后现代主义对待世界的态度可以加强人们的适应性，提高适应当前社会变化的能力。同时，创新的风格是后现代主义一贯强调的，正是因为创新，所以大众文化就成为一种渗透力极强的文化。因此，要发展我国的大众文化，认真学习这种创新的风格是十分必要的，否则我们就不可能置身于世界文化发展的前列。

思考题

1. 试分析“现代性”与“后现代性”、现代主义与后现代主义之间的区别与联系。

2. 试论后现代主义的实质。

3. 为什么说后现代主义是资本主义新的扩张？

相关阐释

“哲学终结”话语伴随着后现代主义的兴起，成为20世纪思想的一道不可忽略的风景线。在这道风景中，哲学终结论仿佛成为后现代主义的专利。它用多元主义、相对主义来肢解绝对主义、基础主义、主体主义等形而上学体系。哲学终结话语和后现代主义运动实际上是现代理性的无休止地拷问和批判自身的主体基础在20世纪的延伸。它的消极或否定意义在于，它们表明了现代理性可能已经发展到了它的极限，可能已经在自身的视界中遮蔽了存在的真理和本质，遮蔽了自然或历史的别样的可能性。

现代理性不断拷问和批判形而上学一方面表现为主体原则的不断重构过程，另一方面又表现为建立在这种主体基础上的形而上学的不断终结和解体过程，其中伴随着虚无主义的流行。虚无主义是现代历史的本质，是现代历史所特有的现象，这也是现代主义和后现代主义之间的重构—解构这双重辩证法的深层原因。所以，现代哲学的一个基本主题就是形而上学问题或哲学的“终结问题”。

摘自尚塔尔·墨菲：《民主的伦理学》，转摘自《社会科学报》，2004年8月5日第7版

根据科勒(1977)和哈桑(1985)的考证，“后现代主义”一词，最早出现于本世纪三十年代，当时奥奈斯用它来表示一面反映现代主义的镜子。这个词的流行是在六十年代的纽约，当时，一些年轻的艺术家、作家和批评家如劳申伯格、凯奇、巴勒斯、巴泰尔梅、费尔德、哈桑和桑塔格等人，用

这个词来表示对“枯竭的”、因在博物馆和学院中被制度化而遭人拒斥的高级现代主义的超越运动。在七八十年代，用后现代主义理论来解释和判断艺术转向对范围更广的现代性的讨论，一些理论家如贝尔、克里斯法、利奥塔、瓦蒂莫、德里达、福科、哈贝马斯、鲍德里亚和詹明信等，对此也产生了浓厚兴趣，并参与到这个问题的讨论中来。这样，“后现代主义”的使用，在建筑、视觉与表演艺术及音乐当中更为广泛了。这个词也因此在欧美之间被极为迅速地来回传递开来。而在艺术中，与后现代主义相关的关键特征便是：艺术与日常生活之间的界限被消解了，高雅文化与大众文化之间层次分明的差异消弭了；人们沉溺于折中主义与符码混合之繁杂风格之中；赝品、东拼西凑的大杂烩、反讽、戏谑充斥于市，对文化表面的“无深度”感到欢欣鼓舞；艺术生产者的原创性特征衰微了；还有，仅存的一个假设：艺术不过是重复。

“现代主义”和“后现代主义”两词也有一种更为广泛的用法，它们指的是广义的文化复合体，即作为现代性文化的现代主义和作为刚刚出现的后现代性文化的后现代主义。丹尼尔·贝尔(1976)就接受了这种观点，他认为，现代性的基本文化假设以及作为自主的自我决定个体的理想，产生了经济领域的资产阶级企业家，引发了文化领域中寻找无拘无束之自我(untrammeled self，他们在现代主义中找到了其表达方式)的艺术探索的兴起。对贝尔来说，现代主义是一种腐蚀性力量，是宣泄性的和反抗性的文化，它与享乐主义式的大众消费文化一起，颠覆着传统的资产阶级价值与新教伦理。这里，贝尔的分析是以政治、文化与经济三个领域相互脱节这样一种思想为基础的。因此，在他看来，试图寻找一种可能产生新的后现代主义的文化经济转变或社会经济秩序的转变(如向后工业社会的转变)的“基础－上层建筑模式”，是毫无意义的。相反，后现代主义是现代主义中代表欲望、本能与享乐的一种反规范倾向，它无情地将现代主义的逻辑冲泻到千里之外，加剧着社会的结构性紧张与恶化，促使上述三大领域进一步分崩离析(贝尔，1980)。詹明信(1984a)也在较为宽泛的意义上用后现代主义一词来意指文化，并把后现代主义作为一种文化逻辑或文化支配来讨论。他认为后现代主义导致了当代社会中文化领域的转型。虽然詹明信并不愿意假定文化之各方面的突然转变和转型是一种历史的阶段化过程，但是循着曼德尔(1975)的路子，詹明信还是将现代主义阶段与垄断资本主义相联系，将后现代主义与二战后的晚期资本主义相联系。这意味着他仍然套用了一种基础－上层建筑模型。尽管詹明信没有提到鲍德里亚，但他还是部分地步了鲍氏后尘，认为后现代主义的基础是在当今多国资本主义的"非中心化全球网络"(de-centered global network)中起核心作用的再生产过程，它导致了"遍及社会领域的惊人的文化扩张，我们社会生活中的一切……可以说都已变成了'文化'。"(詹明信，1984a:86－87)

费瑟斯通：《消费文化与后现代主义》，译林出版社 2000 年版，第 10－12 页

相关文献

1. 薛文华主编：《现代西方哲学评介》，高等教育出版社 1994 年版。
2. 刘放桐等编著：《新编现代西方哲学》，人民出版社 2000 年版。
3. 理查德·罗蒂：《后形而上学希望》，上海译文出版社 2003 年版。
4. 理查德·罗蒂：《后哲学文化》，上海译文出版社 1992 年版。
5. 丹尼尔·贝尔：《资本主义文化矛盾》，生活·读书·新知三联书店 1989 年版。
6. 斯蒂芬·贝斯特等：《后现代转向》，南京大学出版社 2002 年版。
7. 迈克·费瑟斯通：《消费文化与后现代主义》，译林出版社 2000 年版。
8. 詹姆逊：《晚期资本主义的文化逻辑》，生活·读书·新知三联书店 1997 年版。
9. 弗·利奥塔：《后现代状况：关于知识的报告》，生活·读书·新知三联书店 1997 年版。

第九章

新自由主义

自由主义最初主要是一种政治理论和政治纲领，兴盛于17世纪中叶至19世纪中叶。后来原本是作为政治学理论的自由主义、特别是新自由主义大多从“自由主义经济学”方面的内容表现出来，以至于有时在讲新自由主义时，主要讲的是政治经济学的内容。

自从19世纪初，西班牙政党首先使用“自由主义”一词作名称以后，“自由主义”开始在欧洲、北美广泛流行。古典自由主义理论家包括洛克、孟德斯鸠、亚当·斯密、康德和穆勒。洛克以自然法论为依据，认为每个人都享有不可剥夺的自然权利。他把每个人的自然权利概括为生命、自由和财产，其中的核心为私有财产权。现代自由主义思想家有英国的格林、霍布豪斯和霍布森，美国的杜威和罗尔斯等。自由主义原则不仅在一些影响重大的基本观念和基础理论文本中得以阐明，而且体现在许多重要的法律文件中，如《英国人身保护法案》、《权利法案》、美国宪法前10条修正案以及《人权宣言》中。

自由主义与其他政治学理论相比，似乎更强调以维护个人自由和权利为基础的基本价值观。也就是说，它强调维护以理性为基础的个人自由，要求鼓励和保证人的个性发展。自由主义者相信，人的本质是“善”的，人类可以通过教育和自治而达到理想的生活，所以，他们否认由神授权威和国家社会对于个人进行惩罚和控制邪恶的必要性。他们主张，国家的政治生活、经济生活和社会生活都应以维护个人自由为目的，反对把任何形式的强制施加于个人。自由主义者假定，在组成社会之前，个人对自己的欲求就有牢靠的把握，并能通过互利的协议确保他们的欲求得以满足。自由主义政治的核心原则是自由选举、宗教宽容、三权分立的政府制度和保护私有权。它的四个价值规范是：个人自由、个人安全、社会公正和民主权利。传统的自由主义者认为，人类社会是根据生物学的规律演变的，资本主义私有制具有“自然”的性质，应该听其自然发展。自由放任主义的含意是政府不得使用国家权力干预经济事务，不得限制自由竞争、私有财产和契约自由。这种传统自由主义导致了垄断资本的出现。由于垄断资本的活动，在资本主义制度结构内形成了一种威胁个人自由和权利的力量。现代自由主义又要回过头来求助于国家的干预来限制这种力量，保护大多数人的自由和权利。

从历史和现实来看，在某种程度上，自由主义是一种超级宽容主义或"消弭一切"的意识形态。在自由主义思潮内部，自由主义者自相矛盾，互相驳斥，产生了各种形式的逻辑错误和实证错误。如休谟对洛克的批评、穆勒对边沁的批判以及康德主义与功利主义的争论。自由主义者发表观点和相互批评，也呈现出一种完全自由主义的程序。

一　新自由主义的基本特征

要定义自由主义是什么，首先要定义什么是自由。但是，"自由"一词在欧洲语言中是多义词。例如，一种意见认为，如果一个人有选择的余地和选择的能力，那么他就是自由的。另一种意见认为，仅仅有选择能力还算不上自由。一个人可以被迫选择要么服刑，要么上战场；这个人有选择，但不能说这个人有自由。按这种意见，一个人只有按自己的意志或意见行事时才是自由的。至于意志是由什么决定的则无关紧要。还有一种意见认为，人被认为有固定不变的本质和良知。如果人能够不囿于外界束缚，凭自己的心性行事，他就是自由的。这种自由不是单纯的随心所欲，而是类似于孔子所说的那种"不逾矩"的从心所欲。此外，还有基督教神学提倡的自由就是善、就是服从上帝的观点。有了这么多的自由，相应地也就会有多种多样的自由主义。有学者区分了英国的自由主义和欧洲大陆的自由主义。英国自由主义的主要内容是由洛克阐述的自然权利学说和斯密等人的自由市场经济学说。这些学说都强调个人的自由，反对政府干预公民的活动。理由是国家权力是贫民为了更好地保障其权益而让渡一部分自然权利的结果。国家的职能仅仅在于保护公民个人无力保护的权利，无权干预个人的事务。因此，英国自由主义在经济上主张自由放任，政治上强调宽容异己，尊重个人权利，限制政府权力。与此相对的是欧洲大陆的自由主义。它更强调社会的整体利益。其代表人物是卢梭。卢梭认为人人都生而拥有一些自然权利，这些权利要受到尊重；但作为社会成员,必须服从社会的"总意志"。这个"总意志"不是个别公民的意志的总和,也不是简单的多数人的意志,而是一种高于个别公民意志但又与公民的根本利益相一致的意志。欧洲的自由主义更注重个人通过参与民主政治实现其自由,而不是通过不受政府约束实现其自由。英国的自由主义比较注重消极的自由,欧洲大陆的自由主义则比较注重积极的自由。

西方传统自由主义的主要政治观点包括以下内容:提倡个人自由和人身自由,反对思想和言论的控制;提倡个人主义和自由企业制度,主张给个人和社会经济以最大限度的自由放任;维护和尊重少数人的利益;强调人的"理智"的重要,强调知识、教育对人类社会发展的促进作用。

首先,与传统自由主义强调维护个人自由不同,新自由主义力求使个人自由和公共利益、个人自由和社会发展相统一。格林强调人是道德的存在物,个人应当追求社会成员的共同道德善。国家作为一个有机的整体,是伦理的产物,是高居于构成这个整体社会的一切个人之上的。霍布森指出,每项具体改革,都必须加强个人的道德特征,都必须成为一种伦理民主精神的直接助推剂。这将通过具有道德意识的社会成员间的自觉契约,把个人和群体结合起来。罗尔斯断言,社会中任何得到满足的个人生活,都必然表现为一种社会合作的生活;一切社会成员都应牢牢树立起这种社会性的正义原则。

其次,与传统自由主义的"消极国家"、"警察国家"、"最好的政府是管理最少的政府"的观点不同,新自由主义主张扩大国家干预经济和社会生活的作用,建设"积极的"福利性国家。格林主张,为了促进道德发展,消除愚昧、酗酒、贫穷等现象,国家必须进行干预。

再次,新自由主义比传统自由主义更加强调扩大公民的权利范围。国家权力的加强和活动范围的扩大不应意味着政治上和经济上的专制。为了使自由得到更切实的保障,避免可能发生的任何专制,还必须强调维护和扩大公民权利。由于自由的个人是现代社会的基础,个人的自由应当在更广泛的领域得到体现。美国现代自由主义政治思想显得尤其突出。罗斯福在"四大自由"演说中,提出世界是建立在四项人类基本自由之上的。这四项自由是:言论的自由,宗教的自由,不虞匮乏的自由和不虞恐惧的自由。他向国会提出的、他称之为"第二个《权利法案》"的国情咨文,详细开列了要加以补充的权利。这些权利包括"从事有益的工作和获得报酬的权利;挣得足以提供充足衣食和娱乐的收入的权利;一切农场主生产和销售产品足以保障自己和家庭在生活上过得去的权利；一切企业主，不分大小，在自由的环境中从事贸易，不受国内外垄断集团不公道竞争和控制的权利；一切家庭拥有体面住宅的权利；享受充分医疗照顾和有机会获得并保持健康身体的权利；享受充分保障，不必在经济上担心老、病、事故和失业的权利；享受良好教育的权利”。这一阐述对于国家制定更多的权利保障法规，对于丰富新自由主义的内容，起了重要的推动作用。

二　英国新自由主义

19 世纪 90 年代，英国自由党内外许多自称“集体主义者”的激进知识分子把格林尊奉为思想领袖，在格林的著作中寻找行动的理论依据。“新自由主义”成为他们所推崇的理论的代名词，开始在政治思想领域中使用。这些人成为英国最早的新自由主义者。里奇、博赞克特、霍布豪斯、霍布森和巴克是其中的著名代表。从 20 世纪初开始，新自由主义逐渐成为英国官方政策的重要基础。它在实践中不断推进了各种改革，选举权更扩大了，义务教育普及了，工会地位和工会运动合法了，生产劳动条件改善了，人民生活水平也有了一定提高。同时，新自由主义的影响也开始越出英伦三岛，扩展到西部欧洲。然而，欧洲的政治动荡和经济危机，以及持续多年的第二次世界大战的影响，新自由主义受到了来自左、右两方面的沉重打击：一方面是迅速传播的科学社会主义，另一方面是横行欧洲的法西斯主义。第二次世界大战后，英国新自由主义得到复苏。从 50 年代开始，新自由主义又成为欧洲和美国广泛推行的“福利国家”政策的主要基础。它随着西方“福利国家”在 50 年代和 60 年代的兴盛而大行其道，也随着“福利国家”政策在 70 年代的破产而渐趋衰微。

托马斯·希尔·格林（1836 – 1882）是英国著名的政治思想家，英国新自由主义政治思想的先驱。他积极参与自由党的政治活动，极力倡导扩大选举权，加强工会权力，开展道德运动，并支持慈善事业。格林的《伦理学情绪》（1883 年）和《关于政治义务原理的演讲》（1886 年）全面体现了他的政治思想。在《关于自由立法和契约自由》的演讲中，他一反以往自由主义的传统，对自由的意义提出了新的解释。

由于把自由党放任主义式的自由代之以政府干涉式的自由，所以，国家干预理论是格林政治思想的中心。正是这一理论奠定了新自由主义政治思想的基础。格林继承了卢梭国家学说中的公意思想，明确提出国家的基础是公共意志，不是武力。国家为每个个人实现道德的善创造必要的条件，为全体成员的共同善提供保证。他指出，英国社会广泛存在的财产集中、劳动条件恶劣、教育腐败、疾病流行等现象恶化了人的生存环境，极大地窒息了个人的道德本能，成为个人道德发展的障碍。而国家作用的充分发挥，有助于个人趋善避恶，有助于扫除这些障碍，提高个人道德。正是以个人的道德必要性为根据，而不是以国家使用的暴力为根据，才能充分证明国家的权威是合理的。国家的政治管理一方面要为个人的道德发展创造条件，提供有利的环境，另一方面就是阻止某些个人背弃道德理想，抑制某些个人损害共同善的动物性冲动。因此，格林所主张的国家不再是边沁式的"消极的"国家、放任的国家，而是"积极的"的国家、干预的国家。国家不仅要干预经济生活，在经济领域中发挥更多的作用，而且要干预社会生活，促进道德的发展。

格林继承了自由主义传统，坚决主张维护个人自由，保全个人自由，发展个人自由；国家的权力扩大了，但扩大了权力的国家并不能吞噬个人，个人自由仍须得到充分的尊重和保护。他的自由观也是以他的道德观为基础的。人的道德实现在于人有可以实现自我超越的自我意识和自我意志，而人的自我超越和自我探索意识的存在，也使作为道德存在物的人的自由成为可能，使自由的实现成为可能。格林认为，理性和信仰是人类达到自由的两种方式，但理性和信仰两者又是完全一致的。在他看来，理性是信仰的基础，没有理性的信仰是迷信；信仰是理性的反映，没有信仰的理性是无希望的怀疑主义。由此，格林提出了对后世自由主义影响极大的新见解。他说，人的自由是与他自身具有的道德能力、他的不懈的创造精神、他的信仰的坚定程度，以及他对道德理想矢志不渝的追求成正比的；人愈积极主动地增强自身的创造力量，发挥自身的道德能力，人就愈能完善地实现自由。他对传统的"自由"概念提出了新的解释。在他看来，自由并不仅仅意味着不受拘束、不受压制的自由；不仅仅意味着我们喜欢干什么就干什么的自由；也不仅仅意味着一个人或一批人牺牲他人的自由而享有的自由。当我们讲到自由时……我们指的是一种积极的力量或能力，以此去做值得做的事或享有值得享有的东西。一个人可以独做或独享，也可以与他人共做或共享。依照格林的道德观，真正的自由是个人道德的自我完善，是每个人充分发挥个人能力去实现共同的善。格林按照这种新的自由的积极意义，更新了衡量自由程度的标准。他指出，一个社会自由的增长不能以国家权力的减少为标准；国家权力的增加并不意味着对个人自由的损害，相反的是，只有国家行使更多更大的权力，为国家中全体成员谋求更多更好的利益，促进全体成员所拥有的能力和力量的发挥，社会中存在的自由才得到增长，每个成员的自由才得到增长。

格林反对传统自由主义理论中抽象的"天赋人权说"。他主张，权利的实现必须具备两个条件：个人必须投身于社会和国家之中，个人必须具有公共福利意识，并为公共福利作出贡献。人的权利不是自然权利，不是天赋的，而是国家和社会对其成员的一种承认和让步。人的权利并不是由国家创造的，国家只是承认了这种权利，保护了这种权利；人的权利本源是人自身，是人的道德本性。承认人的权利，是国家实现其促进共同善这一目的的一个重要手段。他还把人的权利和公共福利结合在一起，以公共福利替代了个人的生命、自由和财产等自然权利。个人利益和公共福利是一致的。公共福利是个人与社会存在的基础，每个人都要为公共利益作出贡献。从这个意义上讲，权利不过是个人对于公共福利作出贡献的一种权力。既然国家是公共意志的体现，是获得公共福利的必要保障，国家中的每个成员对国家便负有不可推脱的责任。国家中每个成员自愿地担当责任，无私地承担义务，是道德存在的重要表现。格林认为，个人应当服从国家，这种服从是道德的必然，是一种"美德"。然而，个人承担的政治义务不是绝对的，是有条件的。这个条件就是个人道德的发展和公共福利的实现。国家不是目的，而是手段。国家仅仅是一种有助于个人道德发展的手段。如果国家的不公正法律得不到修改或废止，公民就有责任进行反抗。如果政府的非正义决定得不到应有的变更和纠正，公民就有责任拒绝服从。这种反抗和不服从，仍然是基于公民的道德责任，其目的仍然是为了道德善的实现。

三 以经济学理论为主的新自由主义

新自由主义同时也是20世纪30年代在西方经济学中出现的一种公开为资本主义制度辩护的思潮。它以自由放任为原则，强调以私有制为基础的市场机制对资源配置的自发作用，反对政府对经济活动的干预。

它相信，经济竞争将产生经济繁荣，增加全体人民的福利、个人安全和独立。20 世纪的自由主义思想对人口膨胀、大规模迁徙、边界战争、国际恐怖主义、核扩散、环境的破坏和自然资源的枯竭等问题也展开了激烈的争论。

哈耶克的自由理论

哈耶克在当代西方思想界是一名具有重要影响的理论家。在中国，人们最初是因为他获得诺贝尔经济学奖而重视他。然后又发现他也是一位深刻的政治学和社会学学者。但在不同的文章和国内出版的各种教科书中，哈耶克的面貌是完全不同的。可以说是众说纷纭，莫衷一是。

在 1988 年由陕西人民教育出版社出版的岳麟章主编的《当代西方政治思潮》中，哈耶克是被作为一个保守主义思想家来评论和介绍的。该书第 93 页写到哈耶克时，用的小标题就是“哈耶克的保守主义思想”。而在 1991 年由天津人民出版社出版的徐大同主编的《20 世纪西方政治思潮》中，哈耶克又被当作了“自由主义思想家”。该书第 99 页介绍哈耶克时，用的小标题是“哈耶克的自由理论”。2001 年由中国人民大学出版社出版的段忠桥主编的《当代国外社会思潮》一书中，哈耶克则被称为“极端的新自由主义”。

哈耶克本人也对自己的政治学派归属作过一些辩解和论述。他在《自由秩序原理》一书中，作了“我为什么不是一个保守主义者”的问题解答。他指出，严格意义上的保守主义，乃是一种反对急剧变革的正统态度，这很可能是一种必要的，且毫无疑问也是一种广为人们持有的态度。然而，保守主义，从其性质来看，无法对我们现在的行动方向提供一种替代性选择。它或许能通过对当前潮流的抗拒而成功地延缓那些并不可欲的发展变化，但是由于它并不能指出另一种方向，所以亦就无力阻止它们继续发展。

弗里德里克·奥古斯特·哈耶克于 1899 年出生在奥地利，在维也纳大学先后攻读法学、政治学和经济学，1923 年获博士学位。他于 1927 年被任命为奥地利经济研究所所长，时年仅 28 岁。4 年后移居伦敦，在伦敦大学经济政治学院任经济学和统计学教授，并于 1938 年加入英国籍。哈耶克自 1950 年起到芝加哥大学任社会伦理学教授直至 1962 年，1962 - 1970 年任联邦德国弗赖堡大学经济学教授，1970 - 1974 年任奥地利萨尔茨堡大学客座教授。他是一位驰名世界的经济学巨匠，著有《价格与生产》(1931)、《资本的纯理论》(1944)等名作。同时他又是一位有突出成就的政治理论家,有关的主要著作有《通向奴役的道路》(1944)、《自由的宪章》(1960)、《法律、立法和自由》(3卷,1973－1978)等。哈耶克早在30年代就已成为批评福利国家的重要人物,但在凯恩斯主义所向披靡的形势下备遭冷遇。迟至70年代福利国家政策破产之后,他的理论才为世界所承认,他本人也于1974年获得诺贝尔经济学奖。

哈耶克自由理论的出发点是进行市场竞争的个人。对他来说,侵犯个人在市场制度中的买卖权利必然会逐步侵蚀自由。因此无论保护个人免遭市场力量的损害,还是对竞争施加违反市场规律的限制,其结局都是灾难性的,尽管这些做法可能出自实现公平报酬等善良的动机。根据他的理解,社会正义原则本身就是毫无意义的,市场对货物和劳务的分配无所谓公平不公平,因为其结果并非有意造成的,而是取决于大量机遇……这是迄今为止我们所能发现的唯一程序,在其中分散的信息可以为所有人的利益而得到有效的利用,它的基本条件是对所有人开放的、并因其伦理基础而值得追求的个人自由……这是亚当·斯密充分理解的那种酷似游戏规则的程序,其结果难以预料,赢家和输家总是定期出现。

产生对自由与市场的不信任,很大程度上源自于对个人主义与集体主义的误解。人们总是认为,个人主义是要求人应该唯一由他们的个人需要或自我利益为指导的。事实上,真正的个人主义应该允许人们按照他们认为理想的方向去努力。关于个人主义的错误理解很大程度上源于对斯密的“理性人”假设的误解。人是理性的,不是指他会按照大多数人所设定的最大利益方式行动——比如追求最多的金钱或荣誉,而是他会向自我设定的最大利益方向努力。这事实上非常明显。一个人从帮助他人中获得的乐趣大于他不这样做,因此,他理性地认为,这是他愿意做的。这就是一个经常被经济学家排斥在外的个人主义行为。这种行为与其说是高尚的,不如说是合乎理性的。此外,还有一种误解,认为个人主义是一种无政府主义。事实上,真正的个人主义也需要强制力量,只是希望把它约束在某些范围内,“在这些范围内必须由其他人来制止强权,以便将其总量减少至最低限度。”

哈耶克认为,真正个人主义的本质特征主要是一种旨在理解那些决定人类社会生活的力量的社会理论,是一套源于这种社会观的社会行为规范。这个世界很大程度上并不是人类设计的结果,而只是自由人的自发及无意识的联合制造产生的。如果我们承认目光短浅、慵懒与贪婪是人类的本性,那么我们不得不承认允许这样一种个人主义的思想的存在是必要的和有意义的。它规定了一种行为规范。在这种行为规范下,没有人需要做他不愿做和无法做的事。尽可能地按照自己的思维方式行事,人类知识和利益固有的局限性会给人以一种最大的激励,使人们能够自愿地为"与自己毫不相干"的目标贡献最大的力量。

同时,与其说我们错误地理解了集体主义,不如说它本身错误地引导了我们。集体为什么比个人更伟大?无疑因为它可能会体现更多人的利益和要求,而且这些利益和要求都应该是得到了自由表达的。如果它受到了控制和指导,它无疑会成为某些个人的附庸。究竟我们应该把集体主义作为一种个人主义的结果,还是作为个人主义的对立面而使它成为一种变相的意识形态呢?这一点是值得我们深思的。"集体"无论如何都不是某个学者或政治家所设计出来的,它是个人在一系列理性行动中所形成的社会的一种关系。因此,集体主义作为一种政治概念是否有存在的必要呢?为什么有人孜孜不倦地将其作为一个概念输入人们的头脑中呢?集体自身是存在的,只是它在不同的社会的存在方式不同罢了。假如集体成为一个社会集团,而有人游离于其之外,甚至凌驾于其之上,它便成了一个危险的组织。因为,外部的丝毫干预都可以使它发生天翻地覆的变化。而且,集体本身也是一个模糊的概念。而概念是可以从实际中抽象出来的。因此,作为概念发生作用的"集体"不会因为实际的变化而有所变化。当某一实际集体内部发生裂变时,"集体"这一概念本身是不会变化的。于是,滥用集体的概念,会造成一种很有趣的现象,每一个人都处于某个集体之中,而每一个人的任何行动都无法对这样一个概念产生丝毫的影响,于是,理性人会放弃一种投票权,这种投票权指的是对集体事务的责任。人们在分享集体的利益,而集体(不是一个实体的东西)在"承担"着所有的责任。

哈耶克政治思想的中心是捍卫西方传统的个人自由,批判以平等观念为基础的现代多元民主主义。他并不排斥国家维持最低收入水平的使命,因为这是安全的保证。然而除了原则上的首肯之外,他从不关心有关社会政策的细节。与此相反,他却强调贫困绝不是国家干预的恰当理由,因为"有两种不同的安全:一种是反对严酷的物质匮乏、保证所有人起码生活需要的安全;第二种是确保某个人或集团享受与其他人大致相当的生活水平的安全…这种区别在很大程度上是同另一种区别相吻合的;提供给所有受排斥和依附于市场者的安全,以及仅仅提供给某些人的、通过控制或废除市场而得到的安全。"[1] 这就是说,如果以平均财产为目的而实行国家干涉,资本主义的市场制度将毁灭无遗。

不仅如此,哈耶克还排除机会平等的可能性,因为"要实现这个目标,政府就不得不控制整个物质和人文环境,而且不得不竭力为每个人提供至少相等的机会;这些努力愈见成效,基于同一原则的消除残存障碍(或通过给处境相对优裕的人增添负担的办法进行补偿)的立法要求就愈强烈。这件事将不可避免地持续下去,直至政府实实在在地控制了影响任何人的福利的每一个别环境为止"[2]。这样他就把自由和平等完全对立起来,断言任何以平等为目标的国家干涉都必然践踏自由,导致极权主义,即对个人的奴役。

平等是现代社会最基本的特征,而平等的实现问题却是人类最棘手的问题之一。这是一个很大的哲学和社会问题。而从纯粹经济学角度看,它似乎根本不是一个问题。因为在西方经济学中,平等的结果与目的就是不平等。公平的竞争是平等最基本的表现形式,而市场竞争就像扔骰子一样具有偶然性。天赋与上帝的惠顾无疑是人们赢得胜利的条件。而任何人为的弥补的行动本身就是不公平的。没有谁有能力让白痴变成天才,你的好心就变成了白痴。要说明这一点并不复杂。比如说,假如我们坚决地反对个人从家庭中获得利益,而这恰恰违背了我们平等的理念。因为家庭在社会中也是一个合法的单位,个人应该允许凭借身处所具有的优势来获得利益。……而且,没有谁来使所有的人都从同一水平开始,这显然是不公平的。

这并不是一个人性优劣论的观点。在这里,要说明的只是不平等的存在(即人类差异的存在),才使"平等"这个概念成为一个趋势和可能。而任何所谓真正实现的平等只是奴役的一种新形式。

哈耶克在阐述这个观点时,显然避开了公平与效率的矛盾,而从更深层次上论证了平等自身的悖论。我国的经济正在走出"试图使人们平等"这个误区。市场经济本身无疑是最平等的。因为这样法律的特质使得所有的人都享受了平等的待遇。至于最后的不平等的结果,就像赌马有输家和赢家。这样一类抽签式的选择本身也是平等的表现形式之一,因为

---

① 哈耶克:《通向奴役的道路》,中国社会科学出版社 1997 年版,第 89 页。

② 哈耶克:《法律、立法和自由》第 2 卷:《社会正义的幻影》,伦敦芳特利奇出版公司 1993 年英文版,第 84 - 85 页。

每个人都有相同的获胜的概率。与此同时，任何外在的干预都会打破这种内在的经济平衡。从纯粹经济学的角度来看，政府的干预都是破坏这种平衡的。假定政府以提高税率获得资金来资助穷人，这在政治上和道德上都是无可非议的。但这显然部分地否定了大多数富人的努力(当然也包括机遇)，同时也否定了人的发展的必要性。这在经济上是不平等的，因为穷人付出的成本(包括风险成本)要小得多。仅仅因为他是一个穷人，而他的所得与他可能遇到的风险是不一致的，利润就成了“穷人的特权”的赏赐，而非风险的补偿。当然，这其中所掺杂的政治与社会因素应该另当别论。但这种否定或部分差异的行为是一种新的特权或奴役形式的事实，也许是很难否定的。无论我们是否喜欢这些词。

另一方面，自由中的平等与限制和顺从中的平等的矛盾。这种平等也是助长特权的方式之一。平等总是被人们当作一种目标。而当一个国家把某种限定了的单一目标作为自己的最终目的时，该目标就会成为某个阶级的利益，或者是这个国家的安全和权力，或者是最大多数的人的最大幸福，抑或是对任何纯理论思想的支持。那么，此时，这个国家就必然会变成独裁的国家。

此外，在我们的思想中还存在很多的几乎已经成为本能冲动的观念，也存在很多的容忍和引导着干预的行为。比如说，由于过分强调“自然物”与自然科学的关键作用，我们已经习惯于认为经济学的规律只有通过自然科学的方法应用到社会历史中才能起作用。于是，记录与描述成了手段，计划却成了目的。而经济问题不同于自然科学中的工程学问题，它并不像简单的科学计算问题那样，可以不考虑其他因素的影响和变化。正是由于它存着太多的不同利益和目标，计划才成了最愚蠢的利用资源的方式。因为你无论如何也无法像解数学题那样，计算出在各种变化条件下均可用的获利方式。

当然，我们也不得不提一提“归纳”这种被人们误解为获取真理方式的方法。休谟曾提醒我们：“归纳是人的习惯联想。”因此，归纳的真是无法证明而只能习惯规定的。而一些经济学家显然过分强调了归纳的重要性和可操作性，以至于我们经常在条件不充分的情况下开始归纳推理。我们有时犯下的错误就像说“伦敦在下雨，曼彻斯特在下雨，利物浦在下雨，因此，整个英国都在下雨”一样愚蠢。难道历史上所谓社会规律的证明不都是这样得来的吗？“进行试验的可能性，以及在相同的条件下观察重复出现的相同现象的可能性”，使我们可能在归纳中得出概率较大的真。而事实上在社会科学中,我们并不具备重复试验的可能性。我们无法否认的是许多人正试图用归纳的方法与简单的归纳思维模式得出各种可笑的结论,并把它们强加给一个不需要这些东西的经济社会。

如果要保存或恢复一个自由社会,我们应当传播的是正确的观念和坚定的信念,并从流行的偏见中解放出来。这一切无疑是使我们不至于在无序的干预中得到最坏的结果所首先必须做的。

政府是否参与经济干预并不是关键的问题,因为我们所要考虑的,不是对失业的供养是否必要的问题,而是采取何种形式提供这种供养才会对市场作用的发挥产生最少干预的问题。在笔者看来,保守地说,政府的干预行为的极限不足以超越道德。当然,道德问题是一个不容易框定的范畴,而且,政府的一些符合道义的行动往往带来可怕的灾难。例如,力图让这个世界不存在欺压与奴役行为(尽管笔者现在可以怀疑这种行为本身是否是一种新的奴役形式),显然,这是道义上该做的事,可是究竟这样做会有什么样的后果呢?这的确是一个棘手的问题。政府的道义行为究竟应该怎样去评判与选择呢?利用一种平衡的力量使这种行为不至于造成另一种不道德的结果,无疑是有效的方式。法律与原则是防止相互矛盾的目标之间产生抵触的手段。人们必须服从法律,是因为没有任何单个个人的意志有资格对某件事作最后的评判。需要特别指出的是,法律是多个目标矛盾的产物,而非单一意志与固定目标的结果。

更应该引起我们关注的干预行为,实际上是超越道德目的之外的某一个体或某一社会集团以及某一阶级的特殊利益。这些特殊的利益是以一种不遵循游戏规则的、可以看到出牌双方的底牌的特权的方式来获取的。这显然应该能够引起人们足够的警觉。而之所以会产生这样的机会,并不是人们的道德败坏,而是因为存在理性人的假设。这种行为应该被认为是在一种特定制度的安排下的理性行为。

哈耶克推崇以个人主义为基础的市场经济。在他看来,人们对市场秩序的原理知之甚少,将"合作胜于竞争"当作普遍被接受的观点就是明显的标志。他认为,在扩展秩序的自由市场经济中各种努力的相互协调所依靠的,正是对未知世界的适应能力。竞争是一个发现的过程,是一种自然的进化过程,人类不知不觉地对新情况作出反应,通过进一步的竞争提高了经济的效率,并逐渐形成了市场规则。因此,扩展秩序的形成不是某个主体自觉设计的结果,更不能靠外部力量去推动。

哈耶克认为,以个人自由为基础的私人企业制度和自由市场制度是迄今为止所能选择的最好制度,这种制度存在的基础在于完全的个人自由的存在。首先,个人自由是自由主义的基本出发点。哈耶克认为,一个社会是由众多单个自由人构成的,社会财富的增进源于自由人的活动,只有个人能够自由地选择实现其目的的手段,社会的发明和创造才能得到保证。因此,个人应该掌握自己的命运,国家或他人不应该去干预。当然,自由不是无限度的,它必须受到法律原则的制约和保证。而同时,只有在自由主义时代,法治才被有意识地加以发展,并且作为自由主义时代最伟大的成就之一。它不仅是自由的保障,而且也是自由在法律上的体现。如果一个人不需要服从任何人,只需要服从法律,那么,他就是自由的。因此,国家的一切行动都必须体现自由精神和法律的约束。其次,经济自由是高效配置资源的有效保证。哈耶克认为,在自由之中,经济自由是最重要的,经济自由必须是我们经济活动的自由,是其他自由的前提。而私有制是自由的最重要的保障,只是由于生产资料掌握在许多个独立行动的人的手里,才无人有控制我们的全权,我们才能够以个人的身份来决定我们要做的事情。他认为,私有制的优越性不仅在于任何人都有选择职业的自由,而且还能保证政治自由的实现。在哈耶克看来,经济自由只能通过竞争的市场才能实现。因为市场机制在满足人类欲望和分配生产资源到各种不同用途上是起着很好的作用的。这一切都是由于"经济人"的特性决定的。

弗里德曼的自由理论

穆勒顿·弗里德曼于1912年出生在美国纽约。1937年,他在设立于纽约的国家经济研究局工作。有一个时期专门从事自由职业人员收入结构研究。根据这项研究成果,他和另一位诺贝尔经济学奖获得者西蒙·库兹涅茨合作撰写了《来自自由职业活动的收入》一书。但是,由于他们得出的结论认为医生具有垄断势力,医生的收入高于竞争性水平,从而引起了激烈争议,使该书的出版推迟了大约5年。这本书包括弗里德曼在人力资本理论和收入分配理论方面所做的开创性工作成果。他第一次指出"永久性"收入和"暂时性"收入之间存在重要区别。1940年,弗里德曼在哥伦比亚大学获博士学位,1946年起任芝加哥大学经济学教授。他是政治经济学中货币主义学派的领袖,曾当选为美国经济学会会长,做过共和党要人尼克松和戈德华特的私人经济顾问,并于1976年获诺贝尔经济学奖。弗里德曼于1977年退休,现担任斯坦福大学胡佛研究所的高级研究员。他和哈耶克一样，也是在经济学和政治理论两方面均取得卓越成就的学者。

弗里德曼对个人自由的日益削弱感到非常担忧，这促使他和他的妻子罗斯于1980年合作出版了《自由选择》。该书的出版立即引起了普通民众的关注，从而成为1980年美国非小说类畅销书。同年，它被翻译成多种外国语言版本。弗里德曼的重要著作还有《消费函数理论》(1957)、《资本主义与自由》(与夫人罗斯合著，1962)、《1867－1960年的美国货币史》(与希沃茨女士合著，1963)等。其中《资本主义与自由》为其阐述政治观点的代表作。

弗里德曼认为，私有企业和政治自由是自由社会的两根支柱。在他看来，在维持一个自由社会的过程中，言论自由和经济自由同样重要。在思想市场上，作为自由交易的一种特例，言论自由使观点不同的参与者相互受益。自由交易推动了现代科学知识、不成文法的结构以及语言的发展，其中的每一项都是人们在寻求共同价值的过程中自愿合作的结果。弗里德曼继承了19世纪古典自由主义者的思想，把个人自由看作社会生活的基本目标。

弗里德曼认为，对自由最大的威胁是权力的集中。为了保护我们的自由，政府是必要的；通过政府这一工具我们可以行使我们的自由；然而，由于权力集中在当权者的手中，它也是自由的威胁。因此要保护自由，首先政府的职责范围必须有限度，例如保卫国家和个人安全，保护法律和秩序，保证私人契约的履行，扶植竞争市场等。其次，政府的权力必须分散，包括中央和地方的分权，这样人们在受政府侵犯时就有躲避和回旋的余地。

弗里德曼自由理论的主要内容，是分析经济自由和政府自由的含义及其相互关系。按照他的理解，经济自由是自由的一个极其重要的、甚或最重要的组成部分，因而其本身就是社会生活的目的。在现代工业社会，提供经济自由的经济组织是竞争性的资本主义。它将经济权力和政治权力分开，使一种权力抵消另一种权力，从而又促进政治自由。人类的历史表明，政治自由总是随着自由市场的成长而出现，黄金时代的希腊、共和时期的罗马和近代欧美就是突出的例证。弗里德曼注意到，历史同样表明资本主义仅仅是政治自由的必要条件，而非充分条件。在法西斯意大利和西班牙，私有企业是经济结构的主要形式，然而它们均称不上政治自由的社会。不过他又提醒人们，即使在这些国家，普通公民的自由也较经济和政治极权结为一体的苏联或纳粹德国为多。甚至在沙皇时代的俄国,某些公民有时可以不经当局批准而改换工作,因为资本主义私有制对国家集权毕竟形成一定的限制。

弗里德曼以资本主义市场竞争为模型,从实践角度详细论证经济自由的价值。在他看来,在这种经济形式中,每一个家庭利用它控制的资源来生产物品与劳务用于和其他家庭生产的物品和劳务相交换,并按照双方相互能接受的条件来进行。他承认现代市场有不同于简单交换经济的一些新特点,诸如大企业的势力、巨额资金的使用等,但坚持市场的一贯性质丝毫未变。合作完全是个人的和自愿的,其前提条件为:(1)企业是私有的,从而,签订合同的双方最终还是个人;(2)个人确有自由来参与或不参与任何具体的交换,从而每件交易都完全是自愿的。

弗里德曼相信,市场把政府活动的必要性降至最低限度,而把个人的余地扩展到最高限度。它的巨大优越性是它允许存在广泛的多样性。以政治术语来说,它是一种比例代表制的体制。好像是每个人能对他所需要的领带颜色进行投票并且得到这种领带,而并不需要观察大多数人所需要的领带颜色。同时,经济权力能够广为分散,因为并没有一个守恒规律来规定,新的经济力量中心的增长必须以牺牲现有的中心作为代价。另一方面,政治力量的分散则较为困难……假使经济力量保持在和政治力量分开的人的手中,那么,它可以用作政治力量的牵制物和抗衡物。

弗里德曼将政府的角色理解为游戏的裁判,其基本任务是:提供修改规则的手段,调解人们在规则意义上的分歧,并迫使少数对游戏不满的人就范。如若政府超越职责范围而变成包办一切的家长,则势必违反经济规律,破坏自由。在他看来,现代欧美各国的政府干预与其说解决了危机,还不如说加剧了危机,因为它给社会增添了不必要的负担,阻碍了经济的正常增长。例如对货币的控制和管理曾制造出许多问题,美国政府建立的联邦储备系统就对美国货币供应和物价的不稳定负有责任,而从内战到第一次世界大战期间的情况反而更好些。他甚至认为,1929 年大萧条就是由这些政府机构减少供币量三分之一的措施直接引发的。

弗里德曼像哈耶克一样猛烈抨击福利国家的理论和实践,鼓吹市场竞争的优越性及其对政治自由的保障作用,与哈耶克的区别在于他的理论色彩比较浓重。在弗里德曼批判福利国家的理论活动中,这个运动的精神领袖凯恩斯经常是他攻击的直接目标。弗里德曼强烈批评凯因斯把富人的过多储蓄看作萧条根源的见解,他认为储蓄作为国民收入的一部分，当随整个社会渐富而增长。譬如电影明星和证券经纪人，其收入似乎很高，其实极不固定，因而他们在收入高时便大批存款，以备收入下降时有所依凭。人们收入愈高、储蓄愈多的倾向就是出于这个缘故，这并非坏事。除此之外，弗里德曼还指责凯恩斯主义的充分就业原则导致通货膨胀。他相信存在一种“自然失业律”，如果无视这一规律而力求消灭失业，则势必扩大政府开支，从而为物价上涨准备了条件。

弗里德曼的著述大量涉及政府的各项具体政策，诸如教育、福利、济贫、就业、财政等等。在这方面，他的成就远远超过哈耶克。20 世纪 80 年代欧美各国保守派政府的政策，尤其是经济政策，都与弗里德曼的名字分不开。他的主要缺陷则与哈耶克恰恰相反，在于哲理性较差，理论分析中漏洞甚多。例如他对大企业的私人垄断势力的轻描淡写受到不少西方理论家的责难。他们指出，这些大公司对市场机制的态度纯粹是实用主义的，有利时支持竞争，不利时便压制或阻挠竞争以保护自己的既得利益。另外，他关于自由竞争保护少数民族的论点就更站不住脚。众所周知，50 年代以来美国黑人境遇的改善主要归因于长期民权运动的奋斗迫使国会通过民权法案并由政府强制实施，而不像弗里德曼美化的那样完全是市场作用的结果。

我们必须看到，新自由主义思潮产生于经济发达的资本主义国家，它的一些政策主张的确为资本主义国家的经济增长与发展起到了重要的促进作用。这一方面是由于资本主义国家由于生产力发展水平高，各经济系统的成熟性好，另一方面也反映了经济发展中的客观规律。因此，要善于吸收和借鉴新自由主义中的科学和合理的成分。

四　反自由主义思潮

对各种自由主义思潮的反对，并不是 20 世纪晚期一种短暂的时尚，而是西方政治和文化思想史上反复出现的运动。

中译本《德性之后》的作者麦金太尔认为，自由主义者们通常以为，“世界什么都不是，只是一个个人意志汇聚的场所”。他提请人们注意这样一个事实，以驳斥自由主义的个人主义，即“我是作为某个特定家庭、特定家族、特定部族、特定部落、特定城市、特定民族、特定王国的一员面对世界的,没有脱离这些的'我'"。[1] 自由主义思想本性中存在着一种有害的无知。自由主义者把社会化的世界看作赤裸裸的利己主义讨价还价的舞台,全然不知道世界上存在着"先于和独立于个人利益之和"的共同利益。自由主义的文化要求把权威的概念本身宣布为非法,而不管社会的精神规则是否会导致崩溃。

许多反自由主义思想家批判自由主义的原子论个人主义、对有机性的忽视、对团体的漠不关心、对个人属于更大的整体的否认以及道德怀疑主义甚至是道德虚无主义。在谈到自由主义的"宽容"时,反自由主义者认为,自由主义者将"宽容"置于"投降"的地步。

过于强烈的自由主义是一种反社会的大型运动,它反对所有与人类相关的、有道德的、有意义的形式。

反自由主义者认为,自由主义社会的明显缺点,直接来自自由主义原则的不足。自由主义社会有缺陷是因为它们是按照自由主义理念组织起来的。然而,为了有效地批判自由主义,必须严格区分两种批评对象:自由主义理论和自由主义社会。这种区分至关重要。因为,自由主义是一种没有实现过的渴望,自由主义理想仅仅是不完美地体现于现存自由主义的社会中。同时批评理念和现实,这在根本上是混乱的。只有在按照它们各自的术语先后批判的时候,才是对自由主义理论和自由主义社会最好的批判。

反自由主义认为,自由主义者所提倡的个人主义、人文主义、放纵主义、物质至上主义和怀疑主义,将使人类面临危险和可怕的力量。自由主义者的思想和态度是现代世界文化衰败和道德瓦解的主要征兆。

如何理解反自由主义呢?反自由主义既是一种对社会的感受,也是一种值得注意的思想观点。我们必须认真思考他们提出的警示。

思考题

1. 试概述自由主义政治学和经济学的基本价值观。
2. 试比较分析传统自由主义和新自由主义的异同点。
3. 试论格林的自由主义政治学的思维特点。
4. 哈耶克是如何将自由主义与市场经济联系起来的?

[1] 霍尔姆斯:《反自由主义剖析》,中国社会科学出版社 2002 年版,第 4 页。

相关阐释

自由主义是这样一种观念：只有透过从“现状”（现实的条件、现在的状态、传统的规则或道德、长久以来所接受的意识形态……）中解放出来，人们才有办法获得发展，才能使我们的生命更加丰富与完善，亦即使生活得到幸福。自由主义者相信，生存并非生命的唯一目标。享受生命，使生命更有意义、“创造”新的生命……这些才是人类生命的真实目的。因此，在经过文艺复兴和宗教改革之后，自由主义遂随着自由之需求而出现。

另外一种新自由主义的形式反对康德的路线，那就是自然主义。它号称取代了上帝的权力，也因此变成了另外一种新的决定论。自然主义的追随者争取一种绝对的自由，就像在自然状态中所看到的。部分女性主义运动和性解放者都属于自然主义，因为他们反对任何社会规范。

摘自沈清松主编：《哲学概论》，贵州人民出版社 2004 年版，第 241、244 页

现代历史的本质就在于将人的本质设定为“自由”，自由通过它固有的多重形式实践着它对历史和人性的根本要求。……现代之开端的本质性就在于将自由设定为人的本质。德性的基础、善的根据、恶的起源乃至正义的本质，都在这种自由的本质设定中获得哲学人类学的解答。

……现代历史的本质就蕴涵在关于人的自由本质的人道主义设定之中，将人从桎梏中解放出来，实现个人或者共同体的自由，是现代一系列历史运动的主旨和目的。当历史仿佛穷尽了它的几乎所有实现形式时，这种旨在实现人作为主体（阶级、民族、国家、文明等诸多人类共同体）的自由和解放的历史运动似乎开始丧失它的内在动力，历史好像进入了它的终结和完成进程，“历史终结论”话语便成为世纪末思想的明证。

尚塔尔·墨菲：《民主的伦理学》，转摘自《社会科学报》，2004 年 8 月 5 日第 7 版

资本主义的意识形态具有多面性，自由主义是其一个侧面，经济主义则是其另一个侧面。……经济主义意识形态在资本主义社会中的作用便相当于基督教神学在西方中世纪的作用，它为生活在现代资本主义社会的人们提供人生意义，并提供激励千百万人发财致富的心理动因。

摘自卢风：《启蒙之后》，湖南大学出版社 2003 年版，第 309－310 页

“自由”这个概念本身是歧义百出的，但是，一般而言，现代自由主义对于何为“自由”却有一个比较明确的限定，强调其所指的是“政治自由”，也就是人们在政治和社会层面上的自由。而在这个意义下的消极自由，如石元康所说的：“消极自由的所要回答的问题是：‘我的行动究竟有多少是受到限制的？我不受限制的活动空间有多大？’这是一个事实的问题，也就是说对它的答案，乃是实际上我究竟受到多少束缚，相应于这个事实的问题，政治理论必须问一个规范性的问题：‘我的行动究竟应该受到些什么限制？我不受限制的活动空间究竟应该有多大？’不同的政治理论对这个问题会提出不同的答案，并且提出不同的理由。自由主义者如穆勒、伯林等人都赞成，人应该享有最高限度的自由，也就是说，应该把束缚的程度尽可能地减低，但必须满足两个条件。第一，别人也能够享有同等的自由；第二，一个人的行为不能伤害到别人。”

……

社群主义者对自由主义的一个著名批语是，自由主义理论主宰下的社会导致了一种原子式的个人主义，由此瓦解了社会，也就是说，这样的社会实际上是不存在的。

摘自达巍等：《消极自由有什么错》，文化艺术出版社 2001 年版，第 3－5 页

相关文献

1. 段忠桥主编：《当代国外社会思潮》，中国人民大学出版社 2001 年版。
2. 霍尔姆斯：《反自由主义剖析》，中国社会科学出版社 2002 年版。
3. 傅殷才：《新保守主义经济学》，中国经济出版 1994 年版。
4. 亨利·勒帕日：《美国新自由主义经济学》，北京大学出版社 1985 年版。
5. 哈耶克：《哈耶克文集》，首都经济贸易大学出版社 2001 年版。
6. 哈耶克：《个人主义与经济秩序》，北京经济学院出版社 1989 年版。
7. 哈耶克：《经济、科学与政治》，江苏人民出版社 2000 年版。
8. 艾哈德：《来自竞争的繁荣》，商务印书馆 1983 年版。
9. 弗里德曼：《弗里德曼文集》，首都经济贸易大学出版社 2001 年版。
10. 弗里德曼：《自由选择》，商务印书馆 1982 年版。
11. 弗里德曼：《资本主义与自由》，商务印书馆 1986 年版。
12. 布坎南：《自由、市场和国家》，北京经济学院出版社 1988 年版。
13. 诺思：《经济史中的结构与变迁》，上海三联书店 1994 年版。

第十章

当代保守主义

保守主义政治思想是本世纪西方最主要的政治思潮之一。长期以来,保守主义是作为自由主义的对立面或制约力量而存在和发展的。人们研究所关注的是由各种社会力量所导致的自由主义和保守主义这样两种世界观和思想方式之间的对立。在西方,"保守主义"(Conservatism)一词是没有明确的含义的。自由主义有一套比较系统的理论,而保守主义则很少有自己的系统的见解,它往往是对自由主义观点提出的一系列批评。正是这些批评构成了具有大致统一的保守主义世界观和思维倾向。保守主义不是精心构造出来的意识形态,而是一种自发的处世态度和风格。保守的态度来自于对确定性的评价——未知的乃是不确定的。从保存能量与维持现状的原则来推演,富人,当权者,处在称心、幸福、自足状态下的人们,都会倾向于保守主义。保守主义的本质是充分肯定传统的价值,审慎地对待变革或变化。同时,要将保守主义和传统主义区分开来。尊重历史和传统的传统主义是一种普遍的人类属性,而保守主义则是指一种特殊的历史和现代现象。

一　当代保守主义概况

保守主义作为注重传统的一种价值观和思维方式,在西方社会渊源深远。古希腊的柏拉图、中世纪的阿奎那、文艺复兴时期的马基雅维利、近代的霍布斯等大思想家均有程度不等的保守主义色彩。但作为一种明确的政治态度、政治哲学和政治运动的保守主义,是在 18 世纪末法国大革命时期才形成的。那场以自由、平等、博爱为旗帜,以暴力和恐怖为手段的社会激变,对欧洲以至整个世界产生了巨大冲击,并引起各种政治力量的不同反应。保守主义就是这一反应的理论思考。英国政治学家埃德蒙·伯克对法国大革命的理论和实践作出深刻的思考,指出自由和法律秩序、伦理准则、个人尊严之间有不可割裂的内在联系,抽象的、孤立的自由只会蜕化为少数人的特权而终归毁灭。法国革命恰恰破坏了自由的条件,因此其结局必定是空前的混乱和新的专制。

人们对保守主义政治思想的内容与特点作过一些概括。英国保守主义政治哲学家休·塞西尔认为,作为一种政治哲学的保守主义有三个组成部分:天生的守旧思想;王党主义,即崇拜权威和宗教的原则;帝国主义,即热爱国家的伟大和热爱使其伟大的上下团结。美国政治学家伯恩斯认为,不管保守主义思想如何千变万化,它有以下一些共同的看法:人性的脆弱和罪恶;普通人缺乏应有的理智来解决自己的问题;大多数积极的社会行动形式无益甚至有害;民主制度不可能,因此需要有强有力的行政首脑;需要把宗教作为社会戒条的源泉和作为促进基本一致的制裁力量。个人主义以及思想与制度上的自由试验会导致法西斯主义。也有政治学学者把保守主义分为四种:一是性格保守主义,它是指人对生活、工作和娱乐中发生的重大变化所持的本能的反对态度;二是占有的保守主义,它是指人们要保护自己已有的地位、名誉、权力、财产等利益,使它们免受社会变革的损害;三是实践的保守主义,它是指人们不仅要维护个人的利益,同时也要维护政治、经济、法律、宗教、社会及文化等传统,使之免受社会改革的冲击;四是哲学保守主义,它不是简单地凭习惯好恶而是从思想理论上为现存社会制度寻找依据。

首先奠定保守主义政治思想基础的是英国政论家和议会活动家埃德蒙·伯克,他是举世公认的保守主义的开山祖师。几乎所有的现代保守主义者都称自己是伯克思想的继承者。伯克于 1729 年出生在爱尔兰都柏林一个律师之家,1744 年进入都柏林三一学院,1774 年当选为辉格党国会议员。主要政治著作是 1790 年问世的《法国革命感言》,它被公认为保守主义诞生的标志。不过,伯克本人从未使用过保守主义一词。保守主义来源于法文“Conservateur”,是波旁王朝复辟时期的法国保守派创造的。这个术语迅速为其他反对法国革命的政治集团所采纳,美国共和派从 1830 年开始自命为“保守分子”,英国托利党也于同年得到“保守党”的称号。

可以说,伯克的思想是对法国革命反省的结果,因而他的每一个论点都可以看作对法国革命理论的反思。这里试举几例:(1)法国革命思想家全盘否定传统,认为传统是历史进步的绊脚石。而伯克认为,每一个具体政治事件都不过是巨大的历史计划中的一瞬间。现在的一切都有一个漫长的过去作为源头。现在人们的首要任务是继承前人的遗产，并妥善地把它交给后人。(2)革命思想家主张人人拥有天赋人权，以“自由、平等、博爱”为思想旗帜。伯克则认为，并非每一个公民都应当参与政治，政治是执政者的事，平民无权过问。政治权力世袭对社会最好。在世袭制度下，统治阶级的人生来便以执政为己任，久经历练，老成稳妥。如果政权不断易手，新执政的阶级很可能对政府的权能产生幻想。一旦他们被这种幻想冲昏头脑，就会贸然将不切实际的抽象观念付诸实践，妄图凭空创造一个全新的社会。其结果必定在历史和传统面前碰得头破血流，给民众带来灾难。伯克未建立自己的理论体系，然而阐发了保守主义的一些基本信念，诸如上帝缔造的、以身份和财产不平等为标志的“自然秩序”；“时效”所产生的权益；由无数世代共同创造、体现社会共同利益的“民族”概念；容忍渐进的和保存优秀传统的改良、反对蓄意破坏现存制度和社会秩序的激变的态度等等。

自伯克之后，保守主义在19世纪发展为三个不同学派。一派是法国的正统主义，也称拉丁派，属于保守主义的极右翼。另一派是德国的浪漫主义，这个称号缘于赞美情感、贬低理智的精神倾向。它后来成为法西斯主义的理论来源之一。还有一派是英国的温和派。这一派的价值观有强烈的贵族主义色彩，但不像前两派那样绝对化，而比较灵活、实际。他们属于资本主义社会的保守派，主要旗帜为个人自由、法治和议会政体，主张以妥协手段调解社会冲突。他们厌恶近代工业文明和资本主义民主，却又避免直接对抗，并能采取主动行动竭力将其纳入自己的轨道，防止其走向极端。这三个学派之间的界限不是绝对的，它们反对革命、抵制民主改革的基本立场接近一致。每一派在其他国度亦有代表人物，而不少思想家兼备两派、甚至三派特征。各派之间之所以存在显著差别，一是由于各国的社会传统不同，例如法国的政治斗争一向十分激烈，左右两翼没有妥协余地；二是由于各国发展程度不同，19世纪上半期法国的社会进程落后于英国一个世纪以上，而当时的德国甚至尚未形成统一的民族国家。

传统保守主义与现代保守主义存在着许多明显的差别。现代保守主义批评社会生活的过度自由化带来的一系列社会问题，诸如吸毒、同性恋、犯罪、艾滋病等，抨击凯恩斯的福利经济学和现代多元民主政治，认为它们应对社会危机负有直接责任。现代保守主义思潮既是对福利国家的挑战，也是对保守主义中间道路的反省。但现代保守主义已经不是传统或古典的保守主义，而是吸收部分自由主义成分的保守主义，即自由保守主义。这个时期的另一令人瞩目的现象，是具有深厚自由主义传统的美国取代英国而成为西方保守主义的中心。

与传统的保守主义一样，现代保守主义也不是一个逻辑严密的理论体系，而是对当代政治的理论反应。现代保守主义是复兴传统的理论解释新时期社会现象的产物。它的基本特征主要是：

1. 维护现存秩序，强调社会稳定

保守主义有着一种独特的要求保持连续性的思想设计。现代保守主义特别强调要尊重历史和惯例。它之所以强调历史和惯例的重要性，目的就在于反对变革。现代保守主义认为，政府的政策主要是维护社会秩序，过分地强调个人自由，会破坏社会秩序并反过来损害自由本身。它主要反映的是一种守旧拒新的社会心理。它认为，没有稳定和秩序，就没有个人自由或文明。稳定和秩序必须保持在尊重权威的基础上。必须保护基于宗教、出身、爱国主义之上的传统权威。不要一切权威的个人自由，就会导致无政府主义的泛滥。

2. 重视经验，贬低理智

保守主义的思想方式是重视经验，其特点主要在于它通过实用的方式对直接事物和具体事物的坚持。自由主义者崇尚理性，对未来充满憧憬和信心。它认为，人类通过扩展知识，完善理性，就会迅速地向前发展。保守主义宁可相信经验，对一切抱着怀疑的态度，悲观地看待世界和未来。它反对激进的变革，认为社会没有其自身的发展规律，社会始终是自然演进的过程。这种经验主义倾向使保守主义一味贬低理论的作用，因而自身也从未形成严整统一的学说体系。在哲学上，它深受基督教原罪教义的影响，确认人类的本性和理智有难以救药的缺陷，社会弊病只可减轻而无法根除。因此保守主义总是怀疑政治活动的功能，反对彻底履行社会的任何企图，特别是未经检验的乌托邦理想。节制政治的观念，是它区别于其他政治思潮的分水岭。自由主义虽然也提倡节制政治，其出发点和目标却不同，它所鼓吹的人权、进步、理性等抽象概念都是保守主义不能接受的。

3. 主张精英政治和机会平等的统一，反对"分配均等化"

现代自由主义提倡"最大多数人的最大幸福"，"使资本主义的分配均等化"。现代保守主义反对普遍流行的平等观念。它对人性抱着悲观的看法，蔑视群众。它认为，人是一种本能、情感和理智相结合的动物，人的行为更多的是由偏见、经验和习惯指挥，而不是由理智、抽象概念和逻辑思维支配的。保守主义认为，人在才能、爱好、智慧、品德上的差异是自然造成的。人区分为阶级、等级、集团、领导者与被领导者、贫困者和富有者是不可避免的。一个良好的社会应建立在这种不平等的基础之上。人们根据各自的水平选择在社会中相应的地位，同时机会平等的原则又能使人们可以最大限度地发挥自己的才能，从而在自由升降的社会中，改善自己的处境。社会政策的目标应该是"公正"和"正义"，而不是一味地讲"平等"。保守主义主张精英政治，坚持贤人治国原则，宣扬领导权必须交给素质优异的杰出人物，而不是那些善于蛊惑人心的群众领袖。统治权应该是永久性的，不能受频繁的选举活动的干扰和破坏，以确保政治的连续和稳定。保守主义怀疑人性的可完善性和人类理性能力。

保守主义认为人性本恶，无法改造得完美，人也无法凭理性认识真理。它从对人性的怀疑推出两条结论：第一，既然人性本恶，那么社会就必须用各种制度抑制人作恶的欲望，否则，社会就会瓦解，人与人就会生活在每个人对每个人的战争之中。第二，既然人类不可能靠自己的力量克服罪恶，当然也就不可能建立一个完善的制度，不可能通过改变制度建立完美的社会。因此，保守主义怀疑任何社会理想主义，认为建设乌托邦的狂妄举动必将破坏自然的社会秩序。同时，传统的制度能长期存在，说明它有效地制约了人类恶的天性，在我们没有把握建立更有效的制度之前，没有理由改变它们。制度的不完美不足以成为改变制度的理由，因为人性之恶决定了制度的不可完善性。

保守主义和自由主义相互竞争、相互牵制，形成从不同侧面撑持资本主义的两大支柱。正如一位当代美国学者所说，保守主义好比一座大坝，防止自由主义泛滥成灾，即过度激进的改革热情和过度的自由化、民主化破坏必要的社会稳定。但是同时，保守主义又是一种缺乏创造力的惰性因素，所以它难免周期性地被时代潮流抛在后面。

讲了许多保守主义的理论，最后要说明该理论与其他一些理论的基本的区别：(1)保守主义并不等于反动，也不是消极无为。它反对的是在社会领域频繁地轻举妄动。在所谓彻底的变革面前，它宁可相信改良，相信通过谨慎的努力可以把社会改造得更好。(2)保守主义不等于右倾。左派右派之说在不同的社会中乃至在同一社会的不同时期中具有不同的含义。在不同国家或在同一国家的不同时期，右派可以指自由主义、保守主义、保皇党、权威主义甚至法西斯主义等。(3)保守主义不是复古主义。

保守主义注重传统,但并不因此主张复古。保守主义是“厚古”的,主要是出于对传统的历史根源的尊重。但它注重的是活的传统,而不是过去的一切。复古主义是要使历史的车轮倒转,让已经死亡的东西复生。这两者之间的区别是重要的,但有时候并不那么明显。

二　精英派政治思想

精英派,亦即贵族政治派,是盛行于20世纪上半期的一个保守主义学派。领袖人才的作用及其与社会的关系历来为西方政治思想家所关注。柏拉图、马基雅维利、拉斯韦尔、曼海曼等人对此都作过重要论述。现代保守主义精英学说的主要特点在于对西方民主政治的剖析和批评,以及对现代工业社会里少数人统治多数人的必然性和正当性的论证。它在本质上同早期保守主义的贤人治国论一脉相承,但是在内容上有很大差别。自19世纪后期以来,欧洲社会发生了巨大变化,传统的土地贵族在工业革命和民主运动的冲击下已经无可挽回地没落,因此现代保守派不得不寄希望于其他社会阶层,力促他们站出来挽时代狂澜于既倒。

莫斯卡的阶级理论

加埃塔·莫斯卡出身于意大利西西里的一个贵族之家。在巴勒莫大学受教育,后来相继在巴勒莫、罗马和都灵大学教授宪法学。他从1908年起任众议院保守党议员,1914－1916年任殖民部次官,1919年被任命为参议院终身议员。莫斯卡对法西斯政权持批评态度,但没有亡命出走,而是与之共处直至1941年去世。他的主要著作有《关于政府和议会的理论》(1894)、《政治学概要》(1896)、《统治阶级》(1896)等。

在精英学派思想家的行列里,莫斯卡并不是最年长者。然而其著作《统治阶级》问世最早,并对其他人有重要影响,因此他应被视为这一派的第一位代表人物。莫斯卡对精英学说的重大贡献,是在政治分析、尤其是现代民主制度的分析中对“统治阶级”和“政治阶级”两个范畴的解释、区分和应用。他所指的统治阶级的内容比较单一,仅指领导社会的政治集团。政治阶级却宽泛得多,不仅指在政府任职的人和对他们有直接影响的人,而且包括反对集团和革命运动的领导者。这看起来似乎是一个复杂并含有冲突内容的范畴,其实不过是统治阶级的扩大。因为从某种意义上说，反对党和革命党也是潜在的统治者，他认为任何社会都有一个统治阶级和另一个被统治的阶级。第一个阶级人数较少，但是履行所有政治职能、垄断各种权力并享受由此而来的利益；第二个阶级接受第一个阶级的指挥和控制，其方式或多或少是合法的，同时又或多或少是专断而暴力的。

统治阶级和政治阶级的定义是莫斯卡解释国家特征和目的的基础。当时的西方政治学界风行以法律和行政术语对国家进行描述，他对这种方法不表异议，但强调实际上国家只是由有组织的统治阶级为达到统治目的而建立的。"国家正是所有重要政治势力的组织"，"是社会中适合履行政治职能并有参与国事的能力和意志的各种部分的总和。"莫斯卡承袭伯克的论点，坚持认为统治阶级是社会生活不可缺少的组成部分，他们促进风纪，组织生产和分配，并且保护社会免遭外来侵犯。他不否认统治者可能追求自己的特权和私利胜过关心公益，因而成为可憎的剥削者。但他争辩这不是不可扭转的现象，腐化的统治者会丧失被统治者的尊敬而终为政治阶级中的新兴集团所取代。在他看来，包括当权和潜在统治者在内的政治阶级的素质，乃是社会政治健康之关键所在。

为了充分说明统治阶级的价值，莫斯卡借助于一个新概念"政治公理"。其含义近乎意识形态，指得到广泛接受和长期坚持的观念、信仰和学说。它们未必符合真理，可能只是貌似有理而为人民所相信的神话，或者说是权力的"道德和法律依据"。但是即使如此，也不应简单地视之为统治阶级的工具和骗局。在他看来，观念在相当程度上是独立于政府权力的，政治公理同那些伟大的宗教一样，它们之所以能够流行，就因为满足了人们的道德需要。此外，政治公理还是政治、社会、文化统一的必要聚合力。

这种观点显然不同于现代西方民主的普通公民治国思想。莫斯卡站在保守派立场上，对民主政治的发展深感忧虑，并作了深入的探讨和批判。按照他的理解，议会民主在17世纪和19世纪是资产阶级取代专制君主的产物，在19世纪是受排斥的各社会集团的压力的反映，而现代官僚国家不外是代议制和普选权的结合。他认为在这个历史演进的过程中，自由战胜了专制，民主战胜了贵族政治，然而令人遗憾的是走得太远了。

莫斯卡列举了民主政治在实践中表现出的一系列弊端：首先，民主社会的多数人并不能真正像其意识形态所标榜的那样选择政府，事实上只是有组织的少数人在自我挑选。其危险在于,政治阶级中新兴的鄙俗力量总是想方设法迎合民众,却又不像加富尔、俾斯麦等政治家那样能够理解并满足人民的需求。而由于精通民主政治的权术,这些人往往是成功的。其次,这种一意顺从民众物质要求的政治将导致官僚机构在规模和权力两方面的膨胀,因为其职能就是提供公共服务,结果则是分权制度的名存而实亡。而且巨大的官僚机构将吸收独立的、受过教育的中产阶级——唯一可以平衡政府权力并为政治阶级提供社会基础的社会势力。第三,现代民主孕育财阀政治,因为议会和普选制使富豪得以间接地统治社会。其典型事例莫过于美国,由于没有世袭贵族为牵制力量,那里的财阀政治已经生根立足。第四,群众性政党的恶性成长令人担忧。政党政治意味着私利的争斗,故机会主义者、冒险家和暴发户得以渔利,成为社会的主宰。第五,工业社会所依赖的专业化使各职业集团利用一技之长要挟整个社会。第六,宗教和伦理约束的削弱激发了民族、阶级和个人仇恨,进而危及社会的统一和稳定。

莫斯卡提出了一些具体对策,诸如法律保护、对社会负责的统治阶级和政治阶级、国家大事的公开辩论等等。更重要的是限制政府的权力,他的意思是不仅要实行宪法所规定的分权制,而且要在社会中保留一些不受政府干涉的领域,例如独立的团体(教会、大学、慈善机构等)、个人和中产阶级。简而言之,即对整个政治权力进行限制。显而易见,莫斯卡虽然批评现代西方民主,但他并不主张封建专制复辟,只是力图限制民主,以防它走向极端,吞没传统的个人自由。

帕雷托的精英理论

维尔弗雷多·帕雷托是莫斯卡的理论伙伴和发挥者。1848 年出生于巴黎,父亲是流亡的意大利贵族,母亲是法国人。他在都灵大学攻读数学和物理学,1869 年毕业后成为铁路工程师,1893 年任洛桑大学政治经济学教授,1923 年病逝。帕雷托一生的主要精力用于经济学、社会学和政治学,他以数学研究经济的方法赢得了国际声誉,又因系统发展了精英理论而被推崇为现代政治科学和社会学的奠基人之一。著有《政治经济学教材》(1906 年)、《社会学通论》(1916)、《精神与社会》(1917)等名作。

帕雷托的思想有许多自相矛盾的成分。他一方面坚持将科学实证方法运用于人类社会,强调服从事实,重视归纳推理;另一方面在理论分析中又表现出浓厚的感情色彩。他维护经济放任和学术自由,同时又提倡权力政治和马基雅维利式的权术，蔑视民主意识和伦理准则，憎恶议会民主制度。帕雷托的某些极右观点对法西斯主义有重大影响，他本人亦因此被墨索里尼任命为意大利参议院议员。

帕雷托精英理论的依据是可以观察到的物质成就，而不像伯克、莫斯卡等人那样联系道德素质。他的出发点是把社会成员分为10个等级，其中最成功者列为第一等级，例如律师；最倒运者列为最末等级，例如妓女。他认为每一等级都有自己的精英人物，新老精英的交替循环是社会发展的必然规律。帕雷托的研究重点是政治精英，即组织和影响政府的人，他们可以分为两部分：由那些直接或间接地对政府发挥重要的人所组成的统治精英，以及由其他人组成的非统治精英。

帕雷托在精英分析中创造了“引申”、“剩余”、“逻辑行为”和“非逻辑行为”等概念。引申的含义接近现代政治术语中的意识形态或政治神话，指行动的种种辩词。它们多半是有意无意地掩盖真实动机的谎言，其中的推理自然不合逻辑，但总是采取合乎逻辑的形式。剩余指促发行动的心理活动，包括情绪、本能、嗜好、利益等。帕雷托将其分为6类。进而又归纳为两大类：(1)追求新奇观念、爱好操纵他人的狡诈投机倾向；(2)怀疑并抵制变化、忠实于本集团的观念习俗的倾向。他借用马基雅维利的术语，称具有前一种倾向的人为狐狸，具有后一种倾向的人为狮子。狐狸是玩弄骗术的统治者，狮子则是诉诸实力和暴力的勇敢的领导者。

帕雷托对逻辑行为和非逻辑行为的区分与他对目的和手段的解释有密切联系。在他看来，目的无所谓合不合逻辑，除非它们服务于其他目的。手段是否合乎逻辑则取决于是否符合目的的需要，而效果如何无足轻重。比如追求自身利益的经济活动就合乎逻辑，科学研究更是逻辑行动的典范。与此相反，凡不能前后一贯地寻求清楚而现实的目标的行动均不合逻辑，例如出于宗教情感的、无知和自发的活动等。

帕雷托认为，精英主宰社会是一种不可改变的规律，任何政府都使用暴力，尽管它们自称符合理性……无论有没有普选权，总是少数寡头统治社会，他们在形式上体现“民意”，实际上却没有几个人真想这么做。他预言，民主主义或社会主义社会仍将受精英控制，区别仅在于其方式是否科学即合乎逻辑，狐狸和狮子的成分各占多少而已。他相信严肃的政治科学不得不正视这个事实。为了真正了解精英政治在过去、现在和未来的各种表现形式和演变规律，就必须抛弃含糊不清的人道主义幻想和语汇。

帕雷托精英理论的一个重要内容是精英的平衡问题，这包括两个组成部分。首先,他引进经济学的供求平衡原理,提出精英的供给也应平衡其需求。若供不应求,社会下层的素质便会出现危险的上升,从而孕育不满、反抗乃至革命。因此他建议将高等教育限制在少数人范围内,专门提供给有机会步入精英集团的人。其次,帕雷托竭力论证狮子和狐狸两类精英之间的平衡,因为二者分别体现创新和稳定(或称保守)这两种不同的社会需要。但是他同时又认为,这种平衡在实践中是不易成功的。古代和中世纪社会属于狮子的天下,现代议会民主政治的情况则相反。帕雷托对后一种局面的成因作了这样的解释:现代政治强调赞同,实行定期普选,暴力自然不可能成为获取权力的主要途径。他进而指出,狮子退出政治舞台的后果是灾难性的。软弱的政治家对民众的压力常常作出不必要的让步,例如提高工资,事实上造成更糟而不是更好的经济活动条件,例如通货膨胀和固定收入的下降。而政治精英也趋于没落。帕雷托提出的对策十分明确,使精英的来源多样化,即狮狐之间的平衡和竞争。

由于这种非道德主义的实证倾向,以及敌视民主的立场,帕雷托被视为法西斯主义的先驱之一。不过也有许多人不同意这种评价,他们强调帕雷托始终维护言论和企业自由,甚至肯定罢工权并嘲讽帝国主义扩张。因此他们认为,帕雷托同莫斯卡一样,基本上是坚持传统自由的保守主义者。

沃格林的保守主义思想

埃利克·沃格林于1901年出生在德国。先后担任维也纳大学和路易斯安娜大学的教授。他的《秩序与历史》出版后,在学术界引起了不小的轰动。沃格林被称为现代世界精神领域的"哥伦布"。他的《新政治科学》出版于1952年,这部书也被视为战后右派知识分子中最重要的著作。

沃格林认为,现代西方世界的实质是"诺替斯主义"的兴起。"诺替斯"是古代威胁基督教的宗教异端的派别。沃格林在这里使用"诺替斯主义"一词是形容西方文明受到极权主义和社会主义的威胁。他说,现代西方文明的危机实际上就是意识危机。由于它不能理解人类自身的实质,结果导致现代人想入非非,幻想建立一个事实上是非人性的社会环境。

沃格林认为,任何一种真正的"政治科学",都必须建立在人性学说之上。他把自己的人性学说称为"哲学人类学"。在他看来,一种可靠的哲学人类学指出:(1)特定的社会的特征是其统治精英的精神的反映;(2)最好的社会将反映其制度秩序,反映最优秀人物的精神;(3)最优秀的人是用最高标准衡量自己的人;(4)正是因为他通过衡量所有人来衡量自己,因此,最优秀的人宣称,他是最好社会的衡量标准。他的这种人性学说,仍然是在提倡人性的不平等,鼓吹杰出人物统治论。

沃格林“政治科学”中第二个关键因素是典范社会的概念性表达。典范社会的模式不是致力于价值论者的空想,不是个人价值选择的规划。相反,它是立足于本体现实的,是一幅引导人们如何看社会的图画,判断社会是否以人类类型作标准,是否与存在的秩序协调。沃格林最有价值的贡献之一就是证明了建构乌托邦理论与科学政治理论毫不相干。他指出,乌托邦只是想“按照一种蓝图来组织人,而不是通过教育过程来组织人,以达到完美的社会梦想”。政治理论家不要详尽细微地描述典范社会的结构特征。他认为,典范模式是有价值的,它为人们提供了一个固定的标准。根据这个标准,人们能判断他们生活于其中的实际社会的缺陷。虽然他反对过分详细地描述健全社会的特征,但这并不意味着,不能描述出一些大概的轮廓。他曾经提出健全社会的两个标准:(1)它必须辽阔和昌盛,使理性生活成为可能;(2)它必须以这种方法来组织:理性生活成为社会的文化和政治事务的精神力量。健全社会不是一个僵硬而严格的概念,其结构是极其灵活的,对它的认识随着我们的经验知识的不同而不同。在此,他宣扬了精神生活的至高无上,但同时也为人们如何看待未来理想社会提供了一个极有价值的方法。

三　专家治国派政治思想

这是20世纪40年代兴起的一个保守主义学派,亦称“科学的保守派”。它的主要观点是“技术统治论”和“专家治国论”。这是一种主张科学技术在社会组织中起决定作用,社会应由技术专家和学者管理的学说。其思想渊源可以追溯到柏拉图的《理想国》、培根的《新大西岛》和孔德的社会治理方案。第二次世界大战后,随着美国经济的增长和技术方面的突飞猛进,美国统治阶级把“技术统治论”纳入官方的意识形态。一大批美国政府的智囊人物着力发挥这种理论,并用以解释美国的现实,为美国资本主义的发展及其政策提供论证。

贝尔的保守主义思想

美国哈佛大学教授、著名社会学家D·贝尔是当今最著名的新保守主义者之一。他最著名的著作是《后工业社会的来临》(1973)。其他主要著作有:《美国马克思主义的社会主义史》(1952),《意识形态的终结》(1960),《今日资本主义》(1971)等。

贝尔在《意识形态的终结》一书中提出了"非意识形态化"学说。这种理论是说西方资本主义国家已经结束了充满矛盾、阶级斗争和革命的时代,意识形态作为提出和解决社会问题的手段已经失去意义,而让位于"技术解决方法"。现在意识形态只对不发达国家社会具有意义。

贝尔认为,随着科学技术在现代社会中的作用越来越大,现代国家要得到很好的治理,就不得不依赖于科学家和技术人员。科技治国是以个人的技术能力而行使权力。但它不仅仅是一个技术问题,它还强调用逻辑的、实践的、解决问题的、有效的和有纪律的方法来处理客观事物。在古代,统治国家的是世袭贵族。后来,资产阶级强大了,他们以自己的财富争得了统治权。为了防止专制,资产阶级根据理性的原则创造了一个民主自由的政治体制——代议制政府。国家保证机会均等,能人统治。但是,随着现代社会的复杂化,这种民主制愈来愈显示出其缺陷来。在现代社会中,理论知识处于新的中心地位。理论超越经验而居于首位,把知识编纂成为各种抽象的符号系统而能应用于许多不同的和多变的情况。因此,现代社会即后工业社会的统治者将是掌握新的智力技术的科学家、数学家、经济学家和工程师。

贝尔指出,在后工业社会里,专门技术是取得权力的基础,教育是取得权力的方式。通过这种方式出现的人是科学家。但是,科学家不是"铁板一块",在实际的政治行动中,科学家可以在意识形态上出现分野。因此,科技治国不能忽视意识形态,即科学家的"精神气质"。任何社会制度最终都是由一种精神气质来加以说明的。这种精神气质就是铭记在信条中的价值观。如新教道德是资本主义的精神气质,社会主义思想是苏联的精神气质,而科学精神是后工业社会的精神气质。

贝尔在分析了后工业社会的阶级结构后,得出两个结论:"第一,正在兴起中的新社会里的主要阶级首先是一个以知识而不是以财产为基础的专业阶级;第二,社会的支配体系不在代代相继的职业阶级中,而是在政治秩序中。"①思想家、时事评论员、文学家、批评家和各种各样的学者是组成新阶级的大部分。文化、知识、才干是新阶级的资本。他预言，新的阶级将主宰后工业社会。只有新阶级才能维持资产阶级的传统民主制。因此，社会统治权应该落在杰出人物身上。

伯纳姆的管理革命理论

詹姆斯·伯纳姆于1905年出生在美国芝加哥，先后在普林斯顿和牛津大学受教育，1929－1953年在纽约大学教授哲学。他早年曾加入托洛茨基派，后来因相信苏联已经蜕变为帝国主义国家而与托洛茨基分道扬镳，并成为西方著名的反共分子。伯纳姆在1955年以后担任《国民评论》杂志的编者。他的主要著作有《管理革命》(1941)、《马基雅维利主义者》(1943)、《争夺世界的斗争》(1947)、《共产主义的末日》(1950)等。

伯纳姆通过对"管理革命"的分析对专家政治作了全面的探讨。他首先从历史发展的角度推定资本主义制度出现了严重的内部矛盾，正处在一个解体过程之中。其根据是，它已表现出社会衰亡的基本特征：大量失业及其反应——专制主义。在封建时代末期，农民和土地的分离与绝对王权的形成就是历史的先例。1929年大萧条之后的资本主义也进入了一个类似的阶段，有效的对策便是严酷的独裁，例如斯大林和希特勒在苏、德两国建立的政权。但是伯纳姆断言，资本主义虽然穷途末路，却绝不可能走向社会主义，因为后者并不具备前者当初的成长条件。资本主义是在封建社会内部发展起来的，最初的基地是中世纪的城市，后来君主为制服贵族，不得不联合、支持市民阶级。然而在资本主义社会内并不存在社会主义的母体，社会民主党已成为资产阶级政党，工会也被纳入统治阶级的轨道。但是他认为，资本主义的现存社会结构可以培植一个新的"管理(或经理)阶级"，因为恰恰处于最重要的经济和教育事业的中心位置。

伯纳姆对管理阶级的兴起作了详尽的描述。他指出这是一个与资本家迥然不同的新阶级，其中包括经理人员、人事管理家、工艺学家等。他们的产生主要归因于现代资本主义社会的管理权和所有权的分离。在西方国家的大公司里，所有者已不是某个人或某个家族，而是成千上万的股票持有者。他们关心股票的红利和股票价格的变化，然而由于不在现场，

① D·贝尔：《后工业社会的来临》，商务印书馆1984年版，第441页。

他们对企业的运转状况不甚了了。而由于现代经济的复杂性，具有高水平专业知识的高级管理专家便占据了不容争议的支配地位。从形式上看，他们是董事会选出来的，事实上却操有经营大权。但管理阶级又不是投资者，甚至不是企业家，因而主要的目标不在利润。他们最关心的是生产，包括管理现有设备，提高效率并增加产量。伯纳姆认为，除了经济部门以外，在政府部门里也形成了一个相应的集团，即职业行政人员。随着现代工业国家职能的发展，传统的政治家或"人民代表"(即议员)已不能胜任，政府同样需要专家来管理工业、农业、军事、福利等各方面的复杂活动。

伯纳姆相信，苏、德、美三国是"管理社会"的先驱。他承认苏、德两国有相当的差别，但认为它们不过是殊途同归的两个社会，资本家在苏联已被消灭，在德国亦被压服。美国的转变虽然稍后于苏联和德国，但美国管理阶级的上升更为典型。按照伯纳姆的理解，美国存在互相冲突的四大经济集团。第一个是拥有技术知识的经理人员。其次是财政方面的行政人员。他们不相信单凭技术规则就可以管理社会，更不用说保证利润。这个集团在罗斯福新政体制下从属于第一个集团，然而不时发挥支配性的影响。第三是经营股票市场和银行业的金融家。他们属于工业制度的寄生虫。最后是股票持有者。这些人即使在资本主义社会也不十分重要。伯纳姆推论，第一个集团终将独揽大权，因为他们控制了生产手段。与此同时，美国的立法机关在与行政机关的关系上渐趋下风。近年来国会通过的大部分法律是又把它的一些最高权力转让给基本上不由它控制的这个或那个机构。他预料，那些顽固坚持过时的议会制度的国家如英国，将被德国的战争机器粉碎。

不仅如此，伯纳姆还把战争看作实现新制度的必要途径。他认为，各国管理革命的发展是相互关联的，因此其成功有赖于建立一个统一的世界国家。伯纳姆估计在不久的将来会出现由最先进的工业领导的三大经济势力，它们分别位于欧洲、北美和东亚。他未指出具体名称，但很明显他是指德国、美国和日本。那么管理革命的先驱之一苏联的地位如何了呢？他解释道，由于工业力量太弱，苏联将被撕为两半，西半部归欧洲，即德国，东半部归亚洲，即日本。

根据伯纳姆的观点，转变时期的政治形式只能是强有力的中央集权，否则就无法像苏联和德国那样击溃资产阶级的抵抗。不过这种权威主义并不是永恒的现象，一旦管理阶级彻底战胜资本主义，国家的强制权力便可能逐渐软化，正如资本主义站稳脚跟后绝对王权所经历的变异一样。他甚至想象一定程度的民主政治可以得到恢复，可是将局限在小范围和低层次，新统治阶级的根本利益乃是不容挑战的。在他看来，管理阶级代表科学知识，而科学精神与民主主义的多数决定原则是不相容的。

伯纳姆对历史发展的预测在相当程度上落了空，特别是对纳粹德国的赞赏和对苏联的"肢解"，令他在战后处境尴尬。然而不应因此低估伯纳姆的影响，他的管理革命论虽然粗糙，却有重大意义。它不仅为困境中的保守主义提供了"科学的"辩护，而且启发了一批保守派或具有保守倾向的思想家，加尔布雷思便是其中的一个。

加尔布雷思的"新工业社会"和"技术建构"理论

约翰·肯尼斯·加尔布雷思于1908年出生在加拿大，1931年在多伦多大学获理学硕士学位，1934年在加利福尼亚大学获哲学博士学位。先后在哈佛和普林斯顿大学任教。1972年当选为美国经济协会主席。他是一位多产作家，主要理论著作有《美国资本主义：抗衡力的观念》(1951)、《物价管理理论》(1952)、《大崩溃》(1955)、《丰裕社会》(1958)、《新工业国》(1967)等。

《新工业国》是阐述专家治国学说的代表作。在该书中，加尔布雷思认为，技术的进步不仅造成了经济的增长和普遍的福利，而且改变了社会结构。技术革命带来的一个重要变化是机器代替了手工劳动，在生产中广泛使用科学知识，出现了巨大的复杂的经济组织。成熟的经济组织需要把专业知识和组织结合起来，把周密的科学计划与经济的调节手段结合起来。这种需要只能由技术专家和管理专家来实现。在新工业社会的大公司中，由这些专家组成的"技术专家体制"已经取代企业家掌管了生产大权。新的统治阶级将以技术专家为主体。在"新工业国"中，加尔布雷思描绘了一种新的经济和政治模式——"技术建构"。其中包含两种主要成分：少数技术先进、资金雄厚、组织严密的大公司，以及成千上万传统的小所有者。他称前者支配的那一部分经济、即经济的主要部分为"工业国"。这种工业体系所遵循的原则与正统经济学大相径庭：市场力量降至最低限度，而政府干预备受欢迎，以使供求两方面的增长稳定有序。

加尔布雷思认为，产生这种现象的原因在于现代企业自身的特点，即对复杂技术和智能集团的严重依赖。大量时间、巨额资本、可靠的资源、专业化的劳动力、严密的组织和周详的计划，这些现代经济的必备要素均需大规模运用复杂的技术。但是技术本身并不能提供全部指令,更为关键的是对技术应用拥有决定权的人。他竭力证明,大公司的规模和种种不同的专业操作已超出单个企业家或所有者的指导能力,企业以至整个社会的控制权自然要转归现代技术和计划所倚重的具有各种专业知识、经验和技能的人才集团。企业家的实际作用已经微乎其微,实质性的决策均由专家集团或专家委员会作出。

加尔布雷思指出,技术建构的目标也和传统的企业家及其经理们的大不一样,它的政策并非单纯追求最大限度的利润,它的利益所在主要是自身的持续生存,这就首先要求维护决策自由。当然,要获得自由权,技术建构不得不保证企业有说得过去的收益,以便支付股票持有者应得的利息,并有节余供再投资之用。同时也要尽量减少风险,以免使公司陷入危境。然而一旦立足生根,技术建构便力谋企业成长,以免出现萎缩而招致批评。他深信有一种类似审美意识的东西驱使技术建构者从事技术活动,就像艺术家陶醉于艺术创造一样。而技术革新意味着就业的扩大和工艺学家的进一步晋升,因此它被神化为社会的共同利益的体现。

根据加尔布雷思的推论,上述特点使技术建构最终成为不受外界干扰的一种自治的、独立的势力,从而对他所信奉的自由民主制度产生威胁。尽管如此,加尔布雷思仍确认有必要、也有可能设法进行控制,而关键的措施在于改革教育。由于工业体系的主导角色是受到良好教育和训练的人,复杂的教育体系就成了不可或缺的人才来源。他主张制定一项新的教育政策,使教育体系(主要是大学)独立于工业体系,保持自己作为怀疑、解放和多元化的必要力量的一贯作用。他承认这是一个困难的目标,但认为仍有实现的希望。大学虽然和大公司有联系,它们为了自身的根本利益必须支持教育的自由化,如此便可以扭转过度的技术和职业训练倾向。

加尔布雷思强调,维护一个多元化的社会同样需要大学知识分子的开明领导。因此他敦促西方知识界抛弃那种重思想、轻实践的消极传统,为了社会利益和人道主义事业而采取团结一致的政治行动。这就可以迫使技术建构反映种种不同价值,服务于多元化的社会而不仅仅是其自身的利益。

加尔布雷思的"技术建构"在欧美学术界引起了极大反响,泰晤士报的书评称之为可以与马克思的"资本论"相媲美的伟大理论。不过与此同时,它也引发不少争论。有些学者对其中某些结论颇不信服,如 L·威纳怀疑，大公司的股票持有者是否像加尔布雷思断言的那般无足轻重；R·希尔布罗纳则提出，这类企业在短期内似乎不追求最大限度的利润，但是从长远来看，安全、自主和成长与利润并不矛盾。

思考题

1. 试分析现代保守主义的基本特征。
2. 试论精英统治与民主政治的关系。
3. 发达工业社会必须由专家治国吗？
4. 试论新自由主义和现代保守主义的对立趋势。

相关阐释

保守主义不能从价值的观点来判断。事实上，对于保守主义的负面和正面的意见，都一样充满偏见和幼稚。保守主义可以说是好的或坏的，端赖于其生存、安定与稳定增长的目标是否成功达成而定。在一个混乱的、不稳定的、不确定的社会里，保守的政策通常会夺得青睐；安定是必要的价值。然而，在一个竞争的世界里，保守的态度会减缓进步，因而使社会(国家)无法进步与发展。保守的政治在现实政治中也许能成功维系权力，但是却无法去扩展权力，因而长期而言是不利的。那些支持封建制度、君主制度、寡头政治或阶段社会的人们，通常在政治与道德上倾向保守。但是在经济与艺术上，则并非一直是保守的。

摘自沈清松主编：《哲学概论》，贵州人民出版社 2004 年版，第 241 页

哈耶克在《自由秩序原理》一书中，写下了“我为什么不是一个保守主义者”的问题解答。他指出：“严格意义上的保守主义，乃是一种反对急剧变革的正统态度，这很可能是一种必要的，且毫无疑问也是一种广为人们持有的态度。”然而，“保守主义，从其性质来看，无法对我们现在的行动方向提供一种替代性选择。它或许能通过对当前潮流的抗拒而成功地延缓那些并不可欲的发展变化，但是由于它并不能指出另一种方向，所以亦就无力阻止它们继续发展。”如何看待“自由主义”和“保守主义”之间的差别？在哈耶克看来，保守主义的态度的基本特征之一就是恐惧变化，怯于相信新事物。而自由主义的立场则是基于勇气和信心，基于一种充分的

准备，即使不能预知变化将导向何方也要任它自由发展。他说："人们一般就上述自由主义者、保守主义者和集体主义者三方的相对立场所给出的图景，与其说是厘清了他们间的真正关系，不如说是更加遮蔽了他们间的真正关系。人们通常都将他们三方的不同立场置于一条水平线上加以理解：社会主义在左端，保守主义在右端，而自由主义则在中间的某个位置上。这种图景可以说造成了最大的误导。""自由主义"和"保守主义"在欧洲和美国有着不同的含义。哈耶克也说："欧洲所谓的自由主义，在这里正是美利坚政体赖以建立的基本传统，所以美国传统的捍卫者亦就是欧洲意义上的自由主义者。"在西方政治学界普遍视为当代保守主义的一派，在西方经济学界却通称为新自由主义。或许在这一点上，哈耶克是个典型。有人就把哈耶克在1944年出版的《通往奴役的道路》当作自由保守派政治思想的发端。

摘自哈耶克：《哈耶克文集》，首都经济贸易大学出版社2001年版，第576－577、578、576页；哈耶克：《自由秩序原理》（上），生活·读书·新知三联书店1997年版，第183－184页

作为一种文化系统，国家主义的理论雏形，可以划分为两种。欧洲的国家主义渊源主要来自古希腊柏拉图的国家学说，而亚洲的早期国家主义学说则可以从中国儒家的孔子政治学说中体认。早期的国家主义是伦理化政治的典型模式。它的核心是维持少数人绝对统治的政治秩序和社会制度。它在集体主义和乌托邦主义的推动下，获得了道德意义和法理意义的合法性基础，它利用人与人之间实际存在的不公正和不平等，将消除社会对立的道德理想，用国家威权或政治法统来加以规导，依此平衡和满足社会不同成员的生存需要。……

新国家主义的意识形态和文化建构概括了威权体制加自由经济的全部内容，它的核心是将维持传统和促进繁荣视为政治合法化的唯一源泉。

摘自郭洪纪：《新国家主义》，扬智文化事业股份有限公司1996年版，第2－10页

相关文献

1. 岳麟章主编：《当代西方政治思潮》，陕西人民教育出版社，1988年版。
2. 费里德曼：《资本主义与自由》，商务印书馆1988年版。
3. 哈耶克：《通往奴役的道路》，中国社会科学出版社1997年版。

4. D·贝尔:《后工业社会的来临》,商务印书馆1984年版。
5. 徐大同主编:《20世纪西方政治思潮》,天津人民出版社1991年版。
6. 段忠桥主编:《当代国外社会思潮》,中国人民大学出版社2001年版。

第十一章

当代西方民主主义

“民主主义”也称“民主社会主义”或“社会民主主义”，是20世纪以来西方社会中影响最大的社会政治思潮之一。它不仅在社会政治意识形态方面有着相当大的影响力，而且有些民主社会主义势力曾长期掌握国家政权。

一　西欧“民主社会主义”政治思想

民主社会主义，是西方社会近百年来一种主要的社会改良主义的政治思潮。民主社会主义源远流长，由于奉行民主社会主义的各国政党形成和发展的历史背景不同，它们的思想渊源也有差异。其中有些政党受伯恩斯坦、考茨基的思想影响较大，有的则源自英国费边社的社会主义思想。伯恩斯坦、考茨基和费边社的思想观点实质上是相同的，都主张依靠职工会和接受社会主义思想的知识分子的力量，通过和平、渐进和民主的方式来实现社会主义。

民主社会主义是社会党国际的思想体系和政治纲领。社会党国际正式成立于1951年。但是，它的历史可以追溯到第二国际。社会党国际的总部设在伦敦。它的最高权力机构是代表大会。在20世纪，世界上信奉“民主社会主义”政治思想的人数多达两亿多，遍布世界各地60多个国家和地区。尤其是在西欧地区，民主社会主义思想不仅影响广泛，而且以其为纲领的社会民主党(包括工党、社会党)，多数或独立执掌政权或参加政府，如瑞典社会党已经执政近半个世纪之久。战后西欧民主社会主义的发展主要经历了两个阶段。第一个阶段是战后初期到60年代积极倡导和推行“福利国家”政策阶段；第二个阶段是70年代以后西方经济衰退、停滞的政策调整阶段。

民主社会主义是指导国家政权活动的一种政治意识形态，这在西方有民主社会主义传统的国家中尤其如此。民主社会主义是一种有着相当市场的社会政治思潮。在政治目标上，民主社会主义主张对现存的资本主义进行改良。根据民主社会主义的理想和宣言，它的目标包括："全人类伦理学原则"、"所有社会集团和个人团结一致"、"社会机会均等"、"社会、集团和个人团结一致"、"互助的博爱"、"超阶级的普遍民主"、"私有制和国家调节的结合"。民主社会主义提出要建立一个公平合理、生活美好、自由与和平的社会。它们所面临的重大议题集中在如何认识和改造现存的社会、经济和政治制度上。围绕着这一议题，社会党国际、各国社会党的观点、立场在其理论纲领和有关政策的一些重要文献中都有反映。在政治观上，主张通过宪法的民主程序和议会道路和平地实现社会主义，反对一党制，反对一切形式的专政，反对暴力革命。他们普遍认为，现存社会和国家，已经成为各国工人阶级和劳动群众经过斗争而建立起来的"民主的法治的国家"。各国社会党应同其他阶级一起分享管理国家的权利，利用国家的力量来达到社会主义的目标。在国家观上，西欧民主社会主义风行一时的是"福利国家"论和以"人道主义为基础的伦理社会主义国家"观。在理论方法方面，认为真正的民主需要"多元化"。因此，"多元论"被社会民主党作为充分体现民主精神的重要标志。在阶级关系方面，各阶级和各阶层之间，不应该处于对立状态，而应该成为"社会伙伴关系"。在经济方面，提出"混合经济"理论，认为生产资料公有制和私有制在长时期内可以同时存在；承认私人的积极性，并且要求公平地分配社会财富。同时，由于奉行"非意识形态化"、"意识形态多元化"的原则，民主社会主义在理论上的抽象色彩渐渐消退，相反，越来越突出的是对现实社会、政治问题的思考和回答。西欧民主主义思潮主要有以下一些思想内容。

福利国家论

"福利国家"论是20世纪以来西方流行的一种最强劲、影响最广的理论思潮。这是一种倡导通过国家干预实行一套社会福利制度的理论。从思想渊源上看，"福利国家"论的思想源远流长，但福利国家论的完全形成和广泛流行是在第二次世界大战以后。福利国家论的基本原则是：(1)社会中的每个成员都是人类的一分子，都应享有最起码的生活条件。国家要保障每个人都具有最低限度的购买力。这既是出于人道主义考虑，也是出于繁荣市场和发展生产的考虑。(2)由国家采取措施,抑制资本主义经济萧条和不稳定的循环出现。这方面的主要措施是国家对基本工业和主要的金融机构实行国有化,由国家掌握大量的物质和重要的金融手段,以国家权力进行干预和调节,缓和经济危机。(3)实现充分就业。大量兴办公共工程,消除失业带来的社会危机。

在实践中,西欧各国社会党推行福利国家政策的成就,要远远高于其在理论上的创新。特别是在第二次世界大战结束后的30年间社会党人的普遍执政时期,他们把福利国家政策变成了一套现实的社会福利制度,使国家机器大量地渗透到社会生活公与私的各个领域,使国家不仅在社会生产和再生产领域中起着决定性的作用,而且在分配领域中也起着重要的调节作用,从而在相当高的水平上改善了下层劳动群众的生活状况和劳动条件。英国工党领袖艾德礼在1948年公开宣称,英国已经建成福利国家。福利国家政策的实践反过来又促使当代社会民主主义的思想家们对它进行理论的探索和概括。“经济民主”是福利国家论的理论基础。“经济民主”作为一种理论原则,具体地体现在社会民主主义推行的对资本主义进行改造的一系列方案中。英国费边主义和工党一直把社会所有与国有化当作同义词,把国有化当作实现经济民主的重要标志。与此同时,工党政府大兴福利措施,通过了一系列的社会保障立法。一时间,英国好像成了民主社会主义的理想乐园。西欧民主社会主义的“福利国家”论不同于当代资产阶级新自由主义的“福利国家”论。它们之间的根本区别在于,前者是以争取社会民主、经济民主为基础,认为福利国家只是社会主义的一种手段;后者则认为福利国家是为了建立一个更为稳定、富有效率而合乎人道的自由市场的社会。

现代国家管理职能扩大论

社会民主党认为,应加强国家对经济活动的管理和监督,发挥职工会在经济管理中的作用,扩大社会福利措施,通过税收政策来限制私人财富的积累,公平分配国民收入,消灭贫富悬殊的现象。以瑞典为例,瑞典社会民主党执政已经达40多年,它组织工人参加了劳资发展委员会、劳动市场管理委员会,甚至可以参加公司的董事会。

在对现存社会制度的认识方面,英国工党的思想家们认为,战后英国和瑞典等国的资本主义制度已经发生了根本性的变化。首先,现在的国家已经全面地干预、抑制和指导着市场经济,从而使社会自由放任的状态过渡到计划化社会。其次,他们根据生产资料所有权和经营权的分离现象,认为原来的资本家私人所有权已经被极大地削弱,许多专家和职业经理已经成为最重要的经济决策者,由此而使工资、分配更趋于平等。最后,他们认为,目前社会的阶级对抗和阶级斗争已甚为罕见,介于工人阶级和资本家之间的集团日益增多,工人阶级本身也不能以过去的定义来概括了。这些变化使传统阶级斗争的因素不复存在了。

伦理社会主义国家观

伦理社会主义国家观在西欧社会党中普遍流行。法国社会党奉行人道社会主义,认为社会主义是对人、人性和人的价值的肯定。而奥地利社会党在1969年通过著名的“人的纲领”,声称人是民主社会主义考虑一切问题的核心。

德国社会民主党在1959年全面调整了党的政策和理论,在这一年通过的党的纲领中说,民主社会主义植根于基督教的伦理、人道主义和共同的人性,它的根本意义就在于自由、公正和团结。社会民主党是一个思想自由的党,是具有不同信仰和不同思想的人的共同组织。首先,它放弃了把马克思主义作为党的理论基础,而以伦理社会主义取代了科学社会主义,提出了以“自由、公正、互助”作为社会主义的三项基本价值。在对待现存国家的态度方面,德国社会民主党公开表示承认联邦德国的宪法,拥护议会民主为核心的三权分立原则,主张各党派在平等的条件下竞争,以求得大多数人民的支持,从而获得执政权。

德国社会民主党认为,现存的民主国家已经有了新的“向度”,它不仅保护人民的自由、安全,而且还为人民生活水平的提高尽其所能地服务着,给人民提供“从摇篮到坟墓”的一切福利保证;它完全符合德国社会民主党提出的“自由、公正、互助”三项基本价值。

德国社会民主党人把防止少数垄断资产阶级滥用权力的希望寄托在议会民主上。他们认为国家的决策在很大程度上取决于选民的意向,政府不可能长期违背大多数劳动者的意志。同时,他们还主张扩大各种社会团体的政治权利,通过各种社会团体对国家施加影响,防止国家权力过分集中化、官僚化。

第二次世界大战结束以后的40多年间,西欧各国社会党的力量普遍加强,大多数政党取得了执政党或主要在野党的地位。在政治生活中,社会党成为一支与资产阶级自由派、保守派政党争夺政权的主要政治势力。

如何看待社会民主主义政治思潮？

首先，社会民主主义政治思潮的基本性质是符合社会主义标准的。社会党国际的纲领提出要建立一个没有任何阶级、民族和种族压迫，创造人人平等和个人得以全面发展的政治、经济的社会条件。社会民主党也将不再以阶级的政党相标榜，而是以所有正义事业和促进民主生活的倡导者的身份活动在政治舞台上。其基本主张如合理的混合经济制、公平地分配社会财富、充分就业、普遍的社会福利等是不会改变的，因为这是争取选票、使自己成为执政党而必须在竞选纲领中加以强调的。其次，这个思潮在理论上具有一种高度灵活的开放性质，也即意识形态多元化。它强调社会主义不存在一种单一的模式，主张各国社会主义政党要在独立自主的基础上按照本国的实际情况，选择适合本国人民习俗、传统、民族心理、民族特点的社会主义发展道路。应该说，社会主义在各国发展的多样性恰恰是社会主义本身生命力的体现。再次，在革命还是改良的发展道路问题上，西欧社会民主主义政治思潮选择了后者，公开反对暴力革命学说。应当看到，在西方社会改良理论中，有两种不同性质的改良理论。一种是以保守主义、自由主义为代表的社会改良思潮，它们的目的是通过改良去维护资本主义制度。另一种是社会民主主义的社会改良思潮，它是主张通过“从量变到质量”的改良，来改变现存资本主义制度，代之以民主社会主义制度。它一贯坚持认为，资本主义可以和平演变为社会主义，演变理论的核心是走民主道路。同时，从历史和传统来看，议会民主制的萌芽产生于几千年以前的雅典民主制，到资产阶级掌握议会制度的近代史时期，它的影响和作用更为普遍。从现实资本主义社会的发展来看，经济发达，人民生活水平较高，政治民主权利也比较广泛，代议民主制是西欧各国一种相当稳定的政治形式。目前，在发达资本主义国家进行以暴力为主的社会革命是不具备必要的主客观条件的。

民主社会主义推行的福利国家、国有化、权力下放等项政策，在一定程度上缓和了资本主义社会紧张的社会关系，满足了广大群众的一些现实要求。民主社会主义的这些主张，也是资本主义国家人民群众长期奋斗的结果。从物质生活上看，福利政策给广大人民群众带来了一定的实惠。社会基层群众在社会保险、医疗卫生、教育和天灾人祸等方面有了某些保障。但是，民主社会主义的意义是有限的。它的最根本的特征在于民主社会主义者即使掌握了政权也不想运用政权来彻底改造当代资本主义的政治结构和经济结构。

二 西方社会的代议制民主思想

西方资产主义国家一般都采用代议民主制。这种民主制最早起源于英国，后陆续被其他资本主义国家采用。现在，许多西方国家在形式上仍然保留着议会制，但由于经济，政治形势的发展变化，从代议制民主思想中又衍生出技术民主论和杰出人物民主论等。

代议制民主

17世纪中期，新兴的资产阶级向神权政治和封建专制发起了进攻。1668年英国“光荣革命”后，建立了以议会制为基础的君主立宪政府。英国著名的启蒙思想家洛克发表了《政府论》，全面阐释了资产阶级天赋人权和代议制民主的理论基础。他说，生命、自由和财产是不可剥夺的天赋人权，其核心是私有财产权。保护天赋人权最合适的政权组织形式是实行分权原则，由选民选举产生议会政府。议会是最高权力机关，议会的立法必须依循四项基本原则：法律对所有的人“一视同仁”，法律一经制定，任何人都不能凭借自己的权威逃避法律的制裁；法律除了保护人民的权利外，不应有其他的目的；未经人民自己或代表的同意，决不能对人民的财产课税或剥夺其所有权；立法机关不能把自己的立法权转让给其他机关。随着资本主义经济的发展，英国资产阶级为了加强对国家机关的控制，在18世纪初根据宪法惯例确立了责任内阁制。内阁由下院中多数党组成并对议会负责，如果内阁得不到下院多数议员的信任和支持，内阁就得下台。在18世纪末19世纪初，西方其他主要资本主义国家也都通过革命或改革确立了与英国类似的议会制。西方学者认为，议会制民主的主要特点是公民享有普选权和言论、出版以及结社、集合自由，通过两党制或多党制参与议会选举，组织和监督政府。18世纪资产阶级启蒙学者根据古代希腊的政治理论实践，在反对封建专制的斗争中进一步发展了民主学说，这种被称为古典的资产阶级民主学说有三个基本概念：人民、意志和同意。人民通过投票选举表达他们的意志，根据选举产生的政府是经过多数人的同意组成的，是代表多数人的意志行使权力，为人民谋幸福的。笔者认为，这些基本概念只是反映了形式上的民主，而没有说明问题的实质：资产阶级国家是少数剥削者对多数劳动者的统治。

为什么不采用直接民主制而要采用代议制？西方学者所列举的理由主要是由于近代、现代国家一般领土较大，人口较多，采用直接民主困难重重。对于代议制的含义，大多数西方学者长期以来都遵循英国18世纪政治思想家伯克的说法，赋予了代议制以代表全民利益的外表。他们说，每个选民都有发表意见的权利，通过选举，选取出各自选区的议员组成议会。但议会并非各个不同选区、利益彼此不同的选民的代理人的议会，议会的议员虽然来自各个选区，然而他一旦当选，就是代表整个国家的议会的成员。就每一个选区的议员来说，他应该不抱偏见地综合各种不同选民的意见和利益，使之成为全国选民的意见和利益的缩影。这种理论适应了资产阶级把议会制装扮成为代表全民利益、掩盖其阶级实质的需要，但这种娓娓动听的理论与资产阶级国家的政治实践实难吻合。当代美国学者戈斯内尔等人在《美国政党和选举》一书中以大量不容争辩的事实说明，美国的选举是由资产阶级两大政党控制的，偶尔出现的一些代表其他政治派别利益的小党，不过昙花一现而已；竞选费用绝大多数是由特殊的经济利益集团捐赠的，捐助人对候选人和政党之所以慷慨大方，是希望从政客那里得到报答，"希求政府随后采取对捐助者极为有利的措施"。马克思列宁主义的基本原理告诉人我们，民主是一种国家形式，一种国家形态。这首先是指各个阶级在国家中的地位。资产阶级民主和中世纪的封建比较起来，虽然是历史一大进步，但是在资产阶级国家中占统治地位的仍然是少数剥削者，而劳动者多数则处于被统治的地位，因而资产阶级民主"始终是狭隘的、残缺不全的、虚伪的、骗人的民主"。到19世纪末，随着垄断资本主义的形式，资产阶级为了应付新的形势，加强了中央集权化，加强了行政机关的权力，议会制民主的危机日益显露，一些西方政治家也指出了这种危机。

在19世纪，法国政治思想家托克维尔（1805－1859）的著作具有重大的影响，有人把他与孟德斯鸠相提并论，并非过誉。托克维尔在19世纪30年代初访问美国时，正是美国经济急剧发展、资本迅速集中的年代。他以对美国的实地考察的观感于1848年写成了《民主在美国》一书。他认为，民主包括两层含义：民主政府和以平等为基础的生活方式。由于资本的集中形成了少数工业寡头，经济上的不平等是对政治民主基础的威胁；工业愈是发展，社会关系变得愈为刻板，工人好像生来就听从雇主摆布的，没有经济上的平等也没有真正的自由。托克维尔是19世纪首先提出经济上的不平等威胁着民主和自由的资产阶级思想家。

在托克维尔的影响下，英国著名的自由主义者约翰·斯图尔特·穆勒在19世纪下半期特别强调了资本主义工业的发展对民主、自由的消极作用。他认为，工业文明的迅猛发展，创造了一种统一的、刻板的环境和条件，使得每个人想的、谈的、听的千篇一律，人人的希望与恐惧也都为同一目标所左右，每个人将难以保持自己的个性、维护特定权利和自由。

经济与民主的关系长期以来是西方学者议论的一个主题。他们认为当代资本主义和传统资本主义的主要特征是：传统资本主义是自由竞争，国家权力不加以干预的私人自由市场经济；当代资本主义是由国家权力加以调整的自由市场经济，并且由国家采取措施建立了日益增多的社会福利设施。虽然他们时而提到垄断资本，但并未把自由资本主义过渡到垄断资本主义作为主要的变化。

对于资本主义经济上的演变所引起的政策影响，西方学者之间一直争论不休。一种观点认为，资本主义的民主、自由"大厦"是以财产私有、自由市场经济为基础的，国家权力以任何方式干预私人经济活动都将危及民主、自由的基础。特别是垄断公司掌握着巨大的经济权力，已成为国中之国，必然会导致垄断巨头控制政府机构，排斥公众参与政治民主的程序，使他们对政治上的决策过程可望而不可即。持这种观点的学者遵循法国政治思想家托克维尔的观点，认为任何民主制度的最基本要素是公众以直接或间接的方式参与政治上的决策过程，因此民主与平等密切相关。平等主要包括五个方面的内容：政治、经济、社会和法律上的平等以及机会平等。民主要以经济平等和政治平等为基础。所谓经济平等，西方学者一般是指一定社会中的每个成员都享有最低限度的经济安全保障，即不虞匮乏的自由。没有这种保障，生活在贫困线以下的人，要为温饱奔走，把自己的全部精力和时间集中在解决衣、食、住、行问题方面，将没有精力和兴趣去关心政治。前面提到《美国政党和选举》一书的作者戈斯内尔等人曾探讨了关于竞选费用捐助者对政客态度的影响问题，具体地涉及到金钱与政治的关系。他们说："如果竞选运动的金库首先和主要地是靠具有特殊利害关系并期望得到特殊优待的富人来填满的，那么，虚构的选举权平等的说法就基本是无意义的了。"保证每个公民的选票具有同等分量的政治作用被认为是政治平等和代议制民主的重要标志。既然选举权平等的说法在实际上已经变得没有意义，民主岂不是也就成了欺人之谈？西方学者还指出，生活在贫困线以下的人，受教育的机会实际上不是被剥夺就是大大受到限制，再加上他们没有或缺少物质条件，他们也没有可能实现法律规定的言论出版自由,这样民主权利也就成了空话。

另一种观点则认为,国家权力的干预对个人的财产所有权和自由竞争施加一定的限制,国家资本主义就会有所增长,成为另一种公私混合的经济制度,但大部分资本仍然是私人所有;而且国家权力干预可以保证竞争在更公平的基础上进行,失败者也不至于荡然无存,由于税收政策的调节,社会福利的增加,将使财富的分配发生有利于广大人民的变化,最终将导致资本和政治民主化。

第三种观点认为,当代资本主义经济和19世纪末期相比虽然发生了明显的变化,但只要私人资本在整个国民经济中占主导地位,资本主义制度的性质没有发生变化,就不会对政治制度发生影响。持这种观点的人强调经济自由只与机会均等有关。机会均等是指每个人都有同等的机会自由地进入商品市场,根据供求规律自由竞争,在这种竞争中每个人都有失败和成功的可能,每个人都有发财致富的机会。在当代,国家权力愈来愈全面地干预经济活动,发展社会福利制度,正是为了保证每个人真正有同等的机会,资本主义经济上的发展并未对政治上的民主产生消极影响。这种观点无视经济与政治的辩证关系,以形式上的平等和自由掩盖了有产者与无产者之间的实际不平等。垄断资本主义形成以来,由于资本主义制度各种矛盾的复杂化和深刻化,即使西方学者也承认代议制民主发生了危机。当代英国学者维尔在他所写的《美国政治》一书中说:"美国国会像20世纪复杂的世界上所有其他国家的立法机构一样,其权力与所谓政府的'行政'部门相比已经下降。"议会的立法权已愈来愈多地以委托立法的名义转移到政府的手中,议会本身的决策活动日益为各种利益集团所左右。当然,这并不意味着资产阶级议会已经成为清谈馆,没有任何权力了。在当代,议会仍然是资产阶级国家普遍采取的一种统治形式,它以代表全民的名义制定法令,起着调整资产阶级内部关系和调整资产阶级与劳动人民之间关系的作用。但议会的权威毕竟是今不如昔了。为了从议会制民主的危机中寻找出路,为这种危机进行辩解,为资产阶级的统治提供新的理论根据,当代西方学者提出了各种学说。首先是对民主的定义提出了新的见解。英国当代政治思想家卡尔·波普尔对民主的论述在西方论坛上具有较大的影响。他把所有的政府形式分为两种类型,一种是民主的,另一种是独裁或者专制的。前一类型的统治者可以用不流血的方式加以更换,后者则只有用强力才能推翻。他认为,虽然民主通常意味着以多数赞成作出决策,但这并不是民主的显著特征。因此他不同意

“多数统治”这一传统的民主定义。他认为民主是一种科学方法在政治上的表现和制度化。民主在实质上是一种方法，可以用这种方法管理社会事务，批评统治者的管理措施，撤换统治者，使统治者可以通过法定程序加以更换。根据传统的定义，民主是多数人的统治，如果多数选出一专制者，人们将陷于进退维谷的境地。不服从他吧？不符合民主的原则，因为他是由多数人选出来的；服从他吧？也不符合民主的原则，因为他实行独裁统治，本身就有悖于民主。波佩尔认为，只有摒弃传统的民主定义，才能摆脱这种逻辑上的困境。他反复强调，民主并不要求经常服从多数人的决议，如果多数人的决议导致错误，人们反对这种决议倒是符合民主精神的。

波佩尔反复指出，民主是自由、理性和批判的制度化。每一个有理性的人都在道义上有义务支持民主政府，企图推翻这种政府就是犯罪；如果是专制政府，每个公民都有义务推翻它，必要时可以使用暴力。对于波佩尔的这些论点，有必要加以简要剖析。他之所以要强调民主是一种方法，就是要告诉人们不要拘泥于议会制这种民主形式，不要拘泥于少数服从多数的民主原则。他为行政权力的加强进行理论上的辩护，并把支持资产阶级政府作为一种公民义务强加于人。

波佩尔进一步说，一个民主社会必然是一个开放社会，一个开放社会需要一个自由市场。自由竞争可能使财产两极分化，制造贫困者，刺激一些人滥用经济权力，因此国家应该干预经济生活，如限制工人的劳动时间，保障每个人的最低生活水平，对失业者、丧失劳动力的年老者和伤残者提供救济。但这种干预不应该是由政府负责人以个人的身份直接进行，而应该形成制度，由国家机关加以实施。

西方学者为了从代议制民主危机中寻找出路，为了适应新的政治经济形势的发展，修改了民主的传统定义，提出了技术民主论、杰出人物民主论等等，为资产阶级的统治进行解释。

技术民主论

西方国家的一些学者从他们自身的政治立场出发，宣称第二次世界大战后，特别是 20 世纪 60 年代以来，西方世界发生了一场新的科学技术革命。这场革命以 1969 年美国两名宇航员乘阿波罗号飞船登上月球为标志。根据他们的说法，这场“新的世界产业革命”正在改变旧的生产方式、社会传统，改变人们的思想和生活方式。由于科学技术革命带来的生产力的高度发展，西方国家已接近成为消费者社会，人们不但能满足衣、食、住、行的基本需要，即满足生活的第一需要，而且能满足生活的第二需要，一种有文化的安适、悠闲的生活。接踵而来的是政治结构的变化，传统的自由民主转变为“技术民主”，前者渊源于市场经济和自由竞争，后者以大企业的集体管理为基础。与自由竞争相协调，国家权力不干预经济活动，要求政府广泛调节生产、消费和贸易活动，国家机构和权力也相对复杂和庞大。

19 世纪的工业革命，导致了自由民主的发展，与此相类似，当代的工业革命引起了技术民主的兴起。西方国家的一些学者，大肆宣传上述观点，说什么西方社会已经进入一个“新时代”。他们企图借此来证明，西方资本主义制度已经摆脱了重重危机的折磨。如法国巴黎大学的杜弗尔教授提出，新的技术进步使生产得以充分发展，使西方的制度重新获得了从第一次世界大战爆发起就已失去的牢固根基。他们的观点从根本上说是反科学的，不符合实际的，但他们所阐述的政治思想，却从一个方面反映了西方社会政治生活的新动向，有必要加以简略介绍。

“技术民主”是西方政治学中的一个新术语，其含义很难确切表达，大意是指由于科学技术的发展，国家对经济活动的全面干预，已经使传统的自由民主转变为有组织的民主。西方学者认为这种转变的产生首先是由于科学技术的发展引起了管理上的革命，出现了新的经济和政治寡头，形成了新的经济、政治掌权阶层。

新的科学技术革命，引起生产力的高度发展和资本的高度集中，出现了庞大的垄断公司。在公司的领导人中，不仅仅包括生产资料的所有者，而且还包括技术专家、管理人员。有人甚至认为，资本家在这个社会集团中已处于从属地位，他们已失去对经济的控制权，扮演主要角色的是技术专家、管理人员，这与自由资本主义时代相比较已经发生显著的变化。那时，技术专家、管理人员不过是扮演跑龙套的角色，不过是资本家的助手和参谋而已。

在当代，由于科学技术的发展引起了企业管理革命，形成了技术专家体制，技术专家、工程师、科学家组成的控制公司集团。从 20 世纪 40 年代后期起，西方的经济学家和社会学家开始注意到当代资本主义的经济寡头已经发生变化。詹姆斯·伯休姆在其于 1948 年发表的《管理革命》一书中说，管理人员或者组织人员已经从资历本家手中接管了私人企业的控制权，技术专家成了生产资料所有者的继承人，专家政治体系正在脱颖而出。相隔大约20年后，约翰·凯里特·格尔布里斯对这一主题作了更加系统和深入的论述。他在1967年出版了论专家体制的著作。他说，大企业的管理需要集体化、专门化。因为从实践上看，这种管理需要了解和掌握有关生产、流通、消费、金融、原料、能源等等一系列的复杂的信息和数据，这绝非少数门外汉所能胜任，需要各色各样的专家组成管理集团来领导企业界。公司愈大，股东愈多，一般的股票所有者与公司的管理越是脱节。一般的股东会议仅仅是接受专家、管理人员所准备和提出的报告，股东们只要取得了合理的利润，他们也不愿意去干预公司的管理，落得清闲自在。掌握公司大权的是经理和董事们。社会学家罗伯特·舒尔茨在分析权力的特性时说，可以把权力看作隐含集团联系的特性、是从社会地位中派生出来的，掌权人物就是那些在大的社会机构中居于权威地位的人。那么经济权力与政治权力之间有什么关系呢？以美国为例，企业头目、军界头脑和政界要员往往彼此结合，组成掌权阶层，他们控制着美国工业和金融资金的一半，还指导着联邦政府的行政、立法、司法三个部门的活动。其他主要资本主义国家的垄断公司的经济实力与美国相比虽然逊色不少，但经济权力与政治权力的结合在实质上并无两致。

经济权力与政治权力的直接结合对政治民主究竟发生了什么影响呢？格尔布里斯认为，由于技术专家参与政治程序，便以能人统治代替了富豪统治。对此，有的西方学者也表示怀疑，认为垄断公司的大股东对公司的管理仍然享有最后的决策权，而且技术专家中也有不少人变成了新的富豪，这些新老富豪才是政治上的重要力量。但大多数西方学者都认为，技术专家在政治决策中的作用正日益加强，他们讲究实际，注重效率，富于进取精神。他们在政治舞台上的重大作用，必然会使政治制度发生相应的变化。

杜弗奇尔和其他一些西方学者认为，技术民主的另一个表现是群众性的政党和工会等社团组织得到了发展。影响深远的技术革命也革新了运输和大众的宣传工具。这些变化使民主的政党制度能够在更大的规模上得到实施。公民通过群众性的组织能更有效、更广泛地参与政治活动。这些政治活动在不同程度上处于新经济寡头的控制和影响下，但他们所使用的手段和老富豪相比也有了变化。在50年代，掌权阶层利用冷战的气氛煽动反共，用“红色恐怖”来吓唬人们，使共产党人和激进派在群众中处于孤立状态，从而实现对群众和政治活动的控制和影响；现在，由于科学技术的发展，生活水平的提高，阶级关系的缓和以及国际关系中的和平共处,老一套的手段已经不起作用或者退居次要地位了。如今具有广泛影响的宣传工具,如报纸、广播、电影,特别是电视,对于人们在政治、经济、文化、艺术、宗教、道德等方面的思想观念影响很大。有许多报纸、广播、电台和电视台是私人性质的,但它们的自由是有限的,因为它们要依赖大公司的广告维持生存;而那些官方的广播电台、电视台的管理人员则是直接或间接地听从经济寡头指挥的。他们控制了这些宣传工具,就可以制造一种人为的多数一致意见。

杜弗基尔认为,新经济寡头为了控制政府的决策活动,和老富豪一样,也以金钱施加影响,但他们除了使用金钱这种传统的手段外,也适应新形势,开始使用新手段。过去在一些西方国家采用的对选举资格的限制,如财产、收入、纳税等条件的限制由于使人反感,现在已经弃而不用了,如美国最高法院早已宣布选举资格的纳税和文化条件为非法,从而使得黑人在法律上享有平等的选举权。在立法方面,技术民主的一个表现在一些西方国家削弱了保守的上议院的权力。如丹麦和瑞典在 1953 年和 1968 年分别废除了上议院;在另一些国家上议院的权力或受到削弱,或是议员的产生由指派改为由选举产生。英国上议院大多数议员虽然仍由贵族世袭或者终身担任,但它在立法方面的作用已经有名无实,无足轻重了。

从立法机构与行政机构的关系来说,杜弗奇尔等西方学者认为,由于科学技术的发展,由于政府愈来愈全面的干预经济生活,政府在社会福利、卫生、教育、交通、工商贸易管理、环境保护诸方面的负担愈来愈重,这些问题涉及专门技术,性质复杂,议会的一般议员对此缺少专门的知识和经验,于是委托行政部门制定具有法律效力的行政命令,委托立法日益增多,立法机构的权力趋于削弱,行政权力趋于加强;由于要求国家机构广泛、全面干预和调节经济活动,支持经济的发展,政府在政治上应具有稳定性,因此,自由资本主义时代的个人主义民主便为有组织的民主所代替。以科学和技术为基础的当代社会要求在各个政府机构之间建立一种和谐关系,专家、管理人员和政治家、部长、立法者、政党领袖之间应该彼此协作而不是无休止的攻讦和争吵。近几年来西方许多国家,议会对内阁投不信任票推翻内阁的事情在政治实践中已经罕见。英国、联邦德国、挪威、瑞典从宪法上说都是议会制国家,但这些国家的内阁的稳定性却很少受到议会的挑战。以瑞典内阁来说,1918－1939 年之间平均寿命为 18 个月,1945 年以来平均寿命延长至 13 年之久,26 年期间执政的首相仅仅两人，而且是属于同一政党的领袖。英国、联邦德国、意大利的议会实际上已成为多数党领袖的咨询机构。法国在第四共和国时期，内阁的平均寿命为 8 个月，1958 年颁布第五共和国的宪法后，议会在实际上已不可能推翻内阁，成为议会制与总统制的混合政体，接近美国的总统制。西方国家的政局已大为改观，不像以前那样动荡不定了。

上述情况表明，西方国家议会权力的削弱，行政权力的加强，是一种普遍现象。一方面公民的选举权进一步普及，另一方面议会的权力却进一步削弱，这种现象确实反映了西方社会错综复杂的矛盾。在当代，西方主要资本主义国家的统治者面临着人民大众的普遍觉醒，面临着国内和国际上各种复杂的斗争形势，不得不取消那些政治方面露骨的歧视政策，但为了能够及时、灵活地采取措施应付复杂的斗争形势，又要实行中央集权，加强行政机构的权力，削弱议会的权力。一些西方学者仅仅从科学技术的发展来解释这些现象，却根本不涉及政治方面的原因，是片面的，不符合实际的。

杰出人物民主论

这种理论的中心思想是英雄造时势，在每个社会中都有少数先知先觉的杰出人物站在时代的前列，在政治上、思想上发挥重大的影响，决定历史的进程。马克思主义者不否认杰出人物的历史作用，但也同时指出，如果杰出人物的思想和愿望与社会的经济发展、与先进阶级的要求背道而驰，那么将成为历史发展的羁绊；反之，如果他们的思想和愿望能够正确反映社会经济发展和先进阶级的要求，就能够促进历史的发展；创造历史的决定性力量是人民群众，而不是个别杰出人物。杰出人物民主论从根本上说是反历史唯物主义的。

在当代，倡导杰出人物民主论的主要代表人物是意大利的维尔弗雷多·帕雷托（1848－1923）和加埃塔诺·莫斯卡（1858－1941）以及他们的信徒罗伯特·米切尔斯。

先从他们的历史观说起。帕雷托说："每一个现代社会的历史都是杰出人物与非杰出人物之间的关系史。"英国思想家约翰·斯图尔特·穆勒在他的《代议制政府》一书中引用过一句英国谚语说："在杰出人物手中的绝对权力将保证完善而明智地执行政府的一切义务。"这是以通俗的语言概括了杰出人物民主论的含义。美国学者唐纳德·阿特卫尔·佐尔在他所写的《20 世纪的政治哲学》一书中，着重介绍了当代一些西方学者的杰出人物民主论。这些学者提出,民主与独裁的区别不在于多数统治与少数统治,而在于是否可以从杰出人物中进行选择。这一民主的定义所强调的是政治监督不仅依赖于公民,也依赖于相互竞争的杰出人物,而且后者是民主必不可少的因素,通过相互竞争而选择出来的领袖人物将具有符合民主要求的品格。民主政治也可以说是多头政治。实行杰出人物民主必须具备三个条件:(1)杰出人物必须不断从广大的社会成员中加以补充;(2)社会领袖的政策决定必须以科学的研究为基础;(3)必须培养普通公民的选择能力。杰出人物既包括执政党的领袖,也包括非执政党的领袖。政党领袖依靠什么掌握呢?莫斯卡说,依靠他们的组织才能,政党领袖虽然是少数,比之那些没有组织起来的、无目的的大多数人要强得多。他们更容易通过各种渠道取得需要的信息;他们部分通过强力,部分通过被统治者的同意而执掌政权。因此,米切尔斯认为,民主制度从实际上看是"政党统治"。政党的组织机构是少数领导人控制的。这是由于他们控制着政党的活动经费和舆论工具,由于下层党员群众在心理上对政治活动态度冷漠,也缺少活动能力,所以少数领导人的行为难以受到选举他们的人的制约和监督,民主在事实上成为少数党魁之间的竞争。在当代社会里,权力属于那些在社会中占有关键地位的经济和社会机构的控制者,他们很容易成为政党和政府的领导人,公司企业的职业管理人员和官僚政客的位置是可以互相交换的,像美国这样高度发达的资本主义国家,这种现象已屡见不鲜。美国学者托马斯·戴伊认为,在现代复杂的工业社会中,处于社会结构最上层的掌权人,是"公司、银行、公用事业、保险公司、广播电视网、白宫、国会和华盛顿的官僚机构,军事权势集团,著名的法律事务所,基金会以及大学等大的社会机构"的最上层的人。资本主义制度已经在政治和经济上为一些职业的杰出人物所控制,资产阶级国家的性质也由阶级统治的工具变成了为全社会服务的福利国家了。伯内翰等人以这种臆造的所谓资本主义制度性质的变化攻击马克思主义的革命理论,说什么马克思认为资本主义制度要在无产阶级专政的条件下而终结,而现在资本主义制度却通过其自身的演变正在发生质的变化。他企图以此来证明马克思的理论已经过时。这种结论完全是主观臆断。事实上,资产阶级政党的领袖,不过是资产阶级政治代理人而已。

对于杰出人物民主论,西方学者赞成者有之,持批判状态者亦有之。赞成的理由是:符合历史和现实情况。从当代的情况看,不管是发达国家或发展中国家实际上都是少数杰出人物的民主制。所谓大众参与的民主制不过是一种理想或者梦想。所有的民主政治都是由少数人以这种或那种形式表演的。现代政府需要各种熟练的专家在各个方面有效地履行职能,这只有少数杰出人物的控制才能做到。持批判状态的理由有:杰出人物论加强了官僚权力的中央集权化;把特权阶层的政治、经济特权合理化;蔑视广大选民参与政治的价值和贡献;肯定了人们在政治上的不平等;导致和加剧政治上和社会上的种族歧视;把复杂的政治程序等简单化。潜在的政治权力和真正的政治权力是有区别的。政治上的影响是一回事,而真正行使政治权力则是另一回事。有些社会组织的上层人物具有政治上的影响,但他们却不一定掌握真正的政治权力。不能把政党及领袖与一般的社团及其领导人完全等同起来。掌握政治权力者不一定是杰出人物,而可能是官僚政客。

三　极权主义民主论

除了上述一些民主理论以外,西方社会还提出了极权主义民主论及直接或共同参与民主论等。

极权主义民主论

与杰出人物民主论有异曲同工之妙的是极权主义民主论。宣扬这种论调者为英国牛津大学的指导教师皮尔津斯基等人。他们认为从广义来讲,民主一般是指这样一种政治制度:公民通过定期的普选来选择、监督政府或者至少是对政府施加强大的影响。要实现这种影响必须有健全的政党,其分量就大不相同了。所以两党制或多党制对于民主的实现至为重要。不同的政见,对政府的影响和选择,可以通过选举反映出来,政府的更迭可以通过宪法程序和平解决。除了国家处于资产阶级两党制的实质和作用,在前面已作了分析,毋需赘述了。极权主义民主论正是从上述政党政论中引申出来的。

什么是极权主义呢?皮尔津斯基认为,一般指这样一种制度:一个政党或者一个政治集团持久掌握国家权力,用政府或非政府的手段压制政治上的反对派,政治上的讨论和批评自由被牢牢地限制于执政党官方所允许的框架之内,公众并无有效的宪法途径监督政府,政府几乎握有无限的权力以实现自己的目标,干预个人和社会生活,通过立法或其他措施,限制或取消公民的政治权利。他接着说,如果在一个国家中公众自愿接受一个政治寡头集团的统治,同意它所实施的政治目标,那么,这岂不就是极权主义民主制吗?极权与民主仅仅从表面上看是相互矛盾不能并存的,因为在极权主义的统治下,当所有的与执政者对立的意识形态和政党都被压制和取缔的时候,公众不可能自由表达自己的意志,选举就会流于形式,因此从逻辑说,极权主义民主制是不可能成为现实的,不过是乌托邦而已;但实际上,极权与民主是可以相容并存的。为了说明这一点,皮尔津斯基对极权与民主的含义作了进一步阐释。

他说上述广义的民主的含义的一个非常重要的方面,是指选民可以挑选相互竞争的政党组织政府,但政党本身作出的许多重要施政决定,政党领袖(如果执政的话,他们就是政府首脑)的选择,政党本身的组成和结构,也是关系到民主的重要因素。假如它有着广泛的群众基础,其成员真正有权参与政策的决定、选举党的领袖,这也是民主的重要内容。如果这些方面不是通过民主的方式而是由政治寡头作出的(在现代一些西方国家里,实际情况往往就是这样),这岂不就是极权政治吗?所以民主和与极权并不是绝对排斥的。他以法国大革命时期的雅各宾派专政作为历史上的例证。以罗伯斯庇尔为首的雅各宾派根据当时法国的斗争形势,宣布成立共和国,规定公民享有广泛的民主权利,但罗伯斯庇尔所领导的救国委员会实行的是革命专制体制。在现代,一些西方的政治思想家把雅各宾派的领袖称为极权主义的政治家,但又承认他们所实施的政策是民主主义的,这是极权民主制的典型。皮尔津斯基等人认为,现在有的西方国家为了选举,举行没完没了的竞选演说和会议,报纸和广播对此加以广为传播以吸引公众的普遍注意。这些政治活动可能仅仅是无实质意义的形式而已。现在一些西欧传统的民主国家大都出现了政党制度多元化向单一化转变的倾向,国家权力由占垄断地位的政党控制。国家权力的中心从公众的意志转向了由少数寡头或杰出人物所控制的政党的意志,这意味着公众舆论对于政府的政策的影响已微乎其微,政党已经由开放式的转向按照寡头们的意识形态活动的封闭式的。在这种情况下,虽然有些国家还保留着多党制,国家的政体也还有不同的形式,但是,这已经没有重要的意义了,只表明了政治生活在向极权主义民主制发展罢了。

直接或共同参与民主论

在资产阶级革命时期,启蒙学者除了提出代议制的民主形式外,法国民主主义思想家卢梭还主张公民直接参与制。他赞成小国寡民，每一个公民都有权直接参与政府政治事务的讨论和决策，并列举了直接参与制的优点：保护个人利益，保证政府为公民服务；使每个人在政治上成为自己的主人；增强每个人的政治意识；通过直接参与的程序，使每个人加强对自己行为的社会责任感。

卢梭特别强调人民直接参与制定法律的重要性，"代表仅仅是人民的代理人，他们不能作出最后的决定，任何不是人民亲自认可的法律是无效的，这不是法律。"卢梭希望国家的领土尽可能小，人口尽可能少，以便每个人能够自己代表自己，直接参与法律的制定。他设想是以他的故乡日内瓦公国为蓝本并加以理想化的结果，带有乌托邦的色彩，是难以实现的。

继卢梭之后，英国 19 世纪的著名政治思想家约翰·斯图尔特·穆勒也提出了参与民主制。与卢梭的理论不同之点是他的理论已超出了小国寡民的城邦范围，成为现代共同参与民主制的直接渊源。穆勒认为，参与制能够使人们扩大视野并关注公共利益，选举明智而有才干的人担任公职。他认为，要想实行参与民主制，就得对公民进行教育和训练。

西方启蒙学者所提出来的直接参与民主论本来是一种带有乌托邦色彩的设想。这种设想在 19 世纪西方国家盛行代议制的时代已经销声匿迹。近年来，由于议会制危机的发展，这种理论又以新的形式在一些西方学者的著作中复活起来。如在美国这样一个地域广阔、人口众多的国家里，有人也主张实行以直接民主为核心的共同参与制。他们所持的理由是：由于科学技术的发展，通讯工具已经发生了革命；由于教育的普及，选民的知识和政治素养已经普遍提高；由于人们在瞬间即可共享信息，代表们所知道的事情，选民也能很快知道；在这种条件下，如果把美国现行的行政单位分割为更小的单位，实行共同参与制就没有什么困难了。

共同参与民主制的指导思想是，"凡生活受到某项决策影响的人，就应该参与那些决策的制订过程"。公众直接参与创制、复决和罢免的活动，将迫使政治制度更加对人民的需要负责。创制是通过公民核准立法，罢免是投票表决撤销当选官员的职务。美国的一些政治学家认为，现在美国正处于由代议民主制向共同参与民主制的转变过程中，创制、复决和罢免已成为新的民主工具。例如在 70 年代，美国有 175 项州一级的议案是由选民直接创制的。在美国有些人正在设想在"中央一级"实现选民的直接创制活动。他们希望能够通过一条宪法修正案，规定公民如果能在

18个月的时间内征集到上一届总统选举中投票人数的3%的选民的签名，就可以将某项议案列入全民表决，一旦通过，在30天以内便成为法律而生效。共同参与民主制的支持者认为，凡是个人没有参与制定的法律对自己就没有约束力。换句话说，凡是未经公众讨论和制定的法律都是无效的。不仅如此，如果公众认为法律是非正义的，也就是无效的。

共同参与民主制思潮的兴起也反映了资产阶级两党制的危机。人们对于资产阶级两大政党控制选举，垄断立法机构和其他政府机构感到不满意、不信任，他们要求亲自过问和参与关切自己生活与命运的事务，所以这也是公众对现实不满和政治觉醒的一种反映。

美国社会学家阿尔温·托夫勒在他所写的《第三次浪潮》一书中一方面指出了议会制的危机，另一方面他认为议会制也有优点，因此他主张实行"半直接民主"。从依靠代表转为依靠自己，把间接民主与直接民主结合起来，如果议会制定的法律不能适合选民的需要，那就由选民自己动手制定法律。

美国学者佐尔在《20世纪的政治哲学》一书中分析了直接参与民主制的起因。他认为当代民主理论的主要特征是从伦理观念出发维护人类的平等。19世纪的社会达尔文主义认为人和生物一样，人在生理机能上存在着差异，在生存竞争中，优胜劣汰，适者生存。而20世纪的当代的伦理观念否认人在本质上存在着差异，在人类历史上争取平等的斗争一直是争取民主斗争的主要内容。人类争取平等的斗争经历了三个历史阶段：第一阶段在资产阶级革命时期，反对以社会身份、宗教信仰等方面的不同来确定人们的权利和义务关系，使每个人都有公平地竞争的机会；第二阶段是在从19世纪下半期起，为了使每个人有最低限度的生存条件和基本的社会福利保障，要运用国家权力干预竞争自由，限制财产权的使用，这也称之福利国家阶段，现在西方社会正处于这一阶段；第三阶段是消灭经济上的自由竞争，使人们达到在政治、经济上实质上的平等。这种实质上的平等要求，是当代民主的中心内容。为了实现这种目标，人们要求直接地、平等地参与有关政治、经济和社会问题的决策过程。

当代也有一些西方思想家对直接参与民主制提出疑义，其中最有代表性的是赫伯特·麦克罗斯基。他赞成群众对政治采取冷漠态度，反对参与民主制。他以蔑视群众的态度举出了一些理由，认为参与民主制得不偿失。如参与民主制可以使那些政治上信息闭塞和态度冷漠的人卷入政治竞争的浪潮，增加投票的人数，但他们的选票可能是投给了希特勒，也可能是投给了罗斯福或者丘吉尔。因此政治上的冷漠岂不是胜过没头没脑的参与吗？政治上杰出的决策人只占人口的极少数。历史证明，这些人往往不是靠投票推选出来的。因此有人认为参与制的重要意义不在于形式上直接参与政治事务，而在于每个人都应承担政治责任。

有人主张所谓“半直接民主”制，从完全依靠代表转为依靠代表和公众自己，两者混合就是半直接民主。在当代，西方一些发达的资本主义国家的代议制机构的权力日益转移到行政机构，立法机构的代表也日益难以了解他们所代表的许多小集团的意愿，这些国家的“院外活动集团”或“政治压力集团”感到和立法机构进行复杂的交易和讨价日益困难，代议制作为政治经纪人的理论濒于破产，因此不得不把立法机构制定法律和选民直接制定法律结合起来。现代化的科学技术如计算机、人造卫星、电视、电话等等以及公民文化教育水平的普遍提高，使之有可能成为现实。

直接或共同参与民主制的一个重要方面是工人要求参与和自己的利益直接有关的问题的决策，因此形成了所谓工业民主制，也称为共同决策制。西方学者认为，这是政治上的选举权在劳动场所的延伸，使工人可以直接参与雇主决策程序。在当代，这种民主制在联邦德国、法国、意大利、瑞典、澳大利亚、荷兰、瑞士、美国等西方国家以及日本都发展很快。虽然这种所谓共同决策制在很大程度上流于形式，但也不能完全抹煞它的作用。对于当代资本主义国家出现的许多新现象，我们不能视而不见，有必要加以了解和研究。我们将在下面着重介绍联邦德国、美国、瑞士和日本四种具有代表性的共同决策制。

德国的共同决策制在第一次世界大战所制定的魏玛宪法中就有所反映，但 1933 年希特勒上台后，魏玛共和国被推翻，进步的工会组织被取缔，共同决策也就寿终正寝了。第二次世界大战后，这种制度又恢复和发展起来。联邦德国的共同决策制大体分为两个层次：第一个层次是工厂企业，第二个层次是监督委员会。

在公司制度方面，美国与联邦德国不同，这也是美国的共同决策制具有不同特点。美国公司的决策权完全集中于公司的董事会，由它负责制定和实施公司的政策，而不设监督委员会。在美国，从原则上说，按照共同决策制，工人可以选举董事参加董事会，直接参与政策的制定，似乎比之参加监督委委员会处于更有利的地位；但实际上，美国公司的董事会内部往往分成“局外人”和“自己人”两个小圈子，前者为工人选派的董事，后者为股东、特别是大股东所选派的董事，他们才是公司政策的真正制定者和执行者。因为工人选派的董事往往得不到有关公司管理经营方面的情报,他们在共同决策过程中很难有什么发言权。美国的反托拉斯法规定也与共同决策制有关。根据克莱顿反托拉斯法的规定,一个人不能兼任两个相互具有竞争性的公司的董事,而职工会具有法人资格,如果一个职工会给一个公司选派了一位董事,又给另一个与该公司具有竞争性的公司选派了一位董事,美国司法部就认为这是违背反托拉斯法的。此外,还有一些因素影响共同决策制的实施。如按照美国公司法,股东对于董事会作出的关于公司基本的资产的变动决定享有否决权,而这种变动对于股东利益和工人的利益都有不同的影响。既然股东享有最后的决定权,那工人选派的董事代表工人发表的意见又有什么作用呢?针对上述问题,美国的学者对于所谓体现工业民主的共同决策制提出了不同看法。一种意见认为,共同决策制与资本主义社会经济哲学是不相容的。劳资双方在经济管理上的平等权利与财产私有制的概念是对立的,因为股东在共同决策可能对自己发生不利影响时,可以出卖股票,与公司脱离关系。而工人要离开公司所属的工厂就可能意味着失业而受到更大损失,因此不适应否定共同决策,而是要改进公司的结构,使工人选派的董事能真正发挥代表工人意见的作用。

瑞士长期以来是闻名于世的所谓"福利国家",它的工业民主制有较为悠久的历史渊源,发展得较为完备。1947年瑞士修改宪法,在宪法中增加"经济条款",这些条款就是共同决策制的根本法基础。1976年在瑞士工会联合会、瑞士基督教工会联盟等工会组织的倡议下,就进一步扩大工业民主制的问题举行全国性的政治讨论和公民投票。根据讨论和投票所反映出来的大多数人的政治意向,瑞士当前采取的共同决策制以企业中雇员(包括工人、职员)委员会为基础的。雇员委员会根据集体劳动合同建立,委员会由雇员选举的代表组成,职工会代表雇员谈判和签订集体合同。在私营公司中除了个别例外的情况,雇员一般不选派代表参加公司董事会,而是由董事会把关管理计划的情报通报给雇员委员会,征求委员的意见和建议,然后作出决策。

委员会参与的决策包括哪些方面呢?其范围是相当广泛的,包括退休、养老金、工伤补偿制度,住房计划,训练、教育计划,工厂的关闭转产,职工的任期,工厂的纪律,安全措施,休假和工资制度等。上述诸方面制度,在职工会与雇主协会签订的集体劳动合同中都作了基本的规定。这些集体合同有的是以地区为范围签订的。雇员委员会就是在集体劳动合同的基本规定的基础上,根据各个工厂的具体情况参加协商和决策。

在国营公司则由政府法规规定,雇员选派代表参加董事会,如瑞士联邦铁路公司的董事会共有15名董事,其中3名为职工选派的代表。在联邦政府一向有联邦劳工委员会,委员是根据职工会的建议任命的,委员会的任务就是制定有关劳工的法规,向联邦政府提出建议。对于雇员的社会福利,法规作了一些基本规定,如有关雇用合同的法令规定,雇主有义务把社会安全计划内中雇员的权利通知雇员;关于年老病残的救济基金,由雇员和政府选派的委员管理。

日本的工业民主制是在20世纪70年代发展起来的。工人代表在公司或企业决策程序中只起间接的、有限的作用。这是因为雇主使用各种手段笼络工人,对工人实行终身雇佣制,直到年老病残退休为止,并且还由于历史传统的影响,因此在一些工人的意识中,就认为企业的经营与自己的生活息息相关,甚至有的还认为自己有忠于雇主的义务。因此与雇工的关系就不那么对立,工人也就并不要求直接参与决策的过程。日本的共同决策制在公司一级是由工人选派代表参加公司的董事会和审计委员会。根据日本的商法和公司法,董事会有权决定和执行公司的事务,审计委员会有权审查董事会的活动和公司的财务。参加公司的工人代表主要有两类:一类是职工会与公司在集体合同中商定,由职工会的主席作为工人的代表参加董事会或审计委员会;另一类是在商定之后,还需要经过股东代表大会选举和认可。日本的学者也承认,参与公司决策的大都不是董事会,而是由大股东支持的执行董事;在一些小公司中,管理机构则灵活多样,大都由资方的和职工会的领导人组成的管理委员会作为决策的执行机构。

日本学者对于职工会领导人作为董事或审计员参加公司的管理在法律方面有不同的看法。第一个问题是,作为一个公司的雇工的职工会领导人成为同一公司管理机构的成员是否合法?日本商法第276条规定,公司的雇工不能担任本公司的审计员。根据日本法学家的解释,这规定也包括不能担任公司董事和其他管理人员。因为在日本,职工会的领导人一般也是本公司的雇工,那么他们如果担任本公司的管理机构的成员就必须与公司解除雇佣合同。解除了雇佣合同,不成其为雇工,又怎么能代表本公司的工人参与决策呢?第二个问题是,公司的董事或审计员在任职期间有义务保守公司业务的某些机密,以加强本公司与其他公司竞争时的地位,那么工人代表把有关公司的业务情报给职工会以便商议在决策时采取什么态度,又是否合法?工人的共同决策结构是工人代表和雇主、管理人员组成的联合协商委员会,各个工厂的联合协商委员会并无法定的统一的职权。1972年日本雇主协会作过一次调查,调查的结果表明大致有三种情况:(1)大多数联合协商委员会是履行协商集体劳动合同的职能,协商工厂的管理、产量、劳动条件,如工资、劳动时间等等事宜;(2)有的联合协商委员会则是工人代表与雇主交换意见的机构,工人代表的意见对于雇主的决策只起参考的作用;(3)对于工厂管理方面的事务,在实施以前与工人代表协商,但即使工人代表对于雇主的意见表示反对,雇主也可以置之不顾,付诸实施。

对于雇主是否在法律上有义务必须与工人协商,共同作出决策,日本学者有不同的看法。日本1946年宪法第28条规定:"劳动者之团结权利,集体交涉及其他集体行为之权利,应受保障。"大多数学者认为联合协商的权利不在该条宪法规定的保障之列,因为协商权与谈判签订劳动合同等集体行动的权力是不同的。有少数学者则认为不仅参加工会的工人而且非工会会员都有权参与共同决策权。近几年,职工会要求修改商法和劳工法,扩大工业民主和工人参与共同决策的权利。

思考题

1. 如何看待革命和改良的发展道路之间的区别关系?
2. 如何看待经济民主和政治民主的关系?
3. 试分析技术民主论与杰出人物民主论之间的关系。
4. 试分析极权主义民主论和参与民主论之间的区别。

相关阐释

民主政治应该被想象成"无尽的交谈",在其中人们应该不断地尝试进入到与"他者"的对话关系之中。无论如何,如同协商的模式那样,最后他们不可能接受处在对抗维度上的"政治"。当审慎的民主主义者强调公正和合理的共识并且趋向于以康德道德理性的词汇来阐述民主政治的目标时,另一种观点则避开了普遍道德的语言,不把民主想象为义务论,而是想象为"伦理"的事业和对他者的再认识的不断追求。

民主的目标是建立起可以保证获得公正观点的程序。为了开始以不同的方式思考民主，我们现在应该理解对启蒙认识论的批判并不威胁现代民主的设计。正是通过对多元主义价值（在其强烈的尼采和韦伯的形式中）的激进结论、总体和谐的不可能的让步，现代理性才使它自己从前现代传统中摆脱了出来。

尚塔尔·墨菲：《民主的伦理学》，转摘自社会科学报2004年8月5日第7版

从这个意义上说，与其说多数人统治是民主化的表现，那么倒不如说能容纳少数人的差异性、使差异性得以合法化并为此建立合法的机构，才是真正的民主。由此我们则可以得出结论说，后现代民主将是与差异性联系在一起的。

在今天的社会里，工业社会的群体文明将为非群体文明所替代，多数人的民主将为少数人的民主所替代。……第二，在后工业社会或第三波社会里，民主政治将是既依靠代表也依靠自己的两者结合，即“半直接性民主”。……第三，未来民主政治的第三个方面是决策时的分工，即打破决策的僵局，把决定权置于适当地位。……后现代的民主将在多样化、异端、否定现代民主的形式基础上创造性地得到发展。

摘自郑祥福：《后现代政治意识》，扬智文化事业股份有限公司1996年版，第136－144页

女性主义今天在西方仍然盛行，甚至有人说它是美国当前最有力量的三大文化思潮之一（另两种是新历史主义和后现代主义）。它影响到多种学科，如文学、哲学、政治学、社会学、历史学、人类学等等，并在它的影响下出现了一些新的文化理论，如“少数话语理论”就直接得益于女性主义理论。

摘自王逢振：《女性主义》，扬智文化事业股份有限公司1997年版，第3页

相关文献

1. 徐大同主编：《20世纪西方政治思潮》，天津人民出版社1991年版。
2. 岳麟章主编：《当代西方政治思潮》，陕西人民教育出版社1988年版。
3. 潘华仿、孙凯飞、曾尔恕：《当代政治思潮》，黑龙江人民出版社1987年版。
4. H·威尔逊：《英国社会主义有关问题》，商务印书馆1966年版。

5. 苏珊·米勒、海因里希·波特霍夫:《德国社会民主党简史》,求实出版社 1984 年版。
6. 弗里德曼:《资本主义与自由》,商务印书馆 1988 年版。
7. D·贝尔:《后工业社会的来临》,商务印书馆 1984 年版。
8. 段忠桥主编:《当代国外社会思潮》,中国人民大学出版社 2001 年版。

第十二章

新自然法学

在西方法律思想史中,自然法是一个极其重要的概念。自然法对于西方法律思想的演变起着非常重要的作用。如何理解自然法中的“自然”,是区分各种自然法学和其他法学流派规定的关键所在。首先人们把自然法中的“自然”看作神赋予的。神圣的就是自然的,自然的就是必然的,也就是人们必须遵循的。其次,人们将自然法中的“自然”当作人性本身。另外,也有不少思想家认为自然法中的“自然”就是人的理性。由此,历史上的法律思想家们就从神圣的、人性的和理性的高度来规定自然法。它最早产生于古希腊罗马时代。赫拉克利特力图寻求国家法律存在的客观基础。他第一次区分了法律的类型:一类是存在于万物之中的神法,完美而公正;另一类是存在于人类社会中的人为法。神法的完善性和不可抗拒性使由它决定的人为法既具有了合法性,但又处于不确定的状态之中。赫拉克利特的理论奠定了西方自然法思想的基础。苏格拉底也试图找到支配人类和宇宙的自然法。当他把法律分成“不成文法”和“制成法”时,那种对“不成文法”的解释就蕴含了自然法的各种内涵。他主张法律是人类幸福的标准,遵守国家的法律是一种道德上的要求。“不成文法”是人类一切行为的准则,是神的立法。由塞浦路斯的芝诺所创立的斯多葛学派把“自然”这一概念置于哲学的中心地位,这样的“自然”不仅是万事万物的规律与秩序,而且是人的“本然”与理性。人的理性是自然的一个部分。理性是每个人的“本然”,它适用于所有的人,并能使所有的人有秩序地生活在一起。按照理性的生活,就是自然界的生活。因此,自然法就是理性法,它构成了正义的法律的基础。在它看来,法律的作用就是引导人们过一种理性的生活。世界上存在着两类法律:一类是共同法律即自然法,它在宇宙体系中是宇宙理性或宙斯,在社会体系中是世界性的法律。另一类是成文法,它是自然法在各国的具体表现形式,它促使人们去追求遵守法律给人们带来的幸福。由于斯多葛学派只承认一种统一性的道德和法律,它第一次将普遍统一自然法置于人类社会中,并使自然法获得了实在的力量。

古代自然法是从斯多葛学派开始的。这个学派把“自然”置于他们思想的中心。自然不是指自然界,而是某种和谐的秩序,人的理性是自然的一部分。按照理性地生活,就是自然地生活。自然法因而就是理性法。它构成了现实法和正义的基础。古罗马的法学家们进一步明确了自然法的作用。西塞罗指出,自然法是检验实在法效力的高级法,并据此论证在自然法面前人人平等的法律思想。古典自然法是文艺复兴以来资产阶级政治革命的重要思想武器。古典自然法有五大特征,它们是理性主义、个人主义、激进主义、分权主义和社会契约论。到19世纪中叶,伴随着法律实证主义的兴起和历史法学派的出现,自然法被当作一种非经验的(不能证实的)从而是不科学的概念而遭抛弃。但是,这种法律思想不会消失和衰竭。自然法是对不正义法的一种对抗。自然法能够引导人们达到对许多重要法学理论的深刻认识。自然法在西方政治法律文化发展中历经两千多年而不衰,有着强大的生命力。从西方法律思想发展中可以看出,西方自然法是一种“理性、正义和道德”的法律。自然法思想强调的是人与人、人与自然、人与社会的统一。它表现的是一种真正的人道主义精神。它对于西方法律思想的发展有着积极作用。

一　新自然法学概况

新自然法学形成于19世纪末20世纪初,第二次世界大战后更有了很大的发展。它是在复兴古典自然法的旗帜下进行的,又称为复兴自然法。新自然法学的形成主要有两个方面的原因:其一,主要是针对希特勒统治时期的纳粹立法的反应。在纳粹立法中,西方文明传统中历来倡导的人道主义价值以及公法和私法的基本原则(基本人权、公民自由和平等)遭到践踏。所以人们认为,只有接受一种超越专制专横权力之上的自然法,才能防止今后再出现这种法的悲剧。其二,20世纪50年代以来,发生在西方国家尤其是美国的一系列重大政治事件诸如黑人运动、反对美国卷入越南战争、学潮和妇女争取平等权利的斗争等,以及对这些事件的反思,极大地促进了新自然法学的复兴和形成。

从自然法的历史特点看,自然法具有极强的“内在自觉”特征,它追求自身的完善。但是,法学并非产生于追求知识的"纯粹动机"。它的历史一直是和法律职业的历史密不可分的,法律具有极强的"外在约束"特征。和早期西方的文化知识形态一样,自然法具有一定的"思辨性"特征。19世纪人们试图用自然科学的方法研究法律,用"实证"的方法改造法律,这对自然法是一个极大的挑战。经过"实证主义"方法的挑战,即使是最坚定固守"自然法"传统的思想家们也认识到,法学家们从事的工作是从经验、特定的案件、事件和问题中推出有现实效果的结论,并把这些结论整合成一个系统化的知识体系。因此,自然法的复兴,是在追求对法学目的的"理解"中产生的。

复兴的自然法理论同古典自然法相比,有了许多新的进展和明显的区别。比较17－18世纪古典自然法思想,新自然法学最重要的特征是:

第一,新自然法学派比较重视现实社会中的人的权利,对人权问题提出了许多法理学上的新思想。在有些法学家那里,社会本位倾向与个人本位倾向相交错,以社会本位倾向为主导。

第二,在古典自然法学家那里,自然法是永恒不变的,具有先验性和绝对性。古典自然法学家试图从某个绝对原则演绎出所有的法律规则和法律制度。而在新自然法学中,自然法既是一种世界观,又是一种价值论,是可以容纳各种不同观点的"普遍形式",其内容是复杂、丰富与可变的。它或者指正义和平等,或者指自由和效率,甚至可以是知识和财富,也可以是趋乐避苦的功利或者寡情少欲的修行。

第三,新自然法学与其他各家各派具有明显的靠近与融合的倾向。法国人马里坦的社会法学理论和比利时人达班的分析自然法理论就是这种倾向的标志。"近几十年来,自然法学家与实证主义法学家开始缓和彼此之间的对立状态。较之过去,每方都表现出更愿意接受由另一方提出的某些学说的修正形式。"①

新自然法学思想理论主要是在第二次世界大战之后形成的,有其产生的特殊背景。二战期间,法西斯对基本人权和自由以及公认的国际关系准则的粗暴践踏和破坏,实则是对19世纪以来在西方社会占主导地位的功利主义法学和分析实证主义法学关于"恶法亦法"观点的严重挑战,尤其是对分析实证主义法学将道德问题和法律问题割裂开来,主张法学

① 伯尔曼:《论实证法、自然法及历史法三个法理学派的一体化趋势》,《法学译丛》1989年第5期,第12页。

研究“实际是这样的法”,而不研究“应该是这样的法”的观点的严重挑战。按照分析实证主义法学的理论,纳粹德国所制定的法律,也是严格意义上的、应该为公民所遵守(某些战犯正是据此为自己所犯下的罪行作辩解)的法律。为摆脱这种窘境,在战后对纳粹德国战犯的审判中,人们不得不求助于正义、理性、人道等道德价值观念,强调实在法应从属于正义和道德原则。

新自然法学可划分为新托马斯主义的自然法学和世俗的(非神学的)自然法学两种形态。

二 富勒的自然法思想

世俗的新自然法学是以继承和发展古典自然法学为特征的现代自然法学派。富勒是这一支派的主要代表人物之一。朗·富勒(Lon L. Fuller, 1902－1978),毕业于美国斯坦福大学法学院,曾在波士顿做过律师。从1939年起到1972年退休前,一直在哈佛大学法学院执教,1948年继庞德之后任一般法理学卡特讲座教授一职。富勒在合同法、刑法、劳工法和法理学等领域均有涉猎,在法理学领域更是闻名遐迩。其主要著作有:《法理学》(1949)、《法的道德性》(1964)、《法的虚构》(1967)。

富勒新自然法学的基本思想是强调法律和道德的不可分,不仅立法具有实体的道德目的,而且法律本身的存在也必须以一系列的法制原则为前提,此即所谓法律的内在道德论,亦即“程序自然法”。人们把富勒划入自然法学派,主要是根据他的“事业论”的法律概念和“程序自然法”理论。

关于法律和道德关系的论战

富勒学说的发展和传播与他同英国哈特的新分析法学的长期论战不无关系。二者论战的焦点是法律与道德的关系问题,由此在西方引发了一场“恶法是不是法”的讨论。

哈特认为,否认实在法和理想法(正义法)之间的区分,即否认法律与道德的区分,会带来危险。而承认实在法和理想法(正义法)之分,就有助于我们看出这些危险。富勒则认为,实际情况恰恰相反,这种危险只能来自法律实证主义,即强调法律和道德之分。譬如,一个最败坏的政府也会对在其法律中写进残忍、非人道的东西有所顾忌，这种顾忌不会来自法律和道德之分，而恰恰来自法律和道德的一致性。

富勒宣称，法律实证主义坚持法律和道德之分，实际上就是坚持“秩序”与“好秩序”之分。法律代表一种单纯的秩序，好秩序则意味着一种符合正义、道德或人们认为应当做什么的思想的那种法律。实际上，这两种秩序是很难分开的。在秩序和好秩序之间很难划出一条明确的界线。富勒断定，法律单纯作为秩序来说，包含了它自己固有的道德性。如果我们要建立可称为法律的任何东西，甚至是坏法律，就必须尊重这种秩序的道德性。富勒在这里讲的是法律的内在道德。他的结论是：不符合这种道德性的法律，就不能称之为法律。

义务的道德和愿望的道德

富勒认为，道德包括两个方面的内容：义务的道德和愿望的道德。义务的道德是从人类生活的最低点出发的，是人类过有秩序的社会生活的一种基本要求。没有这些规范，人类就无法达到自己最基本的生存目的。这种义务的道德通常表现为否定形式，即“你不应该做某事”，典型的如《旧约全书》和《十诫》所陈述的道德。愿望的道德是人们对理想的追求，是人类生活的最高目的。

义务的道德和愿望的道德之间的区别主要有三点：

首先，由于愿望的道德是人们对美好生活和至善的追求，是人类能力的全部实现，因此，如果有人在实现愿望的道德方面取得进展，他将得到人们的赞扬；如果失败，人们也不会对其加以谴责，只会表示惋惜而已。由于义务的道德是人类过有秩序的社会生活的必需条件，因此人们不会因为遵守了义务的道德而受到赞扬；但有人违反了义务的道德，则会受到谴责和惩罚。

其次，由于愿望的道德只是对人的一种希冀，所以它总是表现为一种肯定的形式；而义务的道德，则大多表现为一种否定的形式。

第三，愿望的道德是对美好生活和至善的追求，但什么是美好的生活，什么是至善等，是不可知的；而义务的道德，则是实实在在必须遵循的行为规范，因而也就是可知的。

义务的道德和法律最为相似，愿望的道德和美学最为类似。愿望的道德虽与法律没有直接的联系，但它和法律的普遍含义却有联系。

法治原则

为了论证法律和道德的不可分，富勒进一步提出了真正的法律制度必须具备的一系列条件，这就是他所称的“法制原则”或“法律的优越性”。他认为，缺乏其中任何一个条件，并不单纯导致坏的法律制度，而是导致一个根本不宜称之为法律的东西。他提出了作为一个真正的法律制度的前提的八项法治原则：

第一，法律的一般性或普遍性原则。这一原则要求，在一个法治社会中，人类的行为要做到有规则可循。法律不是针对一部分人的，而是对一般人都适用。同时，一般性或普遍性也意味着同样的情况应受同样的待遇，因此，这也就包括了通常所说的法律面前人人平等的原则。

第二，法律应该公布。法律需要公布有很多理由：首先，一部法律公布后，即使一百个人中只有一个人去了解，这也足以说明其必须公布，因为至少这个人有权了解法律，而这个人是国家无法事先认定的。其次，人们遵守法律一般也不是因为他们直接了解法律，而是效仿了解法律的人的行为，少数人的法律知识间接地影响到许多人的行为。再次，法律只有在公布后才能由公众加以批评，包括对不应出台的那些法律的批评，同时也才可能对适用法律的人的违法行为加以制约。最后，大量的现代法律的内容是专门性的，它们是否能为公众所了解，这无关紧要，法律应该公布而绝不是指望每个公民都坐下来阅读全部法律。希特勒统治时期，大量采用见不得人的“秘密法”，从而造成法制普遍的极端败坏。

第三，法律应该适用于将来而不是溯及既往。富勒认为，法律制度一般是适用于将来的，因此，法律只应规定将来的某些行为。不能用明天的法律规则来治理今天的行为，亦不能因人们先前的某种行为现在看来违法而处罚他们。但是，可能在有的情况下，溯及既往的法律是不可缺少的补救办法。不过，溯及既往的法律只能出现在民事法律中。如果出现在刑事法律中，就会受到广泛谴责。这不仅是因为刑事案件关系重大，主要还因为在所有法律部门中，刑法最明显地、最直接地关系到人类行为的塑造和控制。溯及既往的法律使人感受到一种难以容忍的荒谬：今天来命令一个人在昨天应做或不应做某事。

第四，法律的明确性原则。富勒指出，这也是法治的一条基本原则。有的人认为只有法官、警察、检察官才会侵犯法制，立法机关却不可能，除非它们违反宪法对其权力的限制。事实上，制定一个模糊不清、支离破碎的法律也会危害法制。当然,强调法律的明确性并非一般性地反对在立法中使用诸如“善良诚信”“公平合理”和“适当注意”等准则。保证法律明确性的办法就是有时运用日常生活中的常识性判断标准。

第五,避免法律中的自相矛盾。如果法律自相矛盾,人们将无所适从。这项原则要求立法者应该注意法律本身与法律之间的矛盾。虽然这只是一个逻辑问题,但在立法过程中会出现这样的矛盾,解决这一问题的公认原则是寻求可能协调互相冲突的办法。

第六,法律的可行性原则。这就是说,法律必须可为人遵守。法律不应当要求人们去做无法做到的事情。否则,政府就会面临一种困境:要么强迫公民去实现他们不可能实现的事情,从而构成十分不公正的行为;要么对公民的违法行为视而不见,从而削弱对法律的尊重。立法者之所以会制定出人们无法遵守的要求,是因为立法者没有弄清义务的道德和愿望的道德之间的关系,把对人民的希望变成了人民的义务。

第七,稳定性原则。法律不应频繁改变,更不应朝令夕改。不随意更改法律与制定不溯及既往的法律具有同等重要的意义。法律的稳定性虽然对保持法律的有效性是十分重要的,但这并不是说法律一经制定就不能改变。由于环境、形势和人们观念的不断改变,法律的修改或废除亦在所难免。在这种情况下,我们总是寻求一种中间路线,在过于频繁地改变法律和根本不改变之间谋取一种平衡。

第八,官方的行为和已公布的法律规则的一致性原则。法律有着为官员执法和司法提供指南的职能。所以,官员的行为必须符合已经公布的法律规则。特别是当他们把法律规则适用于公民时,必须忠实地解释法律规则的真意。这一条要求是法制原则中最复杂最迫切的要求。导致官方行为和法律的规定不一致的原因是多方面的,如对法律的错误解释,执法官没有看到法律,对于如何保持法制的统一性缺乏必要的知识,行贿、受贿、偏见、冷漠、愚蠢,以及追逐个人权力等。正是因为导致这一原则无效的原因是多种多样的,因此,为了维持这一原则所采取的手段也应是多种多样的。其中,特别值得一提的是所谓“程序上的正当手续”的基本内容,它们包括委托律师代理的权利以及盘问对方证人的权利等。此外,还有申请人身保护状和向上一级法院上诉,要求推翻原审法院的判决的权利。在美国,防止官方行为与法律规定不一致的任务是由司法机关来执行的。这种管辖方式固然有不少优点,但也有其严重的缺陷——即首先要看当事人是否愿意并有足够的财力提起诉讼。实践证明,这种方法在控制警察的不法行为方面收效甚微。而某些监察机构,如斯堪的纳维亚国家的监察官员,倒是更能迅速灵活地反映和解决人民的不满。

富勒指出,在防止官方行为与法律规定不一致的问题上,最微妙同时也是最棘手的问题莫过于对法律的解释。他认为,在解释法律时必须遵循一定的原则:

1. 弄清在要解释的法令颁布之前的普通法是什么。

2. 在哪些普通法没有规定伤害或过失的处理办法。

3. 国会已决定并指令用什么救治方法来解决这些社会弊端。

4. 采取这种救治方法的真正原因;然后,全体法官应作出制止这些社会弊病并推进该救治方法发展的解释。

5. 对于那些不能像法官一样理解法令的意图的人,法律决不应成为他们的陷阱。

富勒认为,如果严格按照以上五条来解释法律,一般都能正确理解法律的真正含义。他特别强调,法治的八项原则是内在的,并不是用外力强加给法律的,是法律自身具有的特征。任何法律只要存在,就必然会不同程度地体现出这些特征。

法律的内在道德和外在道德

富勒认为,要了解法律和道德的关系,还应当了解法律的内在道德和外在道德之间的区别和相互作用。法律的外在道德是指法律的实体目标;法律的内在道德是指法律的解释与执行的方式问题,亦即一种特殊的、扩大意义上的程序问题。

在西方法律哲学中,就非神学(世俗)的新自然法学而言,道德与自然法一词几乎是同义的。所以,富勒将法律的内在道德称为程序的自然法,而法律的外在道德则称为实体的自然法。富勒所讲的自然法不同于以前的自然法,他讲的是处理人类特种事务的自然法。以往的自然法学说都仅指实体自然法,而他所讲的主要是程序自然法。

法律的内在道德和外在道德是互为影响的,其中一方的败坏必然使另一方趋于败坏。富勒认为,在极为广泛的道德范围内,法律的内在道德,即法制原则可以为法律的不同实体目的,即不同的外在道德服务。对于这些不同的实体目的来说,法律的内在道德仿佛是保持中立的。但另一方面,也不能据此认为,法律采取任何实体目的都不会危害法制。还有,法律的内在道德,虽然对广泛范围内的道德问题可以是中立的,但对人本身的观点却不可能是中立的。因为,法律是使人的行为服从规则治理的事业,必须认为人是而且可以是一个负责的人,有能力了解和遵循规则,并对自己的违法行为负责。所以,对法律的内在道德的背离,就是对人作为一个负责的人的尊严的冒犯。

法律的概念

在西方法学界,自古以来对于法律的概念有着多种不同的论述。例如,古希腊的柏拉图在《理想国》一书中将法律定义为一种社会行为准则,是公道与正义的标志,是人们协议的结果。富勒提出的法律定义则是:法律是使人类的行为服从规则治理的事业。对这一定义,他解释说,不同于大部分现代法律学说,他的定义把法当作一种活动,并将法律制度看作不断的有目的的产物。人类要成功地生活在一起,就需要有规则去维护他们之间的和平,使他们公正相处并有效地合作。法就是从这种需要中产生出来的。所以,他将法律看作是一种有目的的以及如何为此而克服困难的活动,而其他那些法律概念却只是在这种活动的边缘或附近游戏。

富勒在提出自己的法律概念的同时,对一些流行的法律概念也进行了理论上的批判。

第一,对法律预测说的批判。以美国著名法学家霍姆斯为代表的法律预测说认为,法律的意思就是对法院事实上将做什么的预言,而不是什么空话。对此,富勒认为,这种概念是企图将法律和道德截然分开。

然而,奇怪的是,这两种对立的观点却是可以调和的。因为,人们既然要预测法院事实上将做什么,就必须说明预测过程,就必须打听法院正在打算做什么,事实上也就必须进一步了解创造和维护法律的整个体系。这时,我们就会了解其中许多问题都是道德性质的。

第二,对法律公共秩序说的批判。以德裔法学家弗里德曼为代表的公共秩序说认为,法治简单地指“公共秩序的存在”。它的意思是通过法律指挥的各种工具和渠道而运行的有组织的政府。据此,所有现代社会,法西斯国家、社会主义国家和自由主义国家,都处在法治下。对此,富勒的批评意见是:在纳粹德国,“公共秩序”的外表可以说是无法的恐怖。

第三,对法律的强力说或武力说的批判。人类学家霍贝尔认为,法律和其他社会运动不同的标志在于,法律是使用强力和武力的规范。富勒认为,将法律和武力等同起来有一定的客观原因。刑法是与使用武力关系最为密切的法律部门。而在文明国家,对刑事案件又迫切要求严格实行法制，因而也就使人们容易将刑法视为整个法律。另外，这种等同的看法在原始社会有着特殊的意义：当时，建立法律秩序的第一步就是为防止私人之间使用暴力，而交由社会垄断使用。但是，不能把武力作为确定法律或使它和其他社会规范相区别的标志。在现代法律中，有些法律根本没有使用武力或以武力相威胁的机会，因此而认为它们不是法律是毫无理由的。

第四，对法律的权力等级体系说的批判。这种观点认为，法律的本质在于国家权力的金字塔式的结构中。最典型的代表是凯尔森的规范等级体系的学说。富勒认为，这种法律概念将创造和维护法律规则体系所必要的、有目的的活动加以概括化，但是它仅限于叙述实现这种活动的组织体制。公正地说，这种概念的目的表明，它注意解决法律体系内部的矛盾，但它却将避免法律中的矛盾这一法制原则加以绝对化，从而忽视了其他法律原则。

第五，对法律的国会主权说的批判。这一概念是 20 世纪初英国著名法学家戴西提出的。它认为，在英国，国会被认为拥有无限的立法权。富勒认为，这种观点与前面提到的权力等级体系说联系密切，而且也是极为荒谬的。

当代美国法理学家 M·P·戈尔丁对富勒学说的评论是：富勒并不研究“理想的法律制度”，他的自然法学的核心在于“制度设计”问题，而不同于法律实证主义者所关心的“既定”问题。这种自然法使我们想起法律所“给予”的在于发展。实在法仅仅是法律现象的一个方面，法律面临着永远存在的问题，人们的理性和努力应一直试图解决这些问题。

综上所述，以富勒等人为代表的非神学的新自然法学理论在二战后西方法学界占据着十分重要的位置。这一法学支派的主要贡献，在于其对纳粹法律的无情揭露和抨击，对“恶法亦法”观点的深刻批判。同时，它也较为深入地探讨了法律与道德之间的联系以及法治的原则。

三　罗尔斯的法律学说

约翰·罗尔斯(John Rawls, 1921－)，出生于美国马里兰州的巴尔的摩，1943 年毕业于美国普林斯顿大学，1950 年获该校哲学博士学位。他曾任职过的大学有：普林斯顿大学、康奈尔大学、麻省理工学院等，1962

年起为哈佛大学哲学教授。其代表作为《正义论》(1971)。在完成这部论著之前,罗尔斯先后发表过许多论文,其中大部分是讨论社会正义问题,目的在于构筑一种理想性质的正义理论。他沿着一条传承西方契约论的传统道路,试图代替现行功利主义而构建一个严密的伦理学和法学体系。人们把他划归新自然法学派,是根据他的正义论以及从正义论出发对法学重大问题所作的具有自然法倾向的解释。

罗尔斯是战后西方世界最有影响的法哲学家之一,同时他还是一位著名的哲学家和伦理学家。罗尔斯的哲学、伦理学和法哲学研究主要集中在道德哲学、政治哲学和法理学方面。他从道德的角度讨论了社会的基本结构,即研究社会基本结构在分配权利与义务、决定社会合理的利益或负担之划分方面的正义问题。他所探讨的社会正义涉及广泛的领域和许多重大的问题,例如规则的性质和分类,公民守法的政治义务和道德义务,法的正义标准等。罗尔斯是在尝试为社会提供一个合适的、能最广泛地为人们所接受的道德基础,目的在于发掘社会的活力,建立社会的良性循环。

方法论和社会正义的重要性

罗尔斯认为,他的"正义"理论是属于理想性质的,不涉及任何现实的制度和政策,探讨范围仅仅限于一种在法律上被严格服从的状况,限于一个组织良好的社会,所以是一种乌托邦理论。罗尔斯的《正义论》中所探讨的社会正义、平等自由、公正机会、分配份额以及差别原则等问题,都是以抽象或虚拟的方式提出一些解决问题的希望和建议。因此,他只是在提供一种证明方法和标准,目的在于为正义提供理论基础。

20 世纪以来,英国和美国的伦理学和哲学一直是由实证分析传统占主导地位的。伦理学家们大都专注于从形式方面探讨道德陈述和命令的语义和逻辑关系,而不太关注紧迫的现实道德问题。有许多学者认为,罗尔斯的《正义论》的出版在某种程度上标志着哲学和伦理学潮流的一个转折:即从形式的问题转向实质的问题,从实证的分析转移到思辨的概括。因此,罗尔斯的《正义论》被认为是关于古典自然法传统恢复和社会正义问题的最伟大的著作。30 年来,西方关于社会正义、分配公平、政治自由和政府中立等问题的探讨,在很大程度上都是对这本书的回应。

罗尔斯的《正义论》以编章为体,全书共计三编,九章。第一编讨论的是抽象的正义理论问题。首先,他明确规定,正义的对象是社会的基本结构,即用来分配公民权利和义务、划分由社会合作产生的利益和负担的主要制度。正义对社会控制来说至关重要,正义是社会制度的首要美德。一个组织良好的社会应当具备两个条件:第一,在这个社会里,每个人都接受,并且也知道别人接受同样的正义原则。第二,基本的社会制度普遍地满足这些原则的要求,一般人也知道它们符合这些原则。他所讨论的社会正义问题,就是社会基本结构,也就是主要社会制度的问题,包括政治体制和主要的经济、社会制度以及采取什么样的方式分配基本权利义务和社会合作成果的问题。

罗尔斯认为,正义问题之所以十分重要,是因为它的影响十分深刻。人们不同的生活前景受到政治体制和一般的经济、社会条件的限制和影响,也受到不平等的社会地位和自然秉性的影响,然而这种不平等是个人无法自我选择的。因此,这些最初的不平等就成为正义原则的最初运用对象。正义原则要通过调节主要的社会制度,从全社会的角度来处理这种出发点的不平等,尽量排除社会历史和自然方面的偶然因素对人们社会地位和生活的影响。正义问题之所以十分重要在于它还意味着:这种与生俱来的不平等不能用人们的社会功绩和贡献来证明其合理性。另外,关于人们的行为公正与否的判断往往是根据社会基本结构的正义标准作出的。例如,当我们认为一个法官的判决是公正的或不公正的时候,我们使用的公正标准通常是(或在绝大多数场合)是现行法律制度的规定。

罗尔斯在《正义论》中提出了"作为公平的正义"理论。这是以契约论为依据的。订立契约的原初状态纯粹是一种假设状态和一种思辨的设计。所谓原初状态是"恰当"的最初状态,这种状态保证人们在其中达成的基本契约是公平的。人们可以进入这种原初状态,模拟各方进行合理的推理而作出对正义原则的选择。这些选择是在无知之幕之后进行的,不知道任何有关个人的以及社会的特殊信息。这时,选择的方法是最大的最小值规则,即选择那种"其最坏结果相比其他选择对象的最坏结果来说是最好结果的选择对象"。在现代社会里,任何一个关于人的本质和人的价值的全面性理论,不管它是宗教的、道德的还是哲学的,都不大可能获得社会所有成员的一致支持。因此,现代社会的正义观念,不能像古典理论家那样,以一套特殊的人生观价值观作为预设前提。这样一种尽可能不预设人生目的和价值观的正义理论,以什么为基础呢?罗尔斯说,公平。公平是正义的基础。那么什么才是公平呢?理性的个人,在摆脱自身的种种偏见之后，大家一致同意的社会契约，就是公平。公平就是没有偏见。那么，什么才是“摆脱自身种种偏见”呢？罗尔斯的回答绝了：“无知才能公平。”没有偏见就是无知，也就是不知道自己是什么人。当一个人不知道自己在社会中的地位，不知道自己属于那个阶层，不知道自己的天赋和才能，甚至不知道自己喜欢什么追求什么的时候，他的决策就是毫无偏见的。当所有的人都处于这样的一重“无知之幕”背后时，他们所公认的社会契约，就是正义的。这样一种人人都无知、因而人人都无偏见的状态，罗尔斯称它为“原初状态”。他并不会真的认为人们事实上能处在这样一种境况中，而是要求人类有通感，可以通过自我反思，摆脱一切偏见，达到“原初状态”。

罗尔斯认为，他的正义理论试图为自由主义确立一种政治的正义观念（他称之为公平的正义），为当代立宪民主社会阐明它所应该遵循的正义原则（他称为两个正义原则）。他的目的是以洛克、卢梭和康德的社会契约论为基础，提出一种新的正义论，以取代在道德思想领域长期占统治地位的功利主义的传统学说。功利主义的理论是由英国的边沁根据休谟、亚当·斯密等人的学说创立的。它的核心命题是：权利和一切社会利益的分配必须根据最大多数人的最大幸福原则。这个原则允许不平等地对待少数人或牺牲他们的利益，只要这种不平等和牺牲能为多数人带来幸福。然而，如果把功利主义的原则贯彻到底，就会完全违背人们最坚持的道德原则，如平等原则和人权原则。罗尔斯认为，功利主义存在以下缺陷：(1)它只考虑最大限度地满足人们愿望这一总量，而不考虑这一总量在个人之间如何分配的问题。其结果是，只要能促进社会整体的利益，这一理论就不允许不平等地对待少数人或牺牲他们的利益。(2)这一理论只考虑“幸福”的量的问题，而不考虑“幸福”的质的问题。它既不管人们的欲望是什么，也无法解决相冲突的欲望之间孰先孰后的问题。在批判了功利主义的谬误之后，罗尔斯系统地阐述了自己的正义学说。按照罗尔斯的说法，古代人的中心问题是善的理论，现代人的中心问题是正义观念。罗尔斯指出，社会是一个或多或少自给自足的团体，这里既存在着利益的一致，也存在着利益的冲突。之所以存在利益的一致，是因为社会合作有可能使所有的人过上比他们孤立活动要好得多的生活；之所以存在利益的冲突，是因为人们对他们的合作所产生的更大利益如何分配不是漠不关心的。而且每个人都想得到较大的一份，而不是较小的一份。因此，每个社会都需要有一系列原则指导社会公正地分配权利（利益）和义务(负担),分配社会机会、经济机遇、自由、有利条件、财富、技能和一切可以视为"社会合作成果"之物。但是什么样的原则才是公正的?这经常是有争论的。

关于正义原则的选择

罗尔斯认为,正义是指所有的社会基本价值(或者说基本善),包括自由和机会、收入和财富、自尊等,都要平等地分配,除非对其中一种或所有价值的不平等分配有利于每一个人。因此,人们必将选择两个正义原则。第一个原则是平等的自由原则。该原则要求每个人都有平等的权利,享有与他人相同的最广泛的基本自由,包括政治上的自由、言论和集会自由、良心上的自由和思想自由、个人自由和保障个人财产的权利、依法不受任意逮捕和剥夺财产的自由。第二个原则是机会公平、平等原则和差别原则的结合。该原则要求社会、经济的不平等,例如权力、财富的不平等,只有在地位和官职对所有人开放并且这种不平等对所有人都有利、特别是对在社会中处于最不利地位的人有利的情况下才符合正义。在这两个原则中,第一原则优先于第二原则,因而自由具有优先地位。自由原则的优先性说明,任何与第一个正义原则所要求的绝对的同等自由不相符合之处,都不能用对社会经济有较大的好处为理由来证明其有理。财富和收入的分配以及权力结构,都必须与平等公民的自由和机会平等相一致。他还认为,差别原则导致补偿原则的必要性。因为在现实社会中,人们并不像假设的原始状态那样处于平等地位。由于出身和天赋等原因造成的不平等是不合理的,社会应该对此加以补偿。根据补偿原则,社会应该对那些天赋较低者以及在社会中处于不利地位者给予较大的关注,其目的在于为了纠正偶然因素造成的偏差,使人们更为平等。他主张,社会应将较多的财力、精力、物力和人力用于资质较低的人的教育方面。罗尔斯重申:正义总是意味着某种平等。人们在解释罗尔斯的两个正义原则时,通常将第一个正义原则等同于自由原则,而将第二个正义原则等同于平等原则,这是一种误解。

罗尔斯指出,由于社会正义原则是伦理原则,在选择伦理原则时必须具备的一些形式上的限制或条件,对于选择正义原则也同样适用。这些形式上的需求包括:第一,这些原则必须具有一般性,它们不是针对某一具体情况,而是对一般性质和关系的表述。第二,这些原则在适用上必须具有普遍性。第三,这些原则必须具有公共性,即由选择这些原则的各方公开确认。第四,这些原则必须能够调整各种冲突的要求和主张。第五,这些原则应当具有最高权威性。

罗尔斯假定选择正义原则的人都是具有理性的,他们在各种可能性中进行选择时,只会作如下选择:第一,能够较好地实现他们的目的。第二,能够较多地满足他们的愿望。第三,可能性比较大的那些原则。最后,无论大家一致同意什么样的原则,各方都能在理解和遵循这些原则方面互相依赖。他们知道在达成契约时自己的承诺不是徒劳的,他们的正义感能够保证被选择的原则将受到尊重。

罗尔斯所讲的"公平的正义"包含两层意思:首先,所选择的正义原则是在公平的"原初状态"中大家一致同意的,内容上是公平的。其次,这种选择出来的正义原则也符合普遍性、一致性、公开性和权威性等形式上或程序上的正义要求,因而从形式上讲也是公平的。这里,罗尔斯以分蛋糕为例来说明程序的正义这一概念:假定一些人要分蛋糕,假定公平的划分是人均一份,明显的办法就是让一个人来划分蛋糕并得到最后一份,其他人都在他之前拿。这样,分蛋糕的人就要平等地划分这个蛋糕。只有这样,他才能确保自己得到可能有的最大的一份。罗尔斯认为,完善的程序正义是公平的划分标准和实现公平分配的程序。所以,为了找出公平的正义原则而假定的最初平等状态和"无知之幕"都是为了满足程序上的正义,以保证其内容的合理性。

正义原则的应用

在《正义论》的第二编中,罗尔斯论述了正义原则的应用。他通过描述一种满足两个正义原则的社会基本结构和考察两个正义原则所带来的义务与责任来展示两个正义原则,分别讨论了"平等的自由"、"分配的份额"和"义务与责任"。

"平等的自由"讨论第一个正义原则,主要涉及政治和法律。它假设的主要背景是一种宪政体制,并确立了将两个正义原则应用制度的、由四个阶段构成的序列:第一阶段是人们以原始的平等地位选择政府原则的阶段。一旦两个具有先后次序的正义原则被选出,各方即回到人们的社会地位,并随之按照正义原则对各种关于社会制度的主张加以评判。第二阶段为立宪阶段。即人们在对制度的两个正义原则基础上创制出最有效的正义宪法。在罗尔斯看来,第一正义原则即平等的自由是立宪的首要原则。立宪阶段主要解决两个问题:一个是设计出一个公正的程序,以集合平等的公民权的各种自由并保护这些自由。这些自由包括良心自由、思想自由、个人自由和平等的政治权利。立宪阶段所要解决的第二个问题是,在众多的程序的选择中,有一种既公正又可行,并且最有可能导致公正有效的法律秩序的安排。这也就是说,正义程序将被制定得使正义结果(法规)有可能和正义原则相一致,而不是与功利原则相一致。第三个阶段是立法阶段,即人们选举的代表通过议会制定符合正义原则和宪法允许范围内的各种法律的阶段。罗尔斯认为,由于制度的第一条正义原则优于第二条正义原则,因此,立宪阶段就优于立法阶段。第四个阶段为规则适用阶段,即法官和行政官员将法律规则应用于具体情况以及公民普遍地遵守规则(即法律)的阶段。罗尔斯指出,由于任何社会都不可能达到完全的正义,在接近正义的社会里,只要非正义尚未超出一定限度,人们在形式上便有责任和义务去遵守这些非正义的法律。一旦非正义超出限度,人们即有不服从的权利。这种公民的不服从是在承认并接受宪法的合法前提下进行的。其具体表现形式有非暴力反抗和凭良心拒绝法律与行政命令。另外,它还必须具有三个基本的特征:非暴力性(和平性)、公开性、在正义原则指导下。罗尔斯认为,这种公民的不服从的作用归根到底在于巩固宪法制度和维护良好的社会稳定。在这一前提下,他充分肯定了上述这种公民不服从的重要性,并将其视为改变不正义法律的"特殊途径"。

"分配的份额"讨论第二个正义原则,主要涉及的是社会经济问题。罗尔斯主要论述了在现代国家背景下满足第二个正义原则的制度安排。

"义务与责任"讨论用于个人的道德原则,或者说由两个正义原则引起的个人的义务和责任。

正义原则在现实中也体现为法治原则。罗尔斯认为,法治与自由具有紧密的联系,个人的平等和自由必须受到法治的保护,否则自由就是一句空话。法律制度是强有力的公共规则,这些公共规则是为了调整个人的行为和提供社会合作的结构而向有理性的个人提出的。为了确保法治的贯彻执行,他提出了法治的四条正义准则:第一,法律的可行性。这一准则包括四个要素:(1)法律规定的要求或禁止的行为应当是一种可以合理指导人们做与不做的行为。(2)立法者和法官等应当相信这些法律可以为人们所遵守。(3)当权者的行动必须是真诚的,而且当权者的诚意必须得到那些要服从他们制定的法规的人的承认。(4)法律制度应该承认无法履行是一个辩护理由,或至少是一个减轻责任的依据。第二,相同案件同等处理。第三,法无明文规定不为罪。第四,自然正义观,用以保护司法过程的正确。这一准则要求法院必须采用适当的方式来实施法律,努力作出正确的判决和适用正确的刑罚。另外,法律制度还应该在程序上作出关于审理、法庭调查、证据等方面的规定。法治思想要求一个法律制度必须体现"正当程序"的概念,法官必须独立和公正无私地进行审案,审理时必须公正和公开,不应持有偏见,而且法官不能审理与自己有关的案件。自然正义原则应保障法律秩序被公正、有规则地维持。

20 世纪以来,特别是两次世界大战以后,一些有较大影响的思想家开始关注正义和道德,罗尔斯就是这一批被称为"新自然法学派"中的一员。罗尔斯特别关注实质性的道德问题,他所重视的是社会制度的正义问题。他对制度的道德评价和选择优先于对个人的道德评价。原初状态中的人首先选择用于制度的根本道德原则,然后才选择用于个人的道德标准,即义务和责任。社会正义论是罗尔斯思想的核心部分,也是其法哲学思想的理论基础。罗尔斯的思想也被称为正义论的法学。在西方,人们经常把罗尔斯的《正义论》同洛克的《政府论》和穆勒的《自由论》并列,称之为"自由民主传统的经典著作"。罗尔斯的《正义论》出版以后,关于正义和道德的话题又变成西方主流哲学的重要内容,反对者和支持者都在不同程度上受到了罗尔斯的影响。2001 年罗尔斯又出版了他的新著《作为公平的正义——正义新论》。在这部著作中,罗尔斯想达到两个目标:一个目标是纠正《正义论》中的一些不足;另一个目标是将《正义论》所阐述的正义观念与自 1974 年以来他所发表的文章中的主要理念合并成一种统一的表述。

四　德沃金的法学思想

罗纳德·德沃金(1931 –),1957 年毕业于哈佛大学,1962 年起任耶鲁大学、纽约大学和哈佛大学的法理学教授,1969 年,接替哈特担任牛津大学教授。德沃金的理论在法理学界曾引起轩然大波。其著作《认真地看待权利》(1977)被西方法理学界誉为多年来最重要的法理学著作。德沃金的其他著作有:《原则论》、《自由论》和《法律的帝国》等。

权利论

在德沃金看来,中国当前正处在一个社会和经济迅速变革的时期。这一变革带来了对新的法律的巨大需求。而在法律的迅速发展时期必然对维护法律的有效性提出特殊的挑战。而在这样的时期内,法律发展必须要在维持现存的法律和政治实践的一致性与调整和适应由这种社会与经济的迅速变化所急剧产生的新的环境之间找到一个平衡。

一方面,法律要找到和维持其与过去的一致性,否则,它会失去其完整性;另一方面,如果法律不能充分解决由社会和经济的迅速发展变化所带来的新型争端,人们就会不再把法律当作社会组织的一个工具而加以依赖。他们将寻找其他的方法来解决他们的争端。他们将通过腐败的方式以及其他方式。一旦如此,法律将日益成为与社会和经济生活无关的事情,政府也会再次失去它的引导该社会的社会与经济发展最有效的手段。

德沃金提出了两个方面的理论:

其一,权利论。指出了英美社会给予法律的特殊尊崇的来源。它反映出这一社会的理性的政治道德,正是这种法律的合法性和政治道德之间的关系给予了法律特殊的尊敬和特定的有效性。

法律和政治道德之间的这种关系的确立和保持的手段是:通过法律来实施基本的和宪法的"权利"。这些权利使法律本身更为道德,因为它可以防止政府和政府官员将制定、实施和运用法律用于自私或不正当的目的。权利给予我们法律"正当"的信心,这样说的含义是,法律会"正当的"公平对待他人,或使得人们遵守承诺。我们将更愿意明确地忠诚于法律,因为我们知道,如果一个特定的法律规则或者它的实施是不"正当的",我们的法律权利将阻止那一规则成为法律。这就是法律的有效性和享有特殊效力的其他形式的强制命令则不能的原因。权利给人们以保障,保障人们的法律受道德原则的指导,而不是受享有足够的政治权利的人的私利的指导。

德沃金认为,他所要辩护的理论需要一个词汇表,以便在个人所具有的权利中进行不同的分类。在第四章他论述了这样的词汇表。在他看来,最重要的区分是两种形式的政治权利的区分:背景权利,即以抽象的形式掌握在个人手中以反对作为整体的社区或社会的决定;具体的、制度上的权利,用以反对一个具体机构所作的一项决定。这样,法律权利或以被看作是一种特别的政治权利，即对于法院在执行其审判职能时所作出的判决来说，是一项制度化的权利。

个人权利是个人手中的政治护身符。当由于某种原因，一个集体目标不足以证明或以否认个人希望什么，享有什么和做什么时，不足以证明可以强加于个人某些损失或损害时，个人便享有权利。当然，从它即不指明人们有什么权利或保障什么权利这一点来看，确实，如果说权利有什么特征，一个权利的特征便是形式上的。但它并不假设权利具有某些特别的形而上学特征。

许多政治哲学家认为，自由权是政治权利中最基本的权利。人们常常认为，自由权不仅是平等权的天敌，而且至少在某些情况下与平等权相矛盾。德沃金认为，并不存在与平等权相矛盾的自由权。确实，这样一种权利的思想自身便是一种混乱。在权利当中，获得关心和尊重的权利以一种不同的方式表现自己是基本的权利，因为它表明，集体目标的思想自身也是从这一基本权利中发展起来的。如果是这样，那么获得关心和尊重的权利就是一种非常基本的权利。除了在一种局限的情况下，它不是表现在权利作为优胜于集体目标的一般特征上，因为它既是集体目标的一般权威的渊源，也是证明更为具体的权利对这一权威进行特别限制的渊源。

其二，占支配地位的理论。德沃金认为，它包括描述性部分和规范性部分。描述性部分是实证的，它把法律自身看作没有任何道德内容的，只是一个特定社会中占主导地位的制度化的政治实践的结果。其规范性部分是功利的：它宣称法律的目的——它的唯一合法的目标——是把社会福利最大化。权利论确信，占支配地位的理论未能解决当时美国社会所面临的对法律有效性的威胁问题。

占支配地位的理论把法律看作是规则的一个集合体，就像一个游戏的规则一样。一条规则就是一个命令，在一个特定的场景出现的时候，这个命令要求我们以一种特定的方式作出反应。这时，法律的焦点只限于规则自身，它可以不考虑那个规则中隐含的任何正义的观念。这个占支配地位的理论资历比权利理论要老的多。它比产生权利理论的英美的政治文化还要古老。由占支配地位的理论所代表的法律的特定观念在柏拉图和孔子的著作中都有讨论。在东西方的整个历史中，这个占支配地位的理论由于对于法律规则的特别依赖，曾经导致了很多怀疑者不相信法律。他们认为，法律抑制了社会道德的发展。当什么是正确和什么是法律相冲突的时候，惩罚那些根据什么是正确来行动的人，这样就抑制了道德的发展。

德沃金论述了权利理论与占支配地位的理论的关系。他指出，我们已经注意到了，我们对于法律的特别尊敬——与我们对于其他集合规则的尊敬如对于足球规则的尊敬相比——用把法律只看作是规则的一个集合体的观点是不能充分解释的。我们只有承认法律既包含法律规则也包括法律原则，才能解释我们对于法律的特别尊敬。一个规则和一个原则的差别在于，一个规则对于一个预定的事件作出一个固定的反应；而一个原则则在我们决定如何对一个特定的事件作出反应时，指导我们对特定因素进行思考。

通过把我们的法律原则建筑在道德原则的基础之上，我们允许法律在面对一个问题时考虑道德因素。在此问题上，权利理论给那些主张即使是在明显违背道德时也应该服从法律的法学家们提供一个答案。当法律规则和道德看起来是明显矛盾时候，法律必须权衡所有有关的原则，而不应该机械地服从法律原则。权利理论也给以牺牲道德判断来促进法律思考，因而对法律的运用具有疑问的怀疑论者提供一个答案。法律原则允许我们保证我们的法律发展和道德发展携手共进。

更为重要的是，通过揭示法律与道德之间的相互关系，权利理论能够解释我们给予法律的特别尊敬。我们遵守法律，不仅仅是因为我们被迫遵守法律，而是因为我们感到遵守法律是正确的。甚至于在我们知道遵守法律并不有利于我们个人的直接利益的时候，在我们知道我们可以不遵守法律而不会因此受到惩罚的时候，还是感到有责任遵守法律。我们这样做，是因为法律原则通过自身的协调反映了我们的道德情感，使法律获得了法律特征，获得了道德权威。这些是以强制力为后盾的规则集合体所不能享有的。正是法律的这种由法律原则所给予的道德特征，赋予了法律特别的权威，也获得了我们对法律特别的尊敬。

在建构我们的法律原则以使其反映我们的道德原则的过程中，我们创造了权利。权利即是来源于政治道德原则的法律原则。

从根本上说，所有的法律规则都是针对政府的：它指导政府在特定的争议中以特定的方式干预，因为一个特定的行为而惩罚一个特定的个人。所以，在建构一个鼓励而不是削弱道德社会的法律制度的过程中，法律必须反映政治道德和个人道德。权利保证法律不会引导或者允许政府去做它的道德身份之外的事情；权利保证法律能够使政府对其行为负道德责任，正如权利也保证法律能够使个人对其行为负道德责任一样。

在承认一个理性的政治道德的社会里，权利是必要的，它给予公民以这样的信心，即法律值得享有特别的权威，正是这一点把法律同其他强制性规则和命令区别开来，使其更有效力。一个政府通过尊重权利表明，它承认法律的真正权威来自这样的事实，即对于所有人来说，法律确实代表了正确和公平。只有一个人看到他的政府和公共官员尊法律为道德权威的时候，即使这样做会他们带来诸多不便，这个人才会在守法并不是他的利益所在的时候，也自愿地按法律标准行事。在所有承认理性的政治道德的社会里，权利是使法律成为法律的东西。

从根本上说，权利理论是关于法律发展的理论。通过法律发展来维持道德社会是一个有机的过程。社会、政治和经济条件总是变化的，因此，法律必须随之变化。如若不能够与这些变化同步就将威胁到法律与道德的结合。在社会的、政治的、经济的和观念的不断变化的漩涡中，一个社会如何确认和保护法律权利呢？在这种变化的漩涡中，一个社会如何在新的法律中维持和发展特定的道德权威？

占支配地位的理论提出了法律发展的一个具体观点。既然这一理论认为法律只包含规则，它认为，法律要跟上社会、政治和经济的发展步伐，必须制定更多的规则。即使在今天，受这一理论影响的很多人，把法律发展仅仅看作是创制越来越多的法律规则，以包容不断变化的社会与经济发展的过程。

占支配地位的理论的这种观点是不能令人满意的。因为它未能考虑发展的社会所面临的维护法律有效性的特殊问题。而权利理论给我们提供了与这个理论不同的法律发展图景。权利理论认为，法律发展是不能仅仅通过起草越来越多的法典和规章来实现的。法律发展要求政治道德的相应发展，政治道德是法律的基础。换言之，有效力的法律发展还要求我们在对社会、政治和经济条件作出反应的时候，要决定什么样的对策与政府的道德责任相一致。只有通过这种方式，我们才能够防止削弱公民对于法律的普遍的特殊尊敬的反应——或者防止不作出反应。

法律与道德的关系

德沃金提出，法律要求相应的道德发展，一个人怎样来发展他的道德知识？通过更多的法律教育吗？为了回答这些问题，我们需要对道德原则的来源及我们是怎样发现它们的有更多的了解。

多数政府经常试图把道德原则立法化。他们颁布法律和命令,告诉我们什么在道德上是错误的,什么在道德上是正确的。根据权利理论所要求的模式,道德的发展是不能通过颁布命令来实施的。

我们尊重道德的要求,不是因为什么人告诉我们这样做,而是因为我们相信它们是“真理”。这种对于真理的感觉使我们给予道德原则很高的权威。它们使我们相信,在必要的时候,我们应该为了这些道德原则而牺牲我们自己的利益。这并不是说存在普遍的道德原则,或者同样的道德原则在所有的地方,在任何时候,都适用于所有的人。恰恰相反,人们对于道德原则内容的不同意见可能都是有道理的。但是,我们每一个人,都把我们自己的道德原则和道德领域视为真实。真实的含义是,它们代表了我们可以最大限度地接受的构成一个道德社会的那些内容。

一个政府可以颁布法律,可以颁布官方的政策,但是,它不可以只是因为宣布某些事情是真理,它们就真的成了真理。真理是不能通过命令而颁布的。如果政府宣布某些原则为道德原则,但事实上这些原则并不能够被我们的道德领域所接受,那么,尽管有政府的命令,我们还是不会接受那个原则的道德,而是坚持我们自己的理性道德的价值观。

当然,政府经常用一两个理由来配合它们通过立法来规定道德的试图。它们可能说,它们的“政府”地位使它们的道德立场要高于我们的道德立场,这一立场允许它们支配我们的道德原则。它们也可能说,作为政府,它们在道德问题上比一般公民具有更好的观点。因此,我们这些普通公民,在政治道德的问题上,应该服从它们的高于我们的判断。

然而,这两种说法都是不符合理性的道德的概念的。理性道德不承认“高级立场”。正如其字义所包含的,理性道德就是其权威只建筑在理性之上的道德。一个理性的政治道德也要求政府的行为具有理性:即它们的思维与支配我们自己的道德思想中的理性具有同样的理性标准,它们的行为背后的道德推理能够为我们所理解。道德原则是由政府官员阐述而不是由其他人阐述的事实,并不能够使这个道德原则避开这些标准。政府关于道德的说法,同其他人一样,必须通过理性来检验。作为一个理性道德的组成部分,政府对于道德的主张并不是仅仅根据信心就可以接受的。

同样道理,政府不能够只宣布它具有超级的道德感觉,然后期待生活在一个理性的政治道德制度之下的人们仅凭着对它们的信心就接受其道德主张。如果政府真的是一个超级的道德观察员,那么,这一超级的道德能力将表现在它能够通过其内涵的真实理性使我们确信。政府也不能宣布说,它的优越地位使得它能够观察到普通公民所不能理解的道德真理。不能理解的真理这个概念就是与理性道德的信念不相容的。

可能,我们可以用更多更好的法律教育和训练来促进政治道德的发展。毕竟,法律学家们是使法律每天为我们运作的人们。他们最熟悉法律,更多地看到法律的运作。他们处在判断法律可以做什么和不可以做什么的最佳位置;知道哪一个法律是有效的,哪一个法律是无效的。

但是,法律学家们受到的训练是关于法律是什么的训练。法律学家们和法律训练,基本关心的是法律的战略和策略。他们关心的是从实在的法律中得到更多的东西。更多和更好的法律教育将在很多方面使法律更有效力。它们可以使法律更为清楚,更容易理解,更有预见性;它们可以使法律的功能更有效力。但是,它们不可能使法律在道德上更正确。

政治道德是关于法律应该是什么的问题——不是从技术的角度——也不是从行政和司法效率的角度——而是从道德的角度。法律的政治道德不仅仅是法律学家和政府官员的问题。它是所有人的问题。

为了理解怎样"发展"政治道德,我们需要理解"发展"的含义。这种发展不是发展形式,而是说发展一种道德知识。知识的特点是,它的发展是一个发现的过程。知识的发展,首先是由促进发展的人们之间的观念交流来推动的。我们可能事先不知道将有什么发现,或由谁来发现,但是我们可以通过保证与这一知识有关的所有思想的迅速和彻底的、尽可能广泛的传播来推动发现的过程。知识的发展是一种思想、一个新的原则导向另外的思想和原则的过程。所有相关的思想都可以促进这一过程——包括那些所产生的环境与我们的环境不同的思想;以及那些最初看起来不合理的思想。例如,所针对的背景与我们背景不同的思想仍然可以刺激我们对于不同状况的思考;很多重要的思想在发现的最初都被认为是不合理的。即使最终由事实证明是不正确的思想,有时候也可以为重要的发现提供灵感,从而促进真实的知识的发展。

为了效率起见,这样的交流应该尽可能地包括所有参与这一知识发展的人们。参与交流的人越少,就越可能丢掉有用的思想和重要的发现,从而使知识的进一步发展受到阻碍。

一个理性的政治道德,其思想不仅仅来自于政府,不仅仅来自于法律学家们和受过特别训练的、指定的学者和科研人员。正如我们所看到的,与一个思想的有用性和正确性相关的,是理性的力量而不是它的来源。

而大多数人,不管其文化和训练如何,都是有理性思维能力的。因此这些思想可以来自于任何人。它们可以来自于一个陌生人对另一个陌生人在另一个地方和另一个时间所说的话。思想没有政治的疆界,它们不因文化的不同而不同;它们没有发明者也没有所有者。它们是真正的"人类共同遗产"。

德沃金探讨了两个不同文化和地域之间的法律关系问题。他认为,国际法的一个重要原则就是自决原则。这个原则要求,每一个政治社会都有权利决定自己的政治文化和道德发展。但是,自决原则并不禁止所有的外来思想进入新的文化。因此,这一原则必须能够在跨文化影响中区别可允许的和不能允许的形式。这种区别存在于"命令"和"观点"的差别之中。命令是一个其效力仅来自其制定者的权威或权力的陈述。一个命令不给予它的接受者任何独立地评价命令之后的道理的机会;不管这个命令是不是明智的,也不管它对命令所含的智慧有什么样的看法,接受者都必须接受这个命令。另一方面,观点是其效力不依赖于其制定者的权力或者权威的一种陈述。一个观点的有效性依赖于其包含的理性的力量。它把接受者置于这样的地位,即让它独立地评价这个观点,并且根据自己的需要决定是接受它还是拒绝它。既然一个观点让接受者自己决定是否接受该观点的主张,它允许接受者自己决定该观点所隐含的价值观是否符合他们自己的价值观。

一个观点的适切性并不依赖于提出观点的人,也不局限于该观点所针对的人。一个观点的适切性完全取决于它的内容。要搞清楚为什么如此,我们需要区别两种类型的价值观。德沃金将之称为"基本价值观"和"派生价值观"。什么是"基本价值观"呢?在他看来,当一个观点认为一个价值观是真理,换句话说,这一价值观中的真理——它的魅力——不依赖于该观点事先存在的任何真理,那么,这个价值观对于这个观点来说就是基本的。什么是派生的价值观呢?当一个观点的真理依赖于该观点中某些预先存在的、更为深刻的价值观时,我将该价值观称为'派生的价值'。一个观点的适切性取决于它的基本价值观的吸引力,而不是其派生的价值观的吸引力。

很明显,自决原则所隐含的关注只是告诉我们不要对外国文化下命令,而不是反对向外国文化提意见。

德沃金提出,有一个观点认为,权利理论所特别关注的公民与政治权利,这个理论在论述个人应该享有比社会更高的道德优先权的部分,表明了一个隐含的基本价值观，这个价值观是中国文化所没有接受的。由此看来，权利理论与中国文化不相关的。

另外，因为权利理论断言，个人需要和个人利益应该具有道德优先权——即比他所属于的社会的需要和利益更为重要。既然权利理论没有解释为什么给予个人这个优先，而这个优先权从概念上来说是一个基本价值观，中国文化的基本价值观之一是，如果说社会利益不是比个人利益更为重要的话，也是同等重要的——因此中国文化不能接受权利理论。

德沃金批驳了这一说法。他认为，第一，这个观点把一个社会中的政府和这个社会混为一谈了。政府是一个集体社会的代理人，但是政府并不是社会本身，而且，政府可能并且确实会滥用它们的权力。公民与政治权利不必然给予个人以优先于社会的特权，但是，在政府或者政府官员不为他们所应该服务的社会利益工作时，它可以防止个人免受社会的侵犯。第二，这一观点错误地假设社会需要或具有反对个人的有效权利，这误解了权利的概念和作用。社会不需要权利，大多数社会政策都是为了社会整体的利益，也应该为了社会整体的利益。权利的存在旨在提供一个限制，以防止集体利益过于优先于个人利益。它们不会也不可能完全取消那种优先权。第三，这一观点把更广泛的法律保护与更广泛的道德价值赞同了。更广泛的保护经常是针对更广泛的政治的和身体脆弱群体，而不是更为广泛的价值观。例如，在大多数社会里，给予老人、儿童和残疾人以明确的法律保护。这样做的原因是这些群体的成员自我保护的能力较弱，而不是由于这些人对社会更有道德价值。与此相类似，给予个人以更多的权利保护，是因为面临政府滥用权力的时候，个人是脆弱的。权利理论强调保护个人权利，因为需要特殊保护的是个人而不是社会。

事实上，权利理论中没有任何东西表明或暗示应该或者必须给予个人以高于社会的道德优先权。权利理论并不要求给予个人绝对的自由，或者要求允许他们为了实现他们个人的需要而牺牲他们所属于的社会。德沃金指出："权利理论只是预先假设了三个东西：(1)一个符合规则的社会具有政治道德的某些观念，也就是说，它承认对于政府行为的道德限制；(2)该社会对于政治道德的特定观念——以及源于这种观点的法律判断——是"理性的"，即对于相同的情况给予相同的处理，而且不允许矛盾的判断；(3)该社会相信它的所有成员生而平等，他们有权利受到平等的关心和尊重。

以德沃金为代表的自由主义法学是西方长期以来占主导地位的自然

法学在新的历史条件下的继续和发展。这种法学把权利、公平和正义等原则作为法的理论基础,力图在道德原则中重建美国法理学,代表了当前美国和西方法理学发展的一个主流。

思考题

1. 试述富勒的"事业论"法学观点。
2. 简要阐述罗尔斯的"正义论"思想。
3. 试论述德沃金的"权利"观点。
4. 试分析新自然法学的思想价值。

相关阐释

意大利都灵大学教授登特列夫把自然法概念分为三种:第一是把自然法看作一种达到目的的最"自然的"的手段——"自然的"意指最有效的。自然法(最好的法)是能够成功地使法律秩序的主体获得最大限度和最持久满足的秩序。第二是把自然法看作有待于人类发现并受之约束的神圣安排。当符合这些安排时,它们是有约束力的。第三是指使法律规则成为有约束力的那些基本原则。这些原则不是神的创造和安排,而是人类的选择。根据这一概念,法是由不可分割的两部分的结合:一是权力的表现,这是为了保障法律的确定性;二是道德真理,即生活在法律秩序中的人们所选择和表达的正确与错误的观念。如果缺少第二部分,被宣称是"法律"的东西就不是法。

摘自登特列夫:《自然法——法律哲学导论》,台湾联经出版事业公司 1984 年版

启蒙运动是近代法治思想的动力。……首先在启蒙运动中"出场"的法治思想是以英国约翰·洛克为代表的自由主义法治学说。正是如此,他被誉为近代自由主义和法治主义的奠基人。……为了证明人的自由权利具有神圣性和不可剥夺性,洛克受霍布斯的影响,同样以"自然状态说"和"社会契约论"为其出发点。但与霍布斯不同的是,洛克的这两种学说并不仅仅在于说明人的"自然的人"是基于什么变成"社会或国家的人",而且还在于说明人的"自然自由"和"自然权利"是怎样演变成了"社会的自

由”和“社会的权利”,以及人类是怎样从自然法的统治过渡到国家法的统治。正是在对这些演变过程的描述中,我们读到了关于社会或国家为何形成、法律规则和法治为何派生的缘由的一种解说。

摘自汪太贤:《法治主义的源和流》,法律出版社 2001 年版,第 294 – 298 页

澳大利亚法理学家斯通指出,“法哲学的一个重要问题,是法律与道德之间的区别。它所提出的一些主要问题足以说明它的重要性:一,一个社会的法律应在多大程度上和在什么意义上影响社会的道德?二,如果法律不体现道德,是否还有服从法律的道德义务?如果服从的话,对这个义务有没有限制?三,当一个法律规范规定了道德所禁止的行为,公民应当服从哪一个?四,究竟有无因整个法律制度和道德冲突而推翻这一制度的义务?如果有,又在什么时候?”

摘自《不列颠百科全书》,第 15 版第 10 卷第 71 页

法律和道德的关系不是法哲学的局部问题,而是贯穿于整个法哲学的全局问题,从探讨法律的性质和特征,法律的渊源,一直到法律的推理,都涉及到法律和道德的关系。因此,法律和道德这一主题具有广泛的内容。

罗尔斯认为,法律与道德这一主题引起人们注意许多不同的一些问题,其中有:道德观念影响法律制度和受法律制度影响的途径和方式;道德观念和原则是否应进入一个适当的法律军政府中;法律的道德强制;批语法律制度和道德理性原则和我们默许法律制度的道德基础。

摘自张文显:《当代西方法哲学》,吉林大学出版社 1987 年版,第 84 页

相关文献

1. 郭成伟:《中外法学名著指要》,中国法制出版社 2000 年版。
2. 谷春德主编:《西方法律思想史》,中国人民大学出版社 2000 年版。
3. 张文显:《20 世纪法哲学思潮研究》,法律出版社 1996 年版。
4. 帕特里克·贝尔特:《20 世纪的社会理论》,上海译文出版社 2002 年版。

第十三章

实证主义法学

实证主义法学有时又称为新分析法学。它是在奥斯丁分析法学基础上的进一步发展,对于法学的研究一般都采取一种分析实证主义的态度和方法。一种观点认为,西方法学中的实证主义法学或法律实证主义通常并不是指一个独立的法学派别,而是泛指以实证主义作为哲学基础的各种法学。实证主义法学还包括在本书介绍的凯尔森、哈特之后拉兹的理论、麦考密克和魏因贝格尔的制度法学等。

一 实证主义法学概况

从 19 世纪下半叶开始,实证主义开始渗透到法律科学,出现了法律实证主义。法律实证主义反对形而上学的思辨方式和寻求终极原理的做法,反对法理学家试图辨识和阐释超越现行法律制度的经验现实的任何企图。它把法理学的任务限定在分析和剖析实在法律制度的范围之内,它还坚持要把实在法和伦理规范、社会政策严格区分开来,并倾向于认为正义就是合法性,亦即服从国家所制定的规则。

美国著名法学家博登海默认为,法律实证主义在分析法理学中表现得尤为突出,因此,他将这种法理学称为分析实证主义,并指出,分析实证主义所主要关注的是分析法律术语、探究法律命题在逻辑上的相互关系。

分析实证主义法学派在 19 世纪的代表是英国的奥斯丁创立的分析法学派,在 20 世纪的主要代表人物是霍菲尔德、凯尔森、哈特、拉兹和麦考密克等。凯尔森提出了法律的规范论,认为法律是由有效力等级的规范体系构成的。而哈特提出了法律的规则论,认为法律是由两种规则所构成。他们的思想在西方法理学中起着十分重要的作用。从奥斯丁到凯尔森、哈特,再到拉兹,最后到麦考密克和魏因贝格尔,构成了分析实证法学在各个不同时期的代表，形成了这一学派发展的一条主线。

分析实证主义形成的主要原因是：

第一，社会矛盾的激化，使得当时的统治阶级需要创造一种新的法学理论以取代自然法。实证主义法学应运而生。

第二，为了完善原有的政治制度，将原来的法律原则加以具体化和精致化，实证主义法学在这方面起了积极作用。

第三，实证主义法学的出现，也是当时英法两国实证主义哲学在法学领域的反映。

分析实证主义法学作为一种法律的研究方法，其影响不只是限于分析法学内部。它的影响还延伸或渗透到其他相近的法学流派。当然，分析实证主义法学也从其他法学流派中获得理论上的启迪。

二 凯尔森的法学思想

汉斯·凯尔森（Hans Kelsen，1881－1973），原籍奥地利，出生于布拉格一个犹太人家庭，先后就学于海德尔堡、柏林和维也纳。1911 年起担任奥地利政府的法律顾问，参加过奥地利共和国的宪法起草工作。1920 年至 1930 年任奥地利最高宪法法院法官。在希特勒上台后迫害犹太人时，他被迫逃往瑞士。1940 年起定居美国，曾在哈佛大学等地作短期讲学，后应聘担任伯克利加利福尼亚大学政治科学系教授。凯尔森一生著述颇丰，据统计，有六百多种。重要的法理学著作有：《国家法学说的主要问题》（1911）、《纯粹法学》（1934 年出版，1960 年修订）、《法与国家的一般理论》（1957）。其作品被译为 20 多种文字。

凯尔森是 20 世纪著名法学家。他所倡导的每一个理论都受到法学家们的重视。他是一位享有盛名又颇有争议的法学家。有人称他是现代法学思想史上影响最大的一人，他既受到热烈的赞同，也受到拼命的反对。

分析实证主义法学在当代有两大支派：一是英国哈特创立的新分析法学；另一个即是凯尔森的纯粹法学。凯尔森继承和发展了奥斯丁的分析实证主义法学方法论原则，并使之与新康德主义哲学相结合。凯尔森的纯粹法学被认为是一种极端的实证主义法学派。

关于纯粹法学的理论

凯尔森对法学理论和法学理论研究方法有自己的独到见解。他说："本书所提出的一般理论旨在从结构上去分析实在法，而不是从心理上或经济上去解释它的条件，或从道德上或政治上对它的目的进行评价。""当我们称这一学说为'纯粹法理论'时，意思是说，凡不合于一门科学的特定方法的一切因素都摒弃不顾，而这一科学的唯一目的在于认识法律而不是形成法律"。[①] 这就是说，纯粹法学研究的对象是实在法的结构，而与法律有关的经济、政治、道德或心理等各种因素则不在考虑之列。研究法律的价值判断和目的是一个政治上的问题，它和治理的艺术相关，而不是一个针对现实的科学对象问题。研究法律的现实是一种自然科学的任务，纯粹分析研究的是法律秩序如何决定人们应当如何行为，它是怎样一种规范体系，一种怎样的规范性秩序。对于凯尔森的这种做法，美国法学家博登海默的评论是：凯尔森在方法论上的目的并没有止于消除法律科学中的政治的和意识形态的价值判断。他还希望使法律理论摆脱一切外部的因素和非法律的因素，以进一步实现法律'纯粹'之目标。在凯尔森看来，纯粹法学研究的是"实际上是这样的法"，而正义理论研究的是"应当是这样的法"。他把前者视为科学，把后者称为政治学。

关于法律与法律规范

在拥有悠久自然法传统的西方国家，要把法的概念从正义的理论中分离出来是相当困难的。因为非科学的政治思想已经将它们混淆，从而为一种特定的社会秩序辩护。这是一种政治的而不是科学的倾向。凯尔森认为，法律的政治定义是指法律的概念服从特定的政治、道德理想。法律的科学定义是指法律没有任何政治道德的内涵，不附带任何主观的价值判断，法律只是社会组织的一个特殊手段。他的结论是：法律是人类行为的一种秩序和社会组织的特殊技术，法律是一种强制性秩序。他从实证主义的立场提出了"正义相对论"。他认为，正义是一种主观的价值判断，因此不能用理性的认识方法来加以回答。正义的问题取决于情感因素的价值判断，因而在性质上是主观的，它只对判断者有效，从而是相对的。唯有实在法才能成为科学的对象。它要的是法律的科学，而不是法

① 凯尔森：《法与国家的一般理论》，中国大百科全书出版社 1996 年版，第 2 页。

律的形而上学。它专注于实在法,既不捍卫什么正义,也不谴责什么非正义。它所追求的是真实和可能性的法律,而不是正确的法律。如果我们要在实证主义领域确立一种正义的概念,那么,它只能是一种"合法性",即把一般规则实际运用到应该适用的场合,那便是正义的;把它运用于不应该适用的场合,那便是非正义的。"只有在合法性的意义上,正义的概念才能进入法律的科学中。"①

凯尔森认为,法律规范是构成法律的重要部分。他将法的一般理论的主题限定为"法律规范及其要素和相互关系、作为一个整体的法律秩序及其结构、不同法律秩序之间的关系,以及最后法在多数实在法律秩序中的统一"。② 其他有些分析实证主义法学家认为,法律是一种法律规范或法律规则。法律规范与法律规则是相互通用的。凯尔森认为,这两个概念既有联系又有区别。法律规范由立法机关制定,法律规则是法学对立法机关所创立的法律规范的陈述。二者不可混为一谈。关于法律规范,凯尔森的看法是:所谓规范是表达某人应当如何行为这一事实的一个规则,而非任何人真正要他这样做的含义。以此为出发点,他进一步阐述了法律规范的组成、制裁、不法行为、法律义务、法律责任、法律权利以及法律规范的范围等诸多问题。

制裁是一种由法律秩序所规定的活动。它的目的就是促使人们按照立法者所希望的那样去行为,法律制裁具有强制的性质。

不法行为是法律制裁所适用的对象。它是法律秩序认为有害的行为,是应该予以避免的行为。从实证主义立场上看,制裁的决定性要素在于法律的规定,而不是立法者的意图,因为后者往往与政治和道德的含义联系在一起。法无明文规定不为罪原则是法律实证主义在刑法上的表现,它同样适用于民法领域。这就是说,只有法律规范规定了特定的惩罚条件,某种行为才能被视为是不法行为。

法律义务是在法律规范中与制裁相联系的那个人的行为。这就是说,法律上的义务是指一个不法行为的一个潜在的主体。法律意义只不过是法律规范概念的一个复本。法律义务也可以通过一个"应当"的形式表现出来,即行为人做出某种行为时,有关机关就"应当"对他实行制裁。

法律责任是与法律义务相关的概念。一个人的法律责任是指,如果

① 凯尔森:《法与国家的一般理论》,中国大百科全书出版社 1996 年版,第 62 页。
② 凯尔森:《法与国家的一般理论》,中国大百科全书出版社 1996 年版,第 1 页。

他做出与法律规范相反的行为时,他应该受到制裁。按照传统的理论,责任分为基于过错的责任和绝对责任。前者基于一种个人主义的正义理想,即每个人对自己的行为负责。后者是现代法律的一种趋势。如果制裁针对个人行为时,就发生一种个人的责任;如果制裁针对一个共同体时,就发生集体的责任。集体责任始终是一种绝对的责任。

法律权利是与法律义务相对的概念。它是相对于他人法律义务的一种权利。法律权利预定了某个他人的法律义务。

法律秩序和规范等级体系

凯尔森认为,法律秩序就是一个规范体系。社会秩序是由不同规范来组成和限制的。一个社会存在着不同的规范,例如道德规范、宗教规范、法律规范等。凯尔森理论的一个重要特点不是在于着重论述法律规范的内容或原则,而是论证法律规范的合理性问题;不是在于研究法律效力的事实性理由,而是论证法律效力的规范性理由。而且他专门探讨了法律规范的效力来源于哪里,法律效力的终极渊源是什么等问题。他认为,法律要具有合理性,就必须由一个拥有权威性的机构颁布,有法律渊源、符合法律秩序的规定。并非每一项命令都是法律,无论在它的后面强迫人们服从的力量是什么,具有什么样的法律地位,法规和法令都必须是一个"法律秩序"的产物。这也就是说,它们必须派生于一个已经被接受、被支持并且被承认为社会统一的合法工具的既定法治制度。简言之,所谓法律秩序就是法律规范的一种等级体系。法律秩序就是依次由"个别规范"、"一般规范"、"宪法"和"基本规范"所构成的等级制度。这些规范的统一性由下列事实构成:一个规范的创立方式由另一个规范所决定。低级规范的创立方式由高级规范所决定,而后者的创立方式,便由更高级的规范所决定。这种"上溯"的结果是终究会达到一个最高级的规范,即所谓"基本规范"。基本规范是整个法律秩序的最高的效力源泉,是整个法律秩序统一性的依据,也是严格法律秩序和结构合理性的依据。他指出,基本规范是一种假设。有了这样一种假设,才使法律秩序其他的一切成为可能。而一切次要的规范之所以合法、有效,是由于而且也限定于它们是按照基本规范所定的方式制定出来的。

凯尔森断言,要了解基本规范的产生和性质,首先要理解宪法和革命的概念。每个国家都会有宪法,这种宪法可能是成文的,可能是不成文的,可能是详细的或简单的,可能是有弹性的或刚性的,但它总的说来是一个根本法。它的根源在于人们公认需要法律秩序，而这一需要则体现在"创业者人们"的行为和意见里，既然创业者人们的意志需要建立一个法律秩序，这些行为和意见也就构成了基本规范。这种基本规范是适应这一制度的需要而产生的。所以，这里"基本规范"实际上指统治者的意志或行为。凯尔森将其称之为一种假设。假如说原来的创业者的意志和行为被否定了，发生了社会革命，其结果便是新的基本规范代替了旧的基本规范。然而，无论是新的基本规范或其他规范，都不是由于它的内容而获得合法性的。它之所以具有合法性，是因为它被假设为合法的。否则，人类行为难以被说成是合乎法律的行为。由此可见，基本规范是凯尔森法律秩序的基石和主要组成部分。在这个基础上形成了一个自上而下的法律体系或秩序。在法律规范里，各个规范的效力、原则不是依靠逻辑推理而得到的，它是通过各级规范层层委托得出来的，最终的效力可以追溯到基本规范。依据这样一个等级体系，在法律秩序中，基本规范只创立法律，而不实施法律。处于另一端的个别法规，只对具体案件执行法律制裁，是纯粹的法律实施，而不创立任何新的法规。在基本规范和最终的个别规范之外，处于中间的所有的法律规范都既是实施法律又创立法律。

凯尔森坚持和倡导法律的科学的意义，试图发现一种"纯粹"的法律理论的种种努力是有价值的。他是一位承前启后的重要人物。批评他的人认为，凯尔森的分析法学过于强调纯粹公式，而忽略了创造、适用和遵守法律的人的因素，没有探讨法的社会目的和社会效果。有人指责凯尔森把法律和其他社会现象割裂开来，如同把骨头和血肉分离，剩下的只是干巴巴的骨头，这样做非但不能说明法律的现象，反而是对法律的曲解。

三　哈特的法律学说

赫伯特·哈特(Herbert Hart，1907－1992)，英国著名法理学家，当代新分析实证主义法学的创始人，毕业于牛津大学。在研究法律之前，哈特已经获得古典语言、历史和哲学的博士学位。1933 年至 1939 年在伦敦从事律师工作，积累了丰富的法律实践经验。1952 至 1969 年担任牛津大学法理学教授。1978 年退休。他的主要著作有：《法律的概念》(1961)、《法律、自由和道德》(1968)《惩罚和责任》(1968)等。

新分析法学是相对于 19 世纪奥斯丁创立的旧分析法学而言的。在博登海默看来，新分析法学有三个不同于旧分析法学的特征：

第一，新分析法学舍弃旧分析法学把法理学的任务限制在对基本的法律观念进行注释那种单一的做法。他们承认其他研究法律现象的方法(如社会学的解释方法和自然法哲学的方法)也是合理的。

第二，在新分析法学家中，有相当多的人运用了现代尖端逻辑工具，其中包括符号逻辑和计算机科学等，而另外一些人则坚决依靠20世纪语言科学的发现和成就。

第三，新分析法学家对司法程序进行了更周密和更详尽的调查研究，其程度超过了传统分析法学家的工作。

博登海默认为，上述特征在哈特的著作中得到了明确的表现。另外，以哈特为代表的新分析法学在20世纪50年代的崛起，在某种程度上应归功于哈特与富勒论战的逐步展开。

对奥斯丁法律命令说的批评

法律命令说作为一种法律思想以奥斯丁的说法为代表。奥斯丁认为，法律是一种命令，这是由统治者给予社会成员的。法律的特点是责成或禁止人们的行为规范。制裁是命令不可缺少的特征。在命令中所要求的作为或不作为就是义务。由此，奥斯丁把法律的本质与命令、义务与制裁联系在一起了。哈特认为，这种命令说是主权者发布的以威胁为后盾、被普遍的服从所支持的普遍命令。这种法律的定义是一种“持枪抢劫情形”的扩大。这种情形是说，一个强盗命令他的受害者交出钱包，如果拒绝就以开枪相威胁。在这个情形中，强盗对受害者的命令具备了奥斯丁法律命令说的所有要素：持枪的强盗对于受害人而言，是一位优势者；强盗对受害人发出了命令，即交出钱包；如果不服从，强盗就要枪杀他，即制裁。哈特指出法律命令说在四个方面与事实不符：

第一，法律命令说的立法模式是针对他人而设立的行为模式。作为法律的定义，以威胁为后盾，仅在某些方面类似于以刑罚作为威胁手段的刑事法规。然而，即使刑事法规也不完全赞同于这种命令，因为客观存在不仅仅适用于别人，同样也适用于制裁别人的人。哈特认为，制定法律就像作出一个约定。首先存在一定的规则，依照此规则，具有资格的人为一定范围的人设立义务，这些义务同样适用于从事立法的人。因此，要以“约定说”代替“命令说”。在法律“约定说”的思想里，立法者不是一个下达命令的人，不是一个处于命令之外的人。他像一个约定者，他行使规则的权力，同时必须置身于法律的范围之内。

第二，法律命令说还忽视了不同于刑法的其他一些法律。这些法律并不像命令，它们并不要人们做什么，却可能授权给人们。例如合同法、遗嘱法、婚姻家庭法。这些法律执行的是完全不同的社会职能，以威胁为后盾的命令与它们毫无共同之处。这些法律并不要求人们必须以某种方式行为，也不强加责任和义务；它们是设定某些条件和程序，确立人们权利义务的结构，使人们实现他们的愿望。比如授予审判权和立法权等，以及创立、变更法律关系的权力。它们并不是以威胁为后盾的。

第三，尽管一个法律的颁布，在某些方面近似于一个命令的下达，但是某些法律规则起源于"习惯"。在法律命令说中，就不可能有"习惯"的法律地位。哈特认为，在现代社会，"习惯"通常是一个次要的渊源。"习惯"成为法律，要么通过主权者及其代理人的命令，或者通过法院的自由裁量。所以，在法院将习惯规则适用于特定的案件之前，习惯只是习惯，绝不是法律。当法院适用它们，并依照它们下达了生效的命令时，这些"习惯"规则才第一次得到承认。

第四，法律命令说将主权者视为"习惯地被人服从"、他们却不服从任何其他人、并必然不受法律限制的一个或几个立法者。这一理解无法解释构成现代法律制度特征的立法权能的连续性。该主权者一人或数人也不同于现代国家的全体选民或立法机构。而且，立法权要受到法律的限制，立法机关后面并非永远存在一个主权者。

哈特认为，法律命令说是"一个失败的记录"，其失败的根本原因在于"该理论由以建构起来的那些因素，即命令、服从、习惯和威胁的观念。没有包括也不可能由它们的结合产生出规则的观念。而缺乏这一观念，我们就没有指望去阐明哪怕是最基本形式的法律。"①

关于第一性的规则和第二性的规则

哈特提出了"法律规则说"。法律规则说的出发点，是在存在法律的地方，人类的行为在某种意义上就成为非任意性的。奥斯丁理论表现出来的是"被迫去做"，而他的理论是"有义务去做"。他认为，规则的观念是简明法律的最基本的观念。人类社会存在各种各样的规则，法律作为社会控制的一种手段，只是社会规则的一种。法律区别于其他规则的特点

① 哈特：《法律的概念》，中国大百科全书出版社 1996 年版，第 82 页。

在于，它是第一性规则和第二性规则的结合。其中，第一性规则是设置义务的规则，即要求人们从事或不从事某种行为。而不管他们愿意与否。第二性规则是附属性的，规定人们可能通过做某事或表达某种意思，引入新的第一性规则，废除或修改旧规则，或者以各种方式决定它们的作用范围或控制它们的运作。这里，第二性规则按其作用，又可分为承认规则、改变规则和审判规则。承认规则是确定何种规则是法律，某种渊源是否为法律的渊源，并对渊源的效力地位提供一个等级标准。改变规则是授权个人或群体，给群体的生活行为或群体中某一阶层的行为引入新的第一性规则或废除旧规则。审判规则是授权某些个人在特定情况下对第一性规则是否已被破坏的问题作出权威性的决定。第一性规则是设定义务，第二性规则是授予权力。

在哈特看来，义务分为道德的义务和法律的义务。两者经常混淆在一起，法律的义务应该是从一种内在的观点来看待的义务。他认为，人们对于法律规则实际上存在着两种态度或两种观点，即所谓内在观点或外在观点。持内在观点的人自愿地接受规则，并以此指导自己的行为和评价别人的行为。他们对规则作出内在陈述。譬如，“你有义务……我有义务……”等，体现着规则的内在方面。持外在观点的人自己并不接受规则，而只是一个观察者。他们观察对规则的遵守或违反所引起的规律性反应，并可能预测到偏离规则所带来的不愉快的结果。他们对规则作出外在陈述。如“我被迫如此”或“我若不如此，大概将为此而受苦”等。这体现着规则的外在方面。内在的观点重视规则和行为的理由，外在的观点重视规则和行为的可观察的可能性。一个社会总是存在着这两部分人之间的张力。一个法律制度稳定与否主要取决于它能否获得大多数人的拥护。

哈特指出，任何法律理论若要正确反映事实，必须记住并全面对待这两种观点的存在。法律命令说的错误就在于它忽视了社会中更多地持内在观点的人对于法律的态度。而体现内在观点的“义务”的观念乃是哈特理论的出发点。

法律与道德

在与新自然法学的代表人物富勒的论战中，哈特阐述了自己关于法律和道德关系的观点。他一方面坚持分析实证主义的观点，另一方面，他也提出了关于法律和道德之间存在联系的若干观点。

哈特认为，法律在任何时代和任何地方，都实际地受到特定社会集团的传统道德和理性的影响。然而，即使这样，也不能得出结论说，法律必须与道德或者正义相一致。他反对将法律和道德之间的某种"必然"联系作为法律中心的主张。他用分析实证主义的立场，即划分"实际上是这样的法律"与"应当是这样的法律"，坚持法律义务和道德义务的区别。哈特认为，一条法律规则既不会因为不符合某种道德原则获得法律资格，也不会因为某种合理性而获得法律资格。法律准则和道德准则不能相互引申。唯有如此，才可能避免将法律或道德作为衡量行为的最终标准的偏向。

同时，哈特认为，在所有社会生活中，法律义务和道德义务在内容上都有部分的重合，道德和法律使用共同的词汇。但是，法律规则的要求比它们的道德相对物更具体，更有规则的例外。

哈特在探讨了法律与道德的诸多联系之后，提出了"自然法的最低限度的内容"理论。即"这些以有关人类、他们的自然环境和目的的基本事实为基础、普遍认可的行为原则，可以被认为是自然法的最低限度的内容。"[①] 他认为，人类社会有一个自然目的和五个自然事实。一个自然目的就是生存和继续生存。五个自然事实是：

第一，人的脆弱性。人们既会偶然地进行肉体攻击，又同样地容易受到肉体攻击。因此，法律和道德共同要求人类要自我克制，规定"不许杀人"，限制使用暴力和施加肉体伤害。

第二，大体上的平等。即人类体力和智力上大体平等。尽管有所差异，但是这种差异不会大到一个人可以长期地统治另外一个人。因此，必须建立一个相互克制和妥协的制度，这是法律和道德两种义务的基础。

第三，有限的利他主义。人既不是天使，亦不是恶魔。他是一个中间者。这一事实使得相互克制的制度既有必要又有可能。

第四，有限的资源。人类所需要的衣食住等资源并非取之不尽。因此，某种最低限度的财产权制度以及要求尊重这种制度的规则便是不可缺少了。从静态上看，我们需要最低的财产权制度。从动态上看，我们需要财产流转制度。

第五，有限的理解力和意志力。并非人人都对上述规则予以理解和遵守。总会有人为了眼前私利而越轨。但是那些自愿合作的人会多于越

---

① 哈特：《法律的概念》，中国大百科全书出版社 1996 年版，第 176 页。

轨者。因此,为了确保那些服从的人不吃亏,针对后者的制裁便成为必要。理性所需要的是在一个强制制度中的自愿合作。

在有关法律和道德关系的争论中,往往会涉及这样的问题:道德上邪恶的法律是否可以称为法律?对此,自然法学家认为,这绝不是法律。分析法学家奥斯丁认为,法律的存在是一回事,它的优缺点是另一回事。哈特修正了奥斯丁的观点。他认为,这是法律,但它过于邪恶以至不能服从或适用。哈特的分析意见是:自然法学家采用的是狭义的法律概念,将法律的效力与法律的道德性、可服从性混为一谈。分析法学家采用的是广义的法律概念,将法律效力与法律道德性、可服从性区别开来。广义的法律概念优于狭义的法律概念。它能帮助我们认识到道德问题的复杂性。这种复杂性使得我们难以用某个道德标准去判定某个法律的效力。所以,法律与道德的分离对于二者的研究是有好处的。

哈特以自由主义道德哲学为基础,在道德问题上持较为开明、宽厚、多元的自由主义观点,由此力主法律与道德的分离。他在坚持法律实证主义基本立场的同时,也向自然法学有一定程度的靠拢。这一点集中体现在他的"最低限度内容的自然法命题"中。

综上所述,哈特坚持分析法学的传统,但又有所修正和改变。由于哈特把语义分析哲学和社会学的方法导入法理学,并审慎地吸收自然法学的一些观点和方法,他的理论因此克服了旧分析法学和纯粹法学的许多缺陷,阐明了某些一直困惑着法学家的问题,扩大了实证法学主义的范围。

思考题

1. 谈谈你对凯尔森的纯粹法学的看法。
2. 哈特关于法律和道德关系的见解有道理吗?
3. 哈特的法律规则说的主要内容是什么?

相关阐释

如果说习惯法则是一种纯粹的、完全脱离了真实世界的应然,那么,习惯法律、道德就包含在现实性中。它们是一种欲然,不过却是一种意在说明一种应然的欲然。道德是地地道道的应然之旨,因为它们乃欲然之旨，习惯、法律、道德仅在其为欲然之旨时方为应然之旨——因社会、国家和良知欲然。作为理想法则，我们给自然法则提出那种纯粹应然的法则，则这些欲然的应然法则是与作为文化法则的欲然的应然法则相对立的。

摘自拉德布鲁赫：《法学导论》，中国大百科全书出版社 1997 年版，第 3 页

"什么是法律"之所以是个难题，是因为：当人们提出"什么是法律?"这一问题时，人们所要求的不是关于某一行为或事件的具体法律知识，而是一个能够概括古往今来所有法律的本质特征，说明法律与其他社会现象以至自然现象的联系和区别的解释或定义。这一要求显然是颇具难度的。

"什么是法律?"是一个难题，但它是任何一个法哲学家都不能回避的难题，是法哲学家必须解决的首要问题。

摘自张文显：《当代西方法哲学》，吉林大学出版社 1987 年版，第 45 页

奥斯丁法律定义，有两点是明确的：(1)"命令"是奥斯丁法律定义的核心，奥斯丁的法律学说因此也被称为"法律命令说"；(2)奥斯丁法律定义的基本因素包括：命令；主权，即政治优势者与劣势者的关系；主权命令而生的责任；和对不服从者以刑罚方式出现的法律责任之法律制裁。

英国当代法学家拉兹在《法律体系的概念》一书中，专门总结过奥斯丁的法律命令说。他认为，奥斯丁的法律概念涉及到三个方面的命题：(1)法律是一个一般性的命令；(2)法律是由某个主体发布；(3)谁是主权?

摘自谷春德主编：《西方法律思想史》，中国人民大学出版社 2000 年版，第 190 页

经济分析法学的核心思想是，所有的法律活动(立法、执法、诉讼等)和全部法律制度，说到底，都是以有效地利用自然资源，最大限度地增加社会财富为目的的。换言之，"效益"是法律活动的唯一宗旨。因此，经济分析法学家主张运用经济学特别是微观经济学的观点和方法分析和评论法律制度及其功能，朝着实现经济效益的目标改革法律制度。

在许多西方法学家看来，经济学是不适宜用来描述法律现象的。例如，自然法学家认为，法律领域是规定应有行为的规范领域，是同描述现象的社会科学(包括经济科学)完全分离的。对于概念主义法学家来说，法律是自给自足的戒律，是一般的和抽象的规则体系。它构成与外在的

政治和经济考虑无关的稳固而统一的秩序。法律工作者就像掌握自给自足哲学原理、足以解决面前的各种问题的逻辑学家。他们手中的合同原理和财产权原理为私人市场中的交换提供了普遍的结构,足以应付各种问题。

摘自张文显:《当代西方法哲学》,吉林大学出版社1987年版,第39-40页

相关文献

1. 郭成伟:《中外法学名著指要》,中国法制出版社2000年版。
2. 谷春德主编:《西方法律思想史》,中国人民大学出版社2000年5月版。
3. 张文显:《20世纪法哲学思潮研究》,法律出版社1996年版。
4. D·贝勒斯:《法律的原则》,中国大百科全书出版社1996年版。
5. 哈特:《法律的概念》,中国大百科全书出版社1996年版。
6. 拉德布鲁斯:《法学导论》,中国大百科全书出版社1997年版。

第十四章

社会法学

社会法学是以社会学的方法研究法律现象和社会价值以及法律的作用、效果的一种实证主义法学流派。它强调法律的社会化,其理论基础是孔德的实证主义哲学和社会学。

社会法学派是现代西方法学中的一个重要流派,其中分为欧洲大陆的社会法学和美国社会法学两派,在西方国家有重要而广泛的影响。早期社会法学于 19 世纪末出现在欧洲,后传入美国。20 世纪的社会法学可分为欧洲社会法学和美国社会法学。前者以德国社会学家韦伯、奥地利法学家埃利希等人为主要代表,美国社会法学则由庞德等人创立。整个社会法学派又可分为多种思想流派,它既包括欧洲的社会连带主义法学、利益法学、自由法学、斯堪的纳维亚现实主义法学,又包括美洲的实用主义法学和现实主义法学。

社会法学派强调研究“现实的法学”,研究法律现实的各个方面,反对实证主义法学派仅仅对法律进行逻辑形式上的研究。它对法律的来源、性质和作用的论述大都强调的是法的社会性。社会法学与法律社会学是两个既有一致方面,又存在不同性质的概念。就社会法学而言,我们是从学派、研究方法和理论重心的角度来说的,社会法学引入社会学的理论和方法,但它仍然是法哲学中的一个流派。而法律社会学是从学科意义即从法学和社会学跨学科的意义上理解的,它是法学与社会学相互整合而形成的新兴学科或交叉学科。

一　社会法学概况

社会法学在 20 世纪的出现有着深刻的社会、经济、政治和文化方面的原因。从 19 世纪末开始,西方社会从自由资本主义进入垄断资本主义，各种矛盾日益激化，劳资双方尤为对立。迫于劳工运动的压力，资产阶级政府开始从社会的角度出发来考虑缓解社会矛盾的对策。劳工法、社会保障法、环境保护法、公共交通法、经济法等社会立法不断制定出来。另外，实用主义、怀疑主义成为主导性的社会思潮，人们的思想观念随时代的发展也有了较大变化。在这样的情况下，西方国家不得不一改以往那种"守夜人"的身份，充分运用行政、法律等手段对劳动、福利、经济、教育等方面的问题予以调节和干预。于是，"法社会化"遂成为时代之潮流。法律社会化以把个人利益与社会利益有机结合，并以保障消费者和弱者为特征。这些社会问题的法律实践要求对法学理论作出调整。法律社会化充分反映出社会价值观念的重大转变，即从强调自由到限制自由、突出个人人权到限制个人人权和重视社会利益的转变。

此外，社会法学的兴起还有以下一些背景：20 世纪初，一些法学家发表了对司法过程持怀疑态度的文章，指出了法官仅仅适用现有法律的教条主义。在 20 世纪 20－30 年代，这一怀疑的态度发展成被称为"法律现实主义"的强有力的学术运动。它的代表人物指出，美国的某些正统理论已经发展为一种谬误，因为它对法理学采取了一种教条主义的态度，试图通过集中研究法官在他们判决中提到的规则来阐述法官的行为。法律现实主义认为，这种态度是一种错误，因为法官实际上总是根据他们自己的政治或道德喜好来判决案件，然后再选择一个适当的法律规则将判决合理化。法律现实主义要求一种注重于法官做什么而不是说什么，注重于法官的判决对更多的人的实际影响的"科学"态度。美国法理学的主流追随法律现实主义的这一召唤，避免了英国教科书的教条态度。它强调另外两种职业技术——法律职业者使事实条理化和为社会变革设计战术的技术。如果把这两种技术区分开来，我们可以更清楚地查考法律现实主义在后来的影响。对事实的强调发展成为哈佛大学的罗斯科·庞德所称的社会法理学。他对其赋予的含义是将法律制度作为社会程序加以仔细研究，例如，这一理论不是将法官当作教条的神使，而是当作负责处理不同的社会和个人欲望的人。一些法学家，如杰罗姆·弗兰克和庞德本人，试图继续这种研究，但他们发现律师们除了反省或限制的方式之外，不具备阐述复杂的法律制度所必需的训练或统计学上的准备。因此，社会法理学成为社会学家的领域。

社会法学的主要特征有以下几点：

其一，在个人和社会的关系上，社会法学派认为法律是一种社会制度,是社会控制的一种手段。它强调社会、社会连带(合作)和社会整体利益。有的社会法学派学者把社会连带关系看成是社会存在的第一因素,把基于社会连带关系的客观法看成社会最高准则。

其二,在权利和义务关系上,社会法学派倾向于义务本位,主张个人权利首先要服从义务。有的学者主张个人没有权利,只有服从社会连带关系的义务;国家也没有主权,只有实现社会连带关系的义务。

其三,在保障发展和强力制裁的关系上,社会法学派强调的是法律所要促进的社会目的,而不在于制裁。它认为法律规则的最终权威来自于它所保障的社会利益,而不仅仅在于威胁和制裁。

其四,在法律的作用方面,社会法学派注重法在社会生活中的具体的积极的作用,而不是它的抽象内容;它主张法律规则应被认为是达到社会公正结果的指针,而不是固定不变的模式。

法社会学代表着一种强劲的新思潮,同时也意味着一种全新的视野和方法,对传统的西方法学是一个巨大的冲击。它的意义主要在于促使人们的思想观念的改变。

二　埃利希的社会法学思想

埃利希(E. Ehrlich, 1862 - 1922),出生于奥地利的一个犹太人家庭。其父是一名律师。埃利希于1886年在维也纳大学获得法学博士学位。1894年任维也纳大学讲师,主讲罗马法,兼任律师工作。1896年升任维也纳大学教授。1897年为切尔诺维茨大学的罗马法教授,1906年任该校校长。其主要著作有:《法律的自由发现和自由法学》(1903),该书被认为是自由法学的宣言书,就是这本书吹响了自由法运动的号角;《法律社会学的基本原理》(1913),该书使他获得了“欧洲法社会学之父”的称号。

埃利希历来被奉为自由法学的创始人和主要代表,与德国法学家埃托罗维茨齐名。因其首创“法律社会学”这一术语,埃利希又被西方法学家普遍推崇为法律社会学的“奠基人”。

自由法学是在与利益法学相同历史条件下产生的社会法学的一个支派,也是对当时盛行于欧洲大陆的概念法学和司法中的形而上学的反叛。自由法学的主要特征可概括为:反对成文法规是法的唯一的渊源的观点,重视社会现实中的“活法”和“自由法”的作用；主张扩大法官的自由裁量权，允许法官可以根据正义原则和习惯自由地创制法律规则。埃利希的学说是20世纪初期欧洲社会法学的代表，对于社会法学思想在美国的传播和发展有很大的影响，“活法论”更是使他闻名于世。

关于法律的概念

社会法学派最初提出的问题是：国家权力是法律的唯一来源吗？埃利希认为，法律除了来源于国家制定的法律之外，还来源于“现实中的法律”，即由社会秩序、习惯、公共舆论和法学家的权威意见构成的法。埃利希特别重视罗马的习惯法。尤其是在古罗马的早期，习惯法是法的主要形式，十二铜表法就是习惯法的汇编。他认为，罗马法学家的意见在发展罗马的实体法方面起过很大作用。法学家的作用有两个方面：其一，通过调查发现社会中“现实的法律”；其二，把“现实中的法律”加以综合、概括和统一。国家所制定的法律规范与现实社会中“现实的法律”在原则上是完全不同的。前者是人为的，是人类理性和逻辑的产物，后者是自发的，是人类共同的社会行为规则的体现。

埃利希认为，从法官的角度看，法律是法官据以解决争执的规则；而从法学研究的角度看，法律是人们行为的规范。这两种概念之间无疑有着一定的区别，因为人们并非总是按照法官据以解决争议的规则行事。大体上说来，当人们纯粹以学术的心态来研究其他国家的法律或研究历史上的法律时，人们采用的是第二种法律概念，即法律是人们行为的规范。而当人们把视角转移到本国目前的实证法时，他们关于法律概念的理解就发生了变化，即不自觉地会认为法律是法官或者法院用来解决当事人之间争议的规则。埃利希指出，这两种法律概念也是相互影响的。具体而言，法院的判决在特定的情况下和一定的范围内会影响人们的行为，而人们用来约束自己的行为规范有时也正是法官用以裁决人们之间争端的规则。

埃利希主张，法律的概念应当包括以下四个要素：(1)它是由国家创制的；(2)它是法院判案的根据；(3)依据法官的判决，它构成实行法律强制的基础；(4)它是一种秩序。不过，在埃利希看来，前三种因素并非都是法律必须具备的，因而可以排除在法律的要领之外。另外，在谈到法律概念的同时，埃利希批判了传统的观点，这种观点认为，法律是一种由国家维护的强制秩序。他断言，17、18世纪自然法学派以及历史法学派的创始人萨维尼和普赫塔的著作中都涉及了法律概念这一问题。但是,这两个学派虽然激进,但不够彻底。

“活法”与国家法

“活法”是埃利希理论的一大特色,也是其思想体系的一个重要组成部分,对欧美后来的社会法学的发展有一定的影响。埃利希认为,制定法既然是人类理性、逻辑的产物,那么这种法律必然是抽象的、片面的、公式化的,永远概括不了社会生活的各个方面,跟不上社会生活的发展。而社会秩序则是自发的、固有的,因而是活生生的法律。因此,埃利希倡导自由法学的理论基础是“活法论”。“活法”也是埃利希理论的一大特色,是其思想体系的一个重要组成部分,对后来的欧美社会法学思想发展有着一定的影响。

前已述及,埃利希认为,法并非都由国家制定,许多保证社会秩序的规则都是法。因此,他称非国家制定的法为“活法”,即是与国家实施的法律相对的由社会实践的法律。他认为,“活法”是支配社会生活的法律,即使它没有被列入法律之中。埃利希由此提出了一个著名的命题:现在以及别的任何时候,法律发展的重心既不在于立法,也不在于法律科学和司法判决,而在于社会本身。

在埃利希看来,“活法”就是人类组织(商会、教会、学校、工会等)的“内在秩序”,是指在日常生活中通常为各种社会团体中的成员所认可,并在实际上支配一般成员行动的规则。它并不存在于成文法典的条文中,而存在于各种民间的婚姻契约、买卖契约、建筑贷付契约、抵押贷付契约、遗嘱和继承契约以及团体的章程中。虽然它不像制定法那样公开和明确,但是,在现实生活中,它们支配着实际的社会生活,是人类行为的真正决定因素。

埃利希认为,“活法”不仅是原始的法的形式,而且直至今天,仍然是最基本的法的形式。“活法”是法律条文的最丰富的来源。“活法”存在于司法决定、商业文件、社会组织的秩序和人们的日常行为中,只要细心观察就能够总结出来。为了说明与“活法”相比国家法所表现出来的贫乏,埃利希还列举了若干事实。例如,奥地利民法典有关婚约的规定只有空洞的四节,并注明这是商品社会的婚姻制度。但是,任何人只要有机会接触奥地利农民,就会知道他们几乎生活在一个与商品社会的婚姻制度隔绝的世界。埃利希的结论是:“活法”不仅比国家法出现得早,而且,即使现在国家对社会关系的作用比以往已经大为扩展，但“活法”的作用仍然要比国家法的作用大。因为，“活法”的知识来源有两个：(1)现代法律性文件，主要指商业性法律文件；(2)对生活、商业、习惯和各种社会团体的观察。

关于“自由判决的方法”

既然活法是最基本的法的形式，起着实际的社会控制作用，那就意味着法官不仅应当了解成文法，而且应当了解“活法”；那也意味着法官可以而且应当在制定法没有覆盖的领域，运用“自由判决的方法”去发现法律并使它适用于当前的案件。埃利希对概念法学大加抨击，认为将法律等同于官员作决定或法官判案的根据的主张是难以成立的。在他眼里，这种规则只是法律的一小部分，法律的目的也不仅仅是为了解决人们之间的争端。法律是社会有机体的基础。所以，法官仅仅依靠国家制定的成文规则，就其本性而言是不完整的。成文法一旦制定出来，就已经过时了。它既难管理现在，遑论未来。

据此，埃利希提出两种判决方法：一种是传统的技术主义的判决方法，也就是严格按照成文法规则的判决方法；另一种是他所倡导的“自由的判决方法”，亦即不是依据成文法的规定，而是依据法官自由发现的法律进行判决。他认为，这两种判决方法的区别在于：第一种只能通过一成不变的法律手段来实现，而第二种方式却能够发挥法官个人的创造性，这种自由的判决方式绝不等于法官的专横，而是主张发挥法官的个性。同时，要保证法的稳定性的价值。他认为，正是法律的稳定性，才使法律拥有强大的生命力。

关于埃利希在理论上的主要贡献，国内有学者将其归纳为四个方面：(1)将法视为社会团体和社会生活演变的一个组成部分；(2)首创“活法”理论；(3)法社会学体系；(4)法社会学方法。

三　杜尔克姆的法社会学理论

E·杜尔克姆(Emile Durkheim，或译迪尔克姆，涂尔干，1858－1917)，是法国第一位学院式社会学家和法社会学家。杜尔克姆是西方社会学家中第一位成功地给予社会学这门学科以具体的研究范围和特定研究方法，并将其理论和方法付诸实践的人。由于他最终确立了法律和社会学的关系，因而又被视为法社会学的奠基人之一。他早年就学于巴黎高等师范学校，那是一所法国培训教师与学者的选择机构。他在那里逐渐显现出对社会和政治哲学的兴趣。杜尔克姆的主要著作有：《社会分工论》(1893)、《社会学方法准则》(1895)、《论自杀》(1897)和《宗教生活的基本形式》(1912)等。

法国是社会学的故乡。杜尔克姆思想的主要来源有两个：一个是启蒙主义传统，另一为圣西门、孔德的思想传统。杜尔克姆既尊重孔德这位社会学的前辈，又对孔德的思想有所批评。在杜尔克姆看来，孔德的社会学仍然具有太多的推测和武断的色彩。而真正的社会学必须具有坚实的经验基础。如果说孔德作出的是对一般"人性"的全面概括，那么，杜尔克姆则对各种社会之间的差异更为敏感，研究社会连带关系是他社会学的出发点。其核心是探讨社会连带关系及社会分工与法律之间的关系，从而奠定了法社会学的基石。杜尔克姆的另一贡献是他的犯罪学理论。

法与社会连带关系的理论

杜尔克姆认为，"社会事实"构成社会学的内容。他把社会事实界定为"一切行为方式，不论是固定的还是不固定的，只要是能从外部给个人施加约束，……它普遍存在于特定社会各处并具有其固定的存在形式，不管其个别表现如何"[①]。在这里，杜尔克姆揭示了社会事实三个最重要的特征：它们是外在的，有约束力的和普遍的。人们应该像研究自然对象那样来研究它们，即社会事实不依赖人们的准则或人们的知觉而存在，只有通过经验研究才有可能被发现。人们可以按照严格的经验科学方法来研究社会。这样的研究会使人们能够合理地引导社会并根除"病理的"形式。社会连带关系思想是19世纪末20世纪初的一种十分流行的社会理论。杜尔克姆认为，在不同的社会之中，由于社会分工的程度不同，因而形成了不同的社会连带关系。他把这种关系分为机械的连带关系和有机的连带关系。这两种连带关系直接影响和制约着法律的运作。机械的连带关系是建立在同质的价值和行为、强烈的社会约束、对传统和亲属关系的忠诚之上的。有机的连带关系是建立在专业化和劳动分工高度发展的社会中各个社会成员和社会群体之间的相互依赖关系之上的。前者只有

① 贝尔特：《20世纪的社会理论》，上海译文出版社2002年版，第7页。

简单的劳动分工，几乎没有专门化角色和功能的社会的存在条件，后者则是现代文明社会的存在条件。

正是根据上述两种不同的社会连带关系，杜尔克姆区分了两类法律。他认为，每一类法律都具有一种连带的特征。这两类法律是：(1)刑事法，用来惩罚错误和罪行；(2)合作法或恢复原状法，其本质并非为了惩处违反社会法规的行为，而是在错误发生后，把事情恢复到原来的状态或组织个人之间的合作。

杜尔克姆认为，在机械连带关系占主导地位的社会中，刑法起着主要作用。这是因为，这种社会规模小，每个人从事许多不同的工作，其成员都以同一种模式社会化，拥有同样的经验和共同的价值，这些价值主要是宗教方面的，它们形成了这一社会的集体意识，即社会每个成员都具有共同的规范、信念和假设。刑事法能够揭示个人的集体意识，并通过惩罚增多这一事实本身，表现了集体情感的力量和特性，这种集体情感提供给人们的主要不是个人自由的权利，而是维护集体秩序状态的义务。惩罚就是义务所固有的东西，亦即对不履行义务的惩罚。所以，集体意识越广泛、越强有力、越有特性，被认定为罪行的就越多，刑事法的作用就越重要。

在有机连带关系占主要地位的社会中，刑事法不起主要作用，取而代之的是恢复原状法或合作法。这是因为，在现代社会里，劳动的分工已极为发达，同一性与一致性已不再是凝聚力的首要基础。不同的职业集团、不同的阶级以及不同的专业人员，具有各自不同的基本观点。不同的经历、身份和地位，孕育出不同的人生态度、价值观念和知识结构。因此，随着集体意识的衰落，刑事法的作用日益减少。同时，随着社会分工的发展，人们之间的相互依赖关系增强，恢复原状法或合作法的作用也就越来越大。在杜尔克姆看来，恢复原状法虽不再涉及惩罚，但必须按照公正的原则把事情恢复到应有的状态。具体而言，没有还清的债务就得偿还，损坏了的东西必须恢复原状。民法、商法、民事诉讼法就属于此类法律。杜尔克姆把民法作为现代法的核心机制，正是出于这样的考虑。在他的法社会学体系中，合作法是指组织、个人之间协作的法律。这类法律并非集体共同情感的体现，其意在把业已分化了的个人组织起来，使之经常地、井然有序地相处。所以，行政法、宪法可归入合作法之列。另外，杜尔克姆认为，随着人类社会的发展，法律也从惩罚法转向恢复法或合作法。

关于犯罪和刑罚

杜尔克姆从社会学的角度研究了犯罪学。他认为，人们都以为犯罪是一种病态，其实这是一种误解。因为，"犯罪不仅见于大多数社会，不管它属于那种社会，它见于所有类型的所有社会。不存在没有犯罪行为的社会。虽然犯罪的形式有所不同，被认为是犯罪的行为也不是到处一样。但是，不论在什么地方和什么时代，总有一些人因其行为而使自身受到刑罚的镇压"。[①] 在他看来，随着社会由低级类型向高级类型发展，犯罪率非但不会下降，而可能会呈现上升趋势。这表明，犯罪不能只看作是反常现象，而必须看作是一种正常的社会现象。

杜尔克姆认为，按照社会学的定义，犯罪仅仅是指违反集体意识所禁止的行为。他以盗窃和轻微的诈骗为例。两者都损害人人都应该有的利他主义感情。但这种损害轻重不一：前者受到的损害重，后者的损害轻。因此，盗贼应受到惩罚，而骗子只会受到谴责。但是，如果诈骗使人们整体的受害感变得十分强烈，那么，轻微的诈骗也可能变成犯罪行为。所以，他断言，某种行为是否构成犯罪，就要看其是否违背了集体意识（宗教），以及触犯这种集体意识的程度。

杜尔克姆声称，犯罪是必然的，它与整个社会的基本条件相联系。这些基本条件是道德与法律的正常进化所不可缺少的。因此，这样看来，犯罪现象可谓是有益的。法律和道德是随着社会的变化而变化的。要使这种变化成为可能，作为道德基础的任何感情必须顺应它。否则，若集体感情过于强烈，则一切变化都不可能。"要使道德意识能够向前发展，就必须使个人的独创精神能够实现。然而，要让意欲超越自己时代的理想主义者的独特精神表现出来，也得让落后于自己时代的犯罪的独创精神能够实现。这两者相互依存，缺一不可。"[②] 犯罪不仅有上述的间接作用，还对道德意识的进化起着直接作用。它不仅为必要的改革开路，而且在某些情况下，还为必要的改革直接作准备。比方说苏格拉底，依照雅典的法律，他是犯了罪，而且是犯了死罪，理应处死。但是，他的罪行不仅对全人类有益，而且对他的祖国也有益。因为，他的罪行为雅典人所必需的新的道德和信仰的形成作了榜样。

---

① 杜尔克姆：《社会学方法的准则》，商务印书馆 1995 年版，第 83 页。

② 杜尔克姆：《社会学方法的准则》，商务印书馆 1995 年版，第 88 页。

当然,杜尔克姆也注意到了犯罪的非正常的另一面。他提醒人们注意,第一,在犯罪率急剧上升时,犯罪就是一种反常现象,并且具有病态的性质。第二,犯罪是正常现象,但不能由此而认为罪犯无论从生物学观点还是从心理学观点来看都正常。第三,不能因为犯罪是正常的现象就认为它不应该引起人们的憎恨。

对于刑罚,有一种传统的解释,即认为刑罚的目的是为了防止重新犯罪。杜尔克姆不同意这种解释。他认为,刑罚的作用和意义并不是使人害怕或威慑别人,而在于使共同意识得到满足。因为如果共同意识为集体的一个成员的犯罪行为所伤害,它会要求补偿。对罪犯的惩罚也就是对所有成员的感情给予补偿。对于刑罚报复论,他也持反对意见。他认为,惩罚犯罪并不是为了报复,而是为了维护人们利益关系的秩序。

杜尔克姆对于"社会事实"的揭示为其法社会学奠定了重要基础。他以社会事实的"外在性"表示它们比个人更重要。社会事实的作用也不依赖使用它们的个人。例如,个人并不规定他们自己不得不履行的职责。法律义务是外在于个人的法律和习惯规定的。他以社会事实的"约束性"表明社会力量的强制性和胁迫性。社会借助这种力量对个人实施控制。杜尔克姆通过设想那些不服从法律的人的受惩罚,来证明社会事实的强制力量。他以社会事实的"普遍性"来说明社会法律力量所具有的公共的、集体的形式。在法社会学方面的贡献除了关于社会分工与社会连带关系和法的关系、关于犯罪和刑罚的理论之外,他还在法律的社会演变规则、财产和契约理论等方面有重要建树。他的理论也有一些明显的缺陷:他试图用社会连带关系来说明和阐释所有法律现象,是很难做到的;他从孔德等人那里承袭下来的实证主义的观点和方法是一种唯心主义的哲学观,因此也影响了其法社会学理论的正确性;他对法律的功能分析由于过分偏重社会秩序、社会连带、社会道德和价值观的作用等,而忽略了社会的其他重要因素如经济的决定作用。

在西方犯罪学领域,杜尔克姆被视为研究犯罪学的先驱之一。占有重要的一席之地。杜尔克姆的影响十分深远,法国著名法学家狄骥尊他为自己的导师。在狄骥这位社会连带法学主要创始人的理论中,我们不难发现他与杜尔克姆之间某些相似之处。杜尔克姆的理论也为美国庞德的社会法理学中隐含的"社会凝聚力假设"提供了有力的社会学依据。

四　庞德的社会法学思想

罗斯科·庞德(Roscoe Pound ,1870 - 1964)是美国社会法学的创始人,在美国是公认的法学权威,也是20世纪西方法学界的权威人物之一。他于1870年出生于内布拉斯加州的林肯镇,最初研究植物学,并获得文学硕士和哲学博士学位。后因家庭影响改学法律,因为其父是一名成功的律师和地方法院的法官。他在哈佛大学法学院专攻了一年的法律。回到家乡后,在父亲的律师事务所从事法律工作,同时也没有放弃植物学方面的研究。1897年,他完成了《内布拉斯加植物地理》一书,并于同年获得哲学博士学位。其后不久,他开始研究罗马法。1899年,他被任命为内布拉斯加州大学法理学与国际法教授。后来担任了美国西北大学、芝加哥大学、哈佛大学的教授。1936年以哈佛大学法学院院长的身份辞职后,继续以该院"巡回"教授的身份讲授课程多年。1946年到中国任国民党政府司法行政部和教育部顾问,在旧中国有一定影响。庞德著述甚多。据统计,到1960年为止,他已经发表了24本专著和287篇重要论文。他在法学方面的主要著作有:《社会法学的范围和目的》(1911 - 1912)、《通过法律的社会控制》(1942)、《法律的任务》(1944)和《法理学》(1959)等。

在20世纪以前,庞德在美国詹姆斯的实用主义哲学和霍姆斯的实用主义法学理论的基础上,同时又受功利主义、分析派法学、历史派法学和德国新黑格尔主义法学派的强烈影响,由此建立了一个十分庞大的社会法学体系,其法学理论的学术成就影响了整整一代美国法学家。在司法实践方面,庞德的经历不甚显赫,但他的思想在美国立法和司法实践中得到了广泛的应用,他以自己的洞察力和勇敢言行以及深刻的思想改变了美国的种种制度。

法律社会控制论

人类社会的发展历史证明,为了维护社会的正常秩序和发展,必须使人类活动按照一定的社会行为规范进行,通过某种社会力量使人们遵从社会规范的过程,就是社会控制。庞德主张把法律当作社会控制的主要工具,通过法律实现对于社会的最好控制。庞德在《通过法律的社会控制》一书中,首先论述了法律、文明和社会控制之间的关系。他指出,不论人们把文明看作是事实还是观念，文明都是人类力量不断地更加完善的发展，是人类对外在的或物质自然界和对人类本性的最大限度的控制。文明在社会控制方面的主要手段是道德、宗教和法律。庞德从法律和文明的关系的角度来阐述“通过法律的社会控制”这一命题。他认为，社会控制论是要说明，法律不是别的，而是一种社会控制的工具。法律是和时间、空间的文明密切相联系的。具体说来，应从以下三个方面加以理解：第一，从过去看，法律是文明的产物；第二，从现在来看，法律是维护文明的手段；第三，从将来来看，法律是推进文明的手段。

根据庞德的观点，自 16 世纪以来，法律已经成为社会控制的最高手段了。在当前的社会中，人们力图通过有秩序和系统地适用强力，来调整关系和安排行为。此时，人们最坚持的就是法律这一方面，即法律对强力的依赖。庞德认为，法律的主要作用是社会监督。所谓法律的社会监督，就是用强制性的法律规范抑制个人的反社会性，用法律来影响个人的行为。从广义来说，学校、教会、工会、家庭等都可以实施影响，约束个人行为，而政治法律制度则是最有效的手段。不遵守法律，就有可能被剥夺生命、财产和自由，所以用法律进行监督和调节就可以约束人的反社会性，使社会上各种相互冲突的利益得到协调，使社会不致陷于无休止的纷争之中，使社会获得最大限度的好处。

法律为什么要对人的内在本性进行控制呢？庞德认为，之所以要对人类的本性加以控制，是由人的本性所决定的，是为了满足人们的不同的社会利益和欲望。在庞德看来，人具有双重的本性：社会的互相合作的本性与个人主义的自我扩张的本性。这两种本性是不协调的，但是，任何一个社会都不会也不可能满足所有各种不同的要求。这样一来，就会导致人们之间相互利益的冲突。法律秩序的任务，就是要承认、确定、实现和保障这些利益，并且要以最小的浪费来调整利益的冲突。法律秩序以不同的方式实现自己目的：第一，承认某些利益，包括个人的、公共的乃至社会的利益；第二，确定应予以承认的利益，并通过司法和行政的手段加以实现；第三，力求保障在划定范围内承认的利益。由此，庞德得出结论说，法律作为社会工程和社会控制的手段，任务就在于满足人们的各种要求。在不能满足人们的一切要求的情况下，至少尽可能地做得好些，这就涉及到利益的平衡问题。为此，他提出了利益分类和对利益平衡时所涉及到的价值问题。

庞德把利益分为三类：其一，个人利益。它是指在个人生活中并从个人角度提出的主张和要求。它包括人格、家庭关系和物质利益。其二，公共利益。它是指在政治生活中并从政治生活的角度所提出的主张和要求。它可分为两类：一是国家作为法人的利益；二是国家作为社会利益保卫者的利益。其三，社会利益。它是指存在于社会生活中并为了维护社会的正常秩序和活动而提出的主张和要求。它分为为六类：(1)一般安全方面的社会利益。(2)社会组织安全方面的社会利益。(3)一般道德方面的社会利益。(4)保护社会资源方面的社会利益。(5)一般进步方面的社会利益。(6)个人生活方面的社会利益。在个人利益、公共利益和社会利益这三类利益中，社会利益是最重要的利益。对社会利益进行分类是为了有效地利用法律保护社会利益。首先利用法律确认社会利益的范围，这是立法保护；然后再寻找保护的方法，这是司法保护。应当看到，通过法律保护一定的利益，这是一种在法学史上颇有深度的思想。

利益在法律上的保障体现为法律权利。庞德回顾了历史上的权利观念的演变：希腊人并没有明显的权利观念；在中世纪后期，托马斯·阿奎那把权利理解为正当要求；近代以来，格劳秀斯将权利看作一种品质，认为权利是人作为一个理性动物所固有的品质，即人有各种不可转让的权利；霍布斯和斯宾诺莎从自由权的角度解释权利，强调权利就是一种免受干扰的条件；19 世纪的耶林通过使人们注意权利背后的利益，从而改变了整个的权利理论。庞德认为，人们曾在六种意义上使用"权利"这个词：(1)权利指利益。权利可以解释为某一特定作者认为基于伦理的理由应当加以承认或保障的东西，也可以解释为被承认的、被划定范围的和被保障的利益。(2)广义的法律权利，它是指在法律上得到承认、被划定范围并受法律保障的利益。(3)狭义的法律权利，它是指一种通过政治组织社会的强力，来强制另一个人或其他所有人去从事某一行为或不从事某一行为的能力。(4)权利即法律权力。权利一词被用来指一种设立、改变或剥夺各种狭义法律权利从而设立和改变各种义务的能力。(5)权利指特权，这时的权利是指某些法律上不过问的情况，也就是某些对自然能力在法律上不加限制的情况。(6)权利指正义，即权利被人们在纯伦理意义上用来指什么是正义的。

在庞德看来，自从公元前六世纪古希腊的哲人们开始思考法律理论以来，"什么是法律"这个问题一直是一个争论不休的问题。困难的重要根源在于：三个完全不同的事物都使用了"法"的名称。而人们都曾试图以其中的一个为根据来解释所有这三者。这三种事物分别是：(1)法学家现在所称的法律秩序——即通过有系统、有秩序地使用政治上组织起来的社会的强力来调整关系和安排行为的制度；(2)一批据以作出司法或行政决定的权威性资料、根据或指示；(3)为了维护法律秩序而依照权威性指示以决定各种案件和争端的过程。如果上述三种意义可以统一的话，那就是用“社会控制”的观念来加以统一。我们将这三者统一起来，法就是“依照一批在司法和行政过程中使用的权威性律令来实施的高度专门形式的社会控制。”据此，庞德提出了为后人所称道的律令——技术——理想模式论。

在这三个部分中，庞德特别重视其中的第二部分，也就是“权威性资料”。因为，关于法是什么的争论，往往集中在“法是一批决定争端的权威性资料”这个问题上。他说，这个意义上的“法”也并非是一个简单的概念。因为，这种意义上的“法”包括各种律令、技术和理想。而有些法学家却忽略了其中的技术成分和理想成分，把法律单纯地视为一批律令。事实上，技术和理想在解释和运用法律时，同样具有权威性和重要性。

庞德的所谓“技术成分”，是指解释和适用法律的规定、概念的方法和在权威性法律资料中寻找审理特殊案件的根据的方法。正是这一技术成分，足以区分西方近代世界中的两大法系——英美法系和大陆法系。前者依据判例进行推理，后者依据条文进行推理。判例法和成文法体制的主要区别清晰可见。而所谓的“理想成分”最终归结为一定时间和地点的社会秩序的图景，归结到有关那个社会秩序是什么以及社会控制的目的是什么的法律传统。这是解释和适用法律的背景。在各种新奇案件中它是有决定意义的——因为在这些案件中，必须从各种权威性的出发点加以选择来进行法律推理。至于所谓“律令成分”，不只像分析法学家想象的那样是一批规则，而是由规则、原则、概念、标准和学说组成的复杂体系。

庞德指出，上述技术、理想乃至律令这三种法律成分都是日常审判中的因素。它们之间的关系是：律令从发展和适用它们的技术中获得全部生命；技术从法的理想中得到其精神和方向；律令从理想中得到其形式和内容。

庞德在分析法律概念的过程中，明确否定了分析法学派提出的法律即权力的命题。他认为，与其说法律是权力，不如说法律是对权力的限制。他指出，今天许多人都说法律乃是权力，而我们却认为法律是对权力的一种限制。社会控制是需要权力的——它需要用其他人的压力来影响人们行为的那种权力，作为社会控制的一种高度专门形式的法律秩序，是建立在政治组织社会的权力或强力之上的。但是法律绝不是权力，它只是把权力的行使加以组织化和系统化起来，并使权力有效地维护和促进文明的一种东西。他也不同意自然法学派把法律设想为一种权威性的价值准则的理论。同时，他对历史法学派的观点也不以为然。但这并不意味着庞德排斥各法学派别提出的法律观点。他力图吸收各学派的合理成分，并在社会控制论的基础上把它们统一起来。

关于法律发展的五个阶段

庞德认为，从社会学的角度看，法律的发展经过了原始法、严格法、衡平自然法、法律的成熟和法律的社会化五个阶段。为了说明法律的目的和作用，必须研究法律的历史发展。下面是法律的发展五个阶段的具体内容。

1. 原始法阶段

原始法指尚未从一般社会控制中分化出来或仅仅稍有分化的法律。典型的如古巴比伦时期的《汉穆拉比法典》以及其他早期的法律。这种法律的目的在于维持和平，防止无限制的血亲复仇。因此，使用的手段是和解。这种法律在历史上的主要贡献是对社会进行和平地调整的观念。

2. 严格法阶段

这一阶段较为典型的是古罗马法和中世纪英国的法律。在这一阶段，法律已经与其他社会秩序分开，法律已开始大行其道，国家发展成为凌驾于血亲和宗教组织之上成为社会控制的机关。此时法律的目的，已从保护和平发展到维护一般安全，亦即对损害发生以前和以后的都加以注意。在法律手段方面，也从“和解”变为“补救”。这一阶段法律的贡献是法律调整和法律规则在形式方面的确定性和划一性。在这一阶段，法律的特征是：

(1)形式主义。即坚持法律条文的严格形式主义，依照法律规定办事。

(2)不可改变性。主张法律的刚性和不变性，即法律被认为是神圣的、不可改变的。

(3)国家不照顾个人利益，严格规定个人责任，不可指望有例外。

(4)法律不考虑道德问题。例如，英国普通法中关于绝对责任的固定不变的规则，不问是否有过错，对损害均有责任。

(5)专横限制人的行为能力。权利和义务仅限于具有法律人格的人，对人们的法律行为能力专横地加以限制。例如,在罗马法中,奴隶无法律人格,妇女也没有法律行为能力。

3. 衡平法与自然法阶段

这一阶段,就罗马法而言,主要是指从奥古斯都到公元三世纪初的古典时代;在英国法中,指大法官法庭的兴起和衡平法的发展,时间大致在17-18世纪;在欧洲大陆,指的是17-18世纪的自然法时期。在此阶段,法律追求的目标是合乎伦理、符合善良道德,主要手段是对义务的履行。这一时期法律的主要特征是:

(1) 法律与道德的一致性。

(2) 义务观念以及企图使道德义务成为法律义务。

(3) 依照理性而非凭借专横的规则,以便尽可能消除司法中的反复无常和个人因素。

(4) 不应不公正地损害别人而使自己获益。

(5) 把法律的人格扩及到所有的人。法律应注重实质;而不是注重形式;应注重精神,而不是注重文字。

4. 法律的成熟阶段

这一阶段的法律可以说是第二阶段和第三阶段的结合。法律的目的是保障机会平等和获得安全,为此,所采用的手段是维护个人权利。这里,所谓平等包括法律规则发生作用的平等和使人的才能、机会的平等这两个方面。而所谓安全也包括两个方面,即保障每个人的利益不受他人侵犯,以及只有在本人同意或因本人违反保护他人同样利益的规则时,才容许他人从本人这里取得利益。据此,19世纪欧洲许多国家的法律都可归入成熟法律阶段。为确保安全,这种法律以财产和契约作为基本点。

5. 法律的社会化阶段

它是指19世纪后半叶开始的西方各国法律。从19世纪以来,法律从抽象的平等过渡到根据个人的负担能力而调整负担,这时的法律的目的在于使社会化的观念进入法律领域。在这一时期,法律更加注重的是社会利益,而非个人的利益。此时,法律的重点从个人利益逐渐转向社会利益,法律的目的也就是以最小限度的阻碍和浪费,来尽可能地满足人们的需要。从这一时期美国的法律来看,法律的特征是:

(1) 对财产的使用以及对违反社会利益的限制;

(2) 对契约自由的限制;

(3) 对处分权的限制;

(4) 对债权人或受害人的求偿权的限制;

(5) 公用物和无主物改为公共财产;

(6) 强调社会对被抚养家属的关系;

(7) 日益倾向于将公共资金补偿给个人;

(8) 日益承认保护集团和联合体的利益。

在1959年出版的《法理学》中,庞德又提出“五个阶段”之后的“世界法”阶段。他认为,在法的社会化时期不久之后,将是“世界法”的时期。他指出,我们需要一个世界范围的法律秩序。因为第一,由于世界范围内的人类本能的斗争,需要法律作为控制的工具。第二,国际法和国内法发展的步骤是相似的,即一方面调节冲突、平息战争、维护和平、保障安全,另一方面是努力实现全体成员的普遍福利。第三,科学技术的进步,导致世界各国之间的交往和联系不断加强。第四,世界各国的经济开始走向融合时期,建立一种新的“万民法”是时代的需要。

庞德主张建立一个世界范围内的法律秩序,也是为了发展人类的合作本性,控制侵略本性。

法律的价值

作为一名学识渊博并且注重实效的法学家,庞德深知在社会矛盾尖锐复杂的美国社会,在众多冲突的利益之间选择“社会利益”作为法律保护的对象,如不进行详尽深入的分析论证,是难以令人信服的。于是,他提出了关于法律价值的理论。庞德指出,对各种利益的承认或拒绝承认以及划定那些得到承认的利益的界限,最终都是按照一个确定的价值尺度进行的。法律的价值问题是一个困难的问题,但又都是法学不能回避的问题。

庞德列举了法学史上出现过的各种价值理论,如神学的、理性的、历史的、自由的、经济学的和以阶级理论中推出来的价值尺度。在当代社会,有三种价值论:(1)经验论。它主张从经验中寻找某种能在丝毫无损于整个利益方案的条件下,使各种冲突和重叠的利益得到调整,并同时给予这些经验以合理发展的方法。(2)理性论。它是依照一定的时间和地点的文明社会的法律假设来进行评价。当某一法律主张要求得到承认时,就用这些假设予以衡量。这些假定的判断标准包括:不故意侵犯、所有权、善意行为、安全、约束或限制五个方面。不同的时代、不同的社会,有不同的价值尺度。(3)权威论。它是用某些关于法律秩序的、公认的、传统的权威性观念——理想的法律秩序模式作为价值准则去评价各种利益，如柏拉图的《理想国》等。

庞德指出，既然法律的主要作用是实施社会监督，那就要把法律学作为一种“社会工程学”来进行研究。他说，要使法律充分发挥社会效力所要解决的一个重要问题是法律的稳定性和灵活性的矛盾。他有一句名言：“法律要稳定，但不得停滞。”法律的主要作用既然是社会监督，而社会是不断变化的，因此，法律也要随之变化。但如果朝令夕改，使人们无所适从，法律就会缺乏威力。庞德接受了埃利希关于自由法的基本观点，强调生活中的法律要比书本上的法律具有更重要的意义，法官要对法律作创造性的解释。庞德的理论，正是对美国统治阶级运用法律工具的经验总结和指导。美国宪法自 18 世纪末问世以来，只增加了若干修正案，而美国最高法院对宪法所作的具有宪法规范效力的解释达几千卷之多。在现代，美国最高法院在现实主义法学派观点的影响之下，对宪法中“人权法案”的解释，概括起来，大致有两种倾向：(1)宪法权力要适应社会需要和政府政策，正当的法律程序难以下明确的定义，但其基本的要求是正义和自由，因此在涉及宪法的案件中要求法院考虑整个社会的正义和每个人自由之间的关系，使宪法保障的权利与社会需要、政府政策得以平衡和协调。(2)宪法权利不是绝对的，是随着时间和形势不同而变化的，要用相对的价值观解释宪法权利。

由此，庞德认为，真正合理的价值评价方法应该是经验论，即通过经验发现并通过理性来发展调整关系和安排行为的各种方式，使其在最少的阻碍和浪费的情况下给予整个利益以最大的效果。经验论具有“工程学的价值”，人们可以从中找到一条消除或减少阻碍或浪费以实现最大社会利益效果的道路，这条道路就是承认个人自我精神的社会合作即文明合作的道路。

庞德将社会法学的基本内容概括为以下五个方面：

第一，社会法学派关注的是法律的作用，而非其抽象的内容。社会法学认为，法律是社会控制的工具。而分析法学派、历史法学派以及哲理法学派只给予人们使法律作为社会控制有效工具的一种手段，但却没有给予一种完全自给自足的法律科学。

第二，分析法学认为法律是人们有意识地创造，历史法学派与哲理法学派则认为法律是被发现而不是被创造出来的。社会法学派则断言，法律是一种社会制度，人们既可以通过经验发现它，又可以有意识地创造它。法律既是由理性发展了的经验,同时又是由经验证明了的理性。它作为一种社会制度,通过人的智慧和经验,是可以改善的。法律科学的目的在于发现能促进和指引这种努力的最佳手段。

第三,社会法学派强调法律所要促进的是社会目的,是促进和保障社会利益,而不在于制裁。因此,法律规则的最终权威来自它们所保障的社会利益。

第四,社会法学派从作用上看待法律制度、法律学说和法律规则,认为法律规则的种种形式只是个手段问题,应当研究如何使法律形式最适合当时当地的法律秩序问题。而分析法学派将制定法作为法律的典范;历史法学派则认为习惯是典范。

第五,社会法学家所使用的实用主义方法,适合各种不同的形而上学的出发点。该法学派强调在实用主义哲学的基础上充分吸收社会学理论以发展社会法学思想。

1923 年,庞德在《法制史解释》一书中,第一次明确使用了"社会工程"概念,为其学说奠定了理论基石。"通过法律的社会控制"是贯穿于庞德法学思想的一条主线,也是以庞德为代表的美国社会学法理学的核心思想之一。庞德的名著《通过法律的社会控制》,阐明了"法是什么"和"法为什么"这两个法学的基本问题。由于庞德创立的社会法学具有自由主义、改良主义、社会福利主义、实用主义的色彩,既符合"法社会化的时代潮流",又体现美国法律秩序的特点,自 20 世纪 30 年代以来,几乎成为美国法庭上的官方学说。他的影响不仅在于提出了系统的法社会学研究纲领和独特的社会控制学说,而且在于对法理学的一系列重大理论问题(法律与道德的关系,法律与正义的关系)和基本概念(如法律、正义、权利)作出了深刻的分析,还在于对法学史作了认真的研究。时至今日,庞德所创立的社会法学派仍然是美国占支配地位的法学流派之一。

思考题

1. 社会法学派的主要理论特点有哪些?
2. 试评埃利希的"活法"理论。
3. 杜尔克姆是如何分析"法与社会连带关系"的?
4. 庞德是如何阐述"通过法律的社会控制"这一问题的?
5. 为什么社会利益是法律所要保护的最重要的利益?

6．庞德如何论述法律发展的五个阶段？

相关阐释

今天法的社会理论的首要任务……旨在摆脱关于法律及其因果关系的过分简单化的概念。……一种法的社会理论依照它对法律的定义和分析应该强调精神和物质、观念和经验之间的互动作用。应该把三个传统的法学派——政治学派（法律实证主义）、道德学派（自然法理论）和历史学派（历史法学派）——综合成一个一体化的法学。

法的社会理论今天第二个任务是旨在采用一种适合于法律史的历史编纂法而不是主要采用来源于经济史、哲学史或其他史类的历史编纂法。……

此外，研究法律在革命变革时期的命运是当代法的社会理论的一个任务，与其说这是为了查验新法律对旧法律的迅速取代，不如说这是为了考察在革命确立之后所采取的措施，看看这些措施是否为将来稳定的和公正的法律秩序奠定了基础。

最后，法的社会理论除了研究西方的法律体系和法律传统之外，还必须研究非西方的法律体系和传统，研究西方法律与非西方法律的融合，研究人类共同法律语言的发展。只有朝着这个方向前进，才能发现摆脱20世纪后期西方法律传统所面临的危机。

摘自伯尔曼：《法律与革命——西方法律传统的形成》，中国大百科全书出版社1993年版，第51－53页

哈佛大学教授布莱克认为，传统的社会法学有三个严重的缺点，即混淆科学和政策、现实和理想、科学和价值三者的关系。……他主张应把事实和价值严格分开，建立一个一般的、纯粹的法律社会学理论。……他说，他的纯粹的法律社会学之所以是“纯粹的”，就在于它不对法律政策进行评价，只对表现为行为体系的法律生活进行科学的分析、预测和解释各种法律行为。此外，他的纯粹法律社会学真正关心的是建立一个一般的法律理论。这种法律理论试图整理和分析存在于各地的法律，试图发现预示法律的经验模式的原则和途径，而不管这些模式是出现在今天还是昨天，出现在哪个社会，哪个法律领域。

摘自张文显：《当代西方法哲学》，吉林大学出版社1987年版，第39－40页

多元论法学是丹麦法学家斯蒂格·乔根森创建的。多元论法学的主要观点有:(1)多元的社会、多元的法。社会由多种成分组成,既有国家、集团和小团体,也有个人。在多元的社会里,各种成分之间必然会发生一定的相互关系,这些因成分的不同而有异,这必然需要有不同的法去调整,法不仅仅限于国家立法。(2)法学理论的相对性。不同法学流派和法学家在研究法律时,因为兴趣、个性、利益的不同,往往偏重于法的某个或几个方面。这些相互冲突、对立的法学理论都可能是正确的,但其正确性是有限的,因为法本身就具有不同的方面。(3)法律文化的相对性。不同民族在不同历史进程中创造了不同的法律文化,并以此调整本社会中的生活,推动本社会的前进,法律价值因民族、地域的差异而各具特色,可见法律文化具有相对性。

摘自谷春德主编:《西方法律思想史》,中国人民大学出版社 2000 年版,第 222 页

法律与历史……在西方,法律将各种法律体系融为一体,每一种体系中的各种成分要素,其含义都部分地来源于整个体系。而且,每种体系都被理解为不断发展的体系;所以,每一个组成部分的含义不仅来源于过去的体系,而且也来源于未来将要出现的体系。这些观点与“分析法学”传统的观点也是不同的,后者从一个主权出发,这个主权出发,这个主权以规则的形式发出命令,并且对不按“它的旨意”适用这些规则者施加制裁——韦伯把这称作西方法律的“形式合理”或“逻辑形式主义”。

摘自伯尔曼:《法律与革命——西方法律传统的形成》,中国大百科全书出版社 1993 年版,第 13－14 页

相关文献

1. 郭成伟:《中外法学名著指要》,中国法制出版社 2000 年版。
2. 谷春德主编:《西方法律思想史》,中国人民大学出版社 2000 年版。
3. 张文显:《20 世纪法哲学思潮研究》,法律出版社 1996 年版。
4. 帕特里克·贝尔特:《20 世纪的社会理论》,上海译文出版社 2002 年版。

第十五章

新功能主义社会学

20世纪80年代以来,社会学理论的发展又进入了一个新的阶段,即社会学理论新的综合阶段,称为社会学理论发展的第五个阶段。经过多年的争论,越来越多的理论家,尤其是年轻一代的理论家意识到理论分化带来的消极影响,意识到帕森斯以后的任何理论都无法单独解释日益复杂的社会现象,认识到帕森斯以后的各种理论的长处和局限,因此,他们试图将各种理论的优点结合起来,对社会现象采取一种多维的考察。不同阵营的理论家也纷纷尝试着对自己的传统进行重新解释、修正甚至重构,吸收其他理论的合理成分,以构造一种综合的、多维的理论。由此,社会学理论进入了一个新的综合阶段。这种新的理论综合不同于帕森斯的第一次综合,它表现出一些新的特点。到目前为止,还没有形成一种完整的综合理论,然而自20世纪80年代以来,社会学理论发展的这种综合趋势或思潮已经明显地表现出来。进入20世纪90年代,西方社会学理论发展的主旋律是建构取各家之长、有效解释社会现实的新的综合理论。这种综合的思潮究竟是一幅什么样的图景呢?要了解这一点,基本的方法是对构成整个运动浪潮主流的状况有一个大概的了解,本章对有较大影响的新功能主义思潮作一介绍。

一　新功能主义思潮概况

新功能主义是当代西方社会学中的一股重要思潮,它的影响遍及欧美许多国家。我们可以将1982年美国加利福尼亚大学的社会学教授杰弗里·C·亚历山大的成名作《社会学理论的逻辑》第一卷的出版作为该流派兴起的标志。新功能主义学者很多,其中最主要的代表人物是亚历山大、柯罗米、芒奇(蒙奇)、艾森斯塔德、斯梅尔塞、阿切尔、卢曼等人。主要代表性作品有：亚历山大的个人著作《社会学的理论逻辑》(1982－1983)、《结构和意义》(1989)、《行动和它的环境》(1988)、《文化和社会》(1990)，亚历山大编辑的文集《新功能主义》(1985)，亚历山大与柯罗米合编的文集《分化理论与社会变迁》(1990)，柯罗米编辑的文集《新功能主义社会学》(1990)，亚历山大等编辑的文集《微观——宏观之环》(1987)，艾森斯塔德的专著《帝国的政治体系》(1963)，艾森斯塔德与库雷诺合著的《社会学的形式：范式与危机》(1976)，芒奇的著作《帕森斯与行动理论》(1980)，阿切尔的专著《文化与主体性》(1988)，卢曼的专著《社会分化》(1984)，等等。以下介绍新功能主义的主要思想和观点。

亚历山大等人选用的"新功能主义"这一名词，已经清楚地表明了该理论视角与帕森斯结构功能主义之间的密切联系。按亚历山大的说法，他们采用"新功能主义"这一提法，是为了表明只有"帕森斯的分析模式为(社会学理论的)一种新综合提供了唯一可行的基础"为了表明这种看法的合理性，亚历山大对帕森斯的理论重新进行了解释。他认为帕森斯的著作实际体现了一种宏大的企图，即对实证主义、功利主义、功能主义、唯意志主义、帕累托主义等古典社会学理论传统的归纳与综合，因此，帕森斯理论的内容是异常丰富同时也非常模糊且常常是自相矛盾的。它"给予社会学家们许多不同的选择，他们基于自己的知识和历史条件而从中作出各自的选择"。那种导致其衰退的对它的解释——"反个人主义，反对变迁、保守主义、唯心主义及反经验主义的偏见等"，正是在 60－70 年代特定的知识背景与历史条件下，学术界对帕森斯理论所进行的选择性诠释的结果。亚历山大认为，在新的知识背景与历史条件下有必要也有可能对功能主义理论作出新的解释和发现。在 1985 年为《新功能主义》一书所作的序言中，亚历山大描述了他自己对"功能主义传统"的解释。按照他的解释，"功能主义传统"有以下六个特征：(1)功能主义在描述性而非说明性的意义上提供了一种社会各部分间相互关系的一般图景，它认为社会是由彼此联系相互作用的各要素所组成的、多元的与开放的系统；(2)功能主义不仅关注结构而且关注行动，不仅关注行动的实践性与手段性方面，而且也关注它的表意性与目的方面；(3)功能主义关注社会整合及社会控制的变异及过程；(4)功能主义假定人格、文化与社会之间的区别是社会结构所必需，它们之间的相互渗透所产生的张力是变迁与控制的持续根源；(5)功能主义认为分化是社会变迁的主要形式；(6)功能主义强调概念化与理论化的独立性。亚历山大认为，"虽然功能主义上述六个特征的每一方面都与社会科学中的其他线索相关,但是没有哪一种其他的理论传统可以认同于功能主义的上述所有特征"。就此而言,功能主义传统实际上比其他的社会学理论传统具有更大的包容性,它"具有成为一种成功的社会学理论所需要的基本素质",因而是当前对社会学理论进行新综合的最合适的基础,甚至是"唯一可行的基础"。亚历山大的这些说法,明确地表达了新功能主义者对"功能主义"传统的坚定信念。

另一方面,"新功能主义"作为一种"新"功能主义,又意味着它并不仅仅是要简单地盘活"老"的功能主义。亚历山大说:"引进'新功能主义'这个词是为了强调继承性和内部批判这双重要素。"新功能主义一方面要对老功能主义的一些缺陷进行内部批判,另一方面要在吸收 20 世纪 60－80 年代间产生的许多新理论成果的基础上"重建"功能主义。亚历山大等人批判了帕森斯理论中的一些缺陷,如思想上的矛盾、前后不完全一致等,认为后期帕森斯的著作确实逐步向系统、整合、文化、均衡等维度倾斜,偏离了他早期的"综合精神"。在此基础上,亚历山大等人强调要使功能主义向冲突理论、互动理论、交换理论等理论传统开放,把它们的基本思想整合进功能主义的框架中去,建立起一个新的"多维性质"的综合性一般理论。例如,为了能把冲突论思想综合进功能主义,亚历山大批评了帕森斯关于系统总是趋向于均衡的观点,指出系统并不必然是均衡的,并且强调在帕森斯的著作中,尤其是关于分化过程产生不均衡的思想中,本来就包含着大量关于社会冲突的命题。为了把行动的偶然性与创造性思想引入功能主义,亚历山大强调要在功能主义范围内综合米德、戈夫曼以及舒茨、加芬克尔等人的思想,为了把"批判理论"及其他新马克思主义理论导入功能主义,纠正帕森斯对现代社会过分乐观的观念,亚历山大强调要去发现帕森斯思想中具有批判性的一面。除了亚历山大之外,其他的新功能主义理论家们也致力于重新发现或重建帕森斯功能主义的冲突取向、互动取向、批判取向和变迁取向等,力图在坚持功能主义上述基本特征的基础上,总结吸收其他理论传统的思想,使这些思想最终以一种功能主义的方式被结合起来。迄今为止,新功能主义者们已经遵循上述思路,在理论研究与经验研究层次上,进行了大量的研究工作。可以说,这些工作已经使得以帕森斯结构功能主义为代表的传统的"功能主义"理论逐渐呈现出一种新的面貌。以下我们从五个方面——方法论基础、社会行动理论、社会结构理论、社会过程理论和社会变迁理论来对这种新面貌作一简要描述。

二　新功能主义的社会行动理论

结构功能主义以前的功能主义理论都没有包含明确、系统的行动理论。把“行动”及关于行动的研究引入社会学领域的，是理解社会学的奠基者韦伯。而在韦伯的基础上，把“行动”及关于行动的研究引入实证主义的功能主义理论当中的，则是帕森斯。帕森斯试图由此将理解社会学对微观个人行动的强调与实证的功能主义社会学对宏观社会结构的强调结合起来，以克服传统功能主义只重宏观不重微观、只重社会不重个人的缺陷。就行动理论本身而言，帕森斯也试图通过多方面的综合来建立一个更一般的行动理论框架，提出行动是一个包括手段、目的、规范，条件与主观努力等多种要素在内的具有多方面属性的动作过程，单纯把其中的某一类要素或属性抽出来对行动进行描述是不合适的。然而，尽管帕森斯试图以微观行动的理论来作为他整个社会学理论的基础，也尽管他的行动理论框架本来具有较大的包容性，但在其总的理论偏好与发展取向上，帕森斯却倾向于强调行动受规范制约的一面，倾向于用“规范性行动”或“志愿性行动”来作为描述人类社会行动的基本模式。由于这种偏好，行动者为实现目标所作的各种主观努力这个对行动过程具有重要意义的方面被有意或无意地忽略了，行动者成了一个其内部主观状态不明的“黑箱”。在帕森斯中期结构功能主义色彩最浓厚的著作中，这种内部努力状态不明的“规范性行动”过程逻辑地被演绎成为个体通过社会化在社会规范与社会期望指引下的简单的角色执行过程。这种“过度社会化”的关于人及人的行动的形象，正是帕森斯理论受到强烈批评的一个方面。符号互动论、本土方法论、社会现象学、社会交换论等“微观社会学”理论正是针对着帕森斯理论的这个基本缺陷而发展起来的，对行动者内部努力过程(理解意义、确立规则、计算得失)的探究正是各种微观社会学理论的基本目标。为了消除帕森斯理论的上述重要缺陷，许多新功能主义者作出了积极的努力，亚历山大则是其中的主要代表人物之一。亚历山大在吸取符号互动论、本土方法论、社会现象学，社会交换论等微观社会学理论合理思想的基础上，提出了一个更具综合性的微观行动理论模式。亚历山大提出行动总是沿着两个基本的维度进行。这两个基本维度就是解释(或理解)与谋划。行动不能像帕森斯想象的那样理解为高度规范化或机械化的过程。行动,正如符号互动论、社会现象学者所指出的那样,首先是理解性的,但行动并非只是理解性的,它同时也如交换论者所指出的那样是实践的与功利性的。解释与谋划,是任何行动过程在任何时间点上都包含着的两个不可分割的方面,它们只能在理论上作为两个分析的要素而被区分开来;因此,绝不能把它们设想为两类不同的行动或同一行动过程的两个不同的阶段。

"解释"又包括两种不同的过程:类型化与发明。对于类型化过程,舒茨的社会现象学与加芬克尔的"本土方法论"都做了详细的研究。这些研究表明"类型化"是我们日常生活中解释事物的基本方式,而人们之所以常常采用类型化方式来解释世界,是"因为他们充分期望每个新的印象都将是他们已经发展起来的对世界所作的理解的一个类型。这种类型化方式不仅仅是在传统的总体水平上起作用。即使当我们遭遇某些新的和令人激动的事物时我们也期望这种新的特性和令人激动的特性是可以被理解的:它将被我们在我们已拥有的参考词汇范围之内所认识。我们无法将自己从我们的分类系统中剥离出来"。就以"类型化"作为认知的一种基本方式而言,最现代的心智与最古老的心智之间并无重大区别。所谓的"社会化",就是学习掌握各种类型。每个集体的成员都必须学会对每一种可能的情境作出解释,取出名称,找出它们的类型词汇。然而,"类型化"并不是人们理解现实的唯一模式。尽管我们总是力图将遇到的每一事物都概括到我们已有的分类框架中去,但真实的事物总是每每不同,我们总会遇到一些用现有的分类系统无法涵盖的新现象、新性质,这时我们就需要创造一些新的范畴或类型来标示它们。这个过程就叫"发明"。归类与发明构成了解释过程的两个基本方面。我们就是通过这两种方式来达成对现实的理解。

与解释过程并列的"谋划"则构成行动过程的另一个方面。行动不仅仅是理解世界,它也改变和作用于这个世界。行动者寻求通过马克思所说的实践来贯彻他们的意图,由此他们必须协同他人或他物一道行动,或者通过行动来抵制他人或其他事物。这种实践行动肯定只能发生于确定的理解范围之内,但在对事物清楚理解的基础上它引入了策略性的考虑:使成本最小化和使报酬最大化。因为实现的意图需要时间和能量,而时间与能量是有限的,因此它们必须根据最小费用原则来加以配置。"谋划"或"策略计划"由此便成为行动过程中一个必不可少的部分。亚历山大认为,行动中的这两大方面是相互交错又相互影响的。"谋划"须以"解释"作为基础,而我们的策略计划过程也影响了我们对世界的解释或理解过程。我们并不试图去"理解"进入我们意识中的每一种现象。我们对时间、能量、可能获得的知识以及对目标实现难易程度的考虑,显然会影响我们的认知过程。我们多半会选择在未来的偶然环境中估计最可能、最容易达成的目标来作为我们的优先认知对象。通过这种集符号互动论、解释学、现象学及交换论于一体的对行动理论的"解释学的重建",亚历山大认为他揭示了在帕森斯那里处于"黑箱"状态的行动的内部过程,描述了行动所具有的偶然性与创造性本质。按照这种模式,行动不再是一种木偶式的"规范性行动",而是一种积极的、能动的理性行动;它不再是简单地遵循文化与社会环境的压力,而是积极地去寻求改变它所遭遇的环境。当然,作为一个功能主义者,亚历山大没有忘记划清他与"主观社会学"的界限,他在将行动偶然性与创造性的思想引入功能主义的同时,也重申了功能主义关于环境对行动具有强制性的思想,指出偶然行动的思想也蕴含了"它所发生于其中的环境的非偶然性";"理解偶然性就是理解它必须趋向于强制,理解偶然性的维度就是理解它在这样一种强制性环境中的变化";"如果我们正确地概括了行动,那些环境将被视为它的产物;如果我们正确地概括了环境,行动将被视为它们的结果"。既坚持环境对行动的强制性效果,又强调行动的偶然性与创造性,强调行动对环境的变革作用,这就是亚历山大为功能主义提供的一种新的"行动"模式。除了亚历山大以外,还有一些新功能主义理论家如芒奇等也对帕森斯的行动理论作了一些新的论述。其基本特征与亚历山大理论类似,也是试图改变帕森斯理论中"规范性行动"模式的被动形象,将行动的偶然性、创造性特征引入功能主义的行动模式。限于篇幅,在此不作介绍。

三 新功能主义的社会过程理论

传统的功能主义社会学家们都侧重于把社会运行过程当作一个合意的、协调的、均衡的过程来加以考察。帕森斯在这方面所做的分析是最为精致的。按照这种分析,整个社会过程在理想状态下可以描述为构成社会系统的全体成员在某种共同认可的社会意识,社会规范以及社会整合机制的作用下,相互协调,相互配合,共同致力于满足各种社会功能需要的过程。这种描述所涉及的一个关键问题是:无数孤立的个体行动是如何构造出这种合意的、协调的、均衡的总体过程的？帕森斯归纳出两个基本的社会机制来回答这个问题：一是个人在‘社会化”过程中，社会努力将它对个人在能力、规范、价值等方面的期待与要求灌输到个人的人格结构中去，个人则将社会对它的种种要求努力内化到自己的人格结构中来。正是通过“社会化”过程，个人才转变成为一个与社会期待相符合的“社会角色”。社会化了的集体成员，将共同按照社会的需要来进行分工合作，创设规章制度，协调各自的行动，使社会合作得以顺利进行。但“社会化”过程并不是完全的、充分的，个人的需求、意志、能力不可能充分地与社会的期待相吻合，任何时候总有部分“差异行为”出现，因此必须有另一方面的机制来处理这类行为，以确保社会合作的成功。这就是社会控制机制。通过社会控制机制，差异行为或是得到部分的预防，或是在出现后得到部分的减弱和各式各样的矫正；差异行为者的“正常”行为功能得到恢复，社会合作的正常秩序便得以维持。传统功能主义对社会过程的这种描述，凸显了社会过程的整体性质、合意性质和规范性质，忽视或掩饰了社会过程中个体行动的能动性质、利益性质以及社会过程的冲突性。这种社会过程观也理所当然地受到了符号互动论、冲突论、交换论等其他社会学理论流派的批评。为了弥补帕森斯主义社会过程观的缺陷，新功能主义者们吸取了符号互动论、交换论与冲突论者的批评意见，对帕森斯的社会过程观进行了新的阐释。例如，亚历山大在区分行动与行动环境的基础上，指出社会运行不单纯是行动者(社会成员)被动地服从社会安排，机械地履行社会角色的过程；社会系统、文化系统，人格系统只是作为行动的外部环境进入到个体行动过程当中去，它并不对个体行动形成一种唯一性的约束，而是为个体行动划定一个可能的行动空间。行动者作为行动的主体，随时随地都在对其所处的社会文化环境进行解释和谋划，制订出自己的行动策略，作出自己的行动选择。因此，在社会的结构性约束与行动者的主观能动性之间并不存在着不可调和的矛盾。社会环境只是为行动者的行动限定了一个变化和选择的范围，而行动者所作出的行动选择反过来也会影响整个社会环境的变化。因此，社会过程是行动者与其所处的社会环境之间不断相互作用、相互构造的过程。不过，对行动者与社会环境的相互关系，亚历山大更强调的是社会环境对行动的约束作用，认为这种约束是微观的个体行动秩序形成的基础，宏观社会环境正是通过其对个体行动所施加的一定的约束，确保了整个宏观社会过程的有序运行。

蒙奇也从行动与结构相互作用的角度，对社会过程作了新的阐述。

与亚历山大相比,他的分析显得更为精细。以他对行动领域的四种基本类型的分类模型为基础,芒奇提出了微观互动的四种基本类型:市场交换、政治决策、社区互动和理性讨论。这四种微观的互动过程构成整个社会过程的基础。芒奇指出,这些微观互动过程具有两方面的性质。一方面它们必须以一定的前提作为自己的出发点,而这些前提无论从时间上和空间上看都是处于它们的互动情境之外的,是在它们之前和在它们之外的人们互动的产物,"就这些前提与结果超越了互动情境而言,它们具有给定的和宏观结构的特征"。从这个意义上,我们说微观的行动与互动必须以宏观的社会结构作为自己的前提,在一定程度上受到后者的约束。但另一方面,每一次微观互动的结果也对未来进一步的互动过程产生或多或少的影响。现在正在进行的互动过程的结果也是外在的、既定的,因而也是它们借以发生和受其约束的宏观结构前提的一部分。从这个意义上,我们又可以说微观的行动与互动也影响着或改变着它们借以发生和受其约束的宏观结构前提。可见,微观互动与作为其前提的宏观结构之间是相互作用、相互影响的。"对正在进行互动的行动实体来说宏观结构是给定的、在互动情境中不可改变的,因为它们是在这个互动情境之外的时间中与空间中创造出来的。与此同时,由于互动对宏观结构所施加的影响,它们又是可以被正在进行互动的行动实体所改变的;但这种变化仅仅只是对未来的互动而不是对当前考虑之中的互动情境有效"。芒奇还对上述各种互动类型和其宏观结构性前提之间的相互作用进行了具体的说明。他指出,每种互动类型都有一些与它们各自本身的特征相联系的前提与结果,同时也都有一些与其他互动类型的特征相联系的前提与结果。例如,在市场交换中,自我和他人从一个既定的货币收入、商品和劳务方面的分配格局出发,这个分配格局是先前许多其他交换者交换活动的结果;与此同时,这一次交换的结果定会影响到货币收入、商品和劳务在未来的分配格局。此外,交换也要以结构性的规范作为自己的一种前提,这种结构性规范不是由参与这次交换的交换者创造而是由一大批在时间和空间上处于这次交换情境之外的交换参与者组成的交换者共同体所创造的。与此同时,就结构性规范会被交换者根据他们在交换中获得的实际经验而加以改变而言,交换也影响着结构性规范的变化。成文的契约法是交换的政治性前提,它也会被根据交换者的经历加以改变。普遍的价值观则是交换的文化前提,它们为契约形式的合法化设立了一个框架;而交换也对普遍价值观不断产生动态的影响,因为它不断地使这些价值观面临一些新的必须“文化地”加以回答的问题。同样,政治决策也是一方面以先前政治决策活动中所形成的一些成文法,以在时空上处于这次政治决策情境之外的许多行动者组成的社区创造的规范性规则,以普遍性的价值观作为自己的前提;另一方面又对这些成文法、规范性规则和普遍价值观产生深远的影响。社区互动和理性讨论也是如此。芒奇还指出,在现实生活中,各种微观互动与宏观结构之间是相互渗透、相互交错的,因而它们之间的相互作用实际上也是异常复杂的,远不是上面所说的那么简单。通过这些分析,芒奇表明了社会过程并不单纯只是行动者被动地履行宏观结构性安排的过程,而是行动者的微观互动与宏观结构之间相互影响、相互创造的过程。

另一个新功能主义学者艾森斯塔德也把冲突论的有关思想引进功能主义的社会过程观,用冲突论的有关思想来对帕森斯的社会过程观进行修正。与帕森斯对社会过程的描述不同、艾森斯塔德把社会过程描述成为一个充满了利益冲突的过程。在早期的两篇文章《制度化与社会变迁》和《社会变迁,分化与进化》中,艾森斯塔德认为,在一定的背景条件下(如人口增长、资源稀缺等),社会必然产生冲突与失序。社会通过发展出一些更为特殊的结构来回应这些冲突,由此产生了社会分化,整个社会系统也因此分化为一些相互联系的子系统。然而社会对冲突与失序的这种回应并没有也不可能终结社会冲突与失序。因为结构分化既是功能性的,又是利益性的,社会的不同功能部分同时也是不同的利益群体,他们在承担社会功能的同时也在追逐着自身的利益。在资源稀缺等背景条件未变的情况下,这种不同群体对各自利益的追逐必然会持续不断地产生群体间的冲突。艾森斯塔德进一步解释道,社会分化最先总是由一些在主要制度领域内占据“策略性角色”位置的人所倡导的。这些人试图扩大自己的影响范围和发展他们各自领域的潜在可能性,“新的分化结构仅仅是通过按自己的利益来行动的那些群体确立起来的。这就解释了为什么通过社会变迁而产生的制度反过来又会产生它自己的新问题”。为了维持他们已确立的社会结构,那些领导者集团将作出持续的努力以从不同的群体与个体那里调动各种资源,来维护系统的各种价值和符号和规范的合法性。这些努力将对社会中不同群体的地位产生明显的影响,引起他们之间权力平衡和他们对既定制度体系及其价值观的态度取向上的持续变化。由于分化是由特殊的群体来实施的,以及由于新的分化的制度的维持依赖于只能从其他群体那里获取的各种资源,社会的分化过程必然内在地引起群体冲突。“任何社会或集体中的大多数群体,在他们对任何此类制度的态度方面都倾向于显示出一定的自主性,并且,在他们向新的系统提供所需资源的意愿的程度和能力方面有着很大的差异或变化”。其中,最不愿意或最无能力满足系统资源需求的那个群体,将发展出对新的统治群体的要求更具对抗性的组织与意识形态,他们与统治群体间的冲突也将最为激烈。在后来与他人合著的《社会学的形式》一书中,艾森斯塔德又提出社会冲突与失序是内在地植根于人类的先天本性之中的。他认为,人类的基因符码(genetic code)是开放的,它必须通过符号形式和技术性组织来被“强制性地加以结构化”。然而这种结构化的行动本身又产生了一种失序的开放性。因为符号形式与工具性技术进步的细节是无法完全确定的,它们只能在具体的互动中逐步显露。这种开放性反过来又产生了有关人类目标与活动的自由性与可变性、有关人格冲动的控制、有关贵重资源的稀缺性以及有关人类生命本身的持续性等方面的巨大的焦虑。这些焦虑一方面通过人类的宗教、哲学、科学和艺术等各种文化形式表现出来,另一方面引起了有组织的努力和冲突,破坏了社会成员之间的信任感。为了寻求和发展人们之间的相互信任感,社会发展出一些组织性的框架机制规范劳动分工,以一些象征性符码来结构化社会情景。但是,在社会发展出来的意义性合约、符码和用来规范劳动分工的组织框架机制之间并不存在着完美的适应。这些为促进信任而发展出来的结构之间的紧张反过来又会危及信任的维持。这种紧张产生了新的象征性符码。这些新的象征性符码将人们对劳动分工的不适应感转换成强调失序和组织性专权的批判性意识形态。由于这些批判性符码必须在每一场合具体地加以定义,不同传播群体之间的差别便迅速地发展起来。这些差别反过来又加剧了上述紧张。在这种令人不满的情境下,各行动者群体便纷纷抢占接近关键性资源和位置的通道,颁布支持他们自己的立场与利益的规则。对每一群体之外的社会成员来说,这些规则常常是显得专横的、强制的和不公正的,群体冲突由此接踵而来。作为对这类冲突的反应,在几乎所有的社会中都产生了详细的、不仅用于控制符号互动也用于控制接近贵重资源机会的各种基础性规则。那些基础性规则构成了社会的“深层结构”,它们是通过不同类型的“事业家”或发明者之间有意或无意的联盟建立起来和维持的,那些联盟试图控制对社会结构的确定具有关键意义的符号和资源的流动。然而,艾森斯塔德指出,尽管这些基础性规则是用来处理社会秩序问题的,但“它并没有解决它们;它仅仅将它们转换到一个新的水平上”。因此，社会冲突将始终存在。

总而言之，社会运行并非是一个理想的、协调的、均衡的过程。在社会运行过程中，社会冲突是无时不在、无处不在的。从这个意义上说，社会运行也不是行动者单纯被动地服从“社会安排”的过程，而是在既定的结构框架内自主地追逐自身利益与目标的过程。社会冲突与失序，正是导源于行动者之间对自身利益与目标的这种自主追求。

思考题

1．试析社会学理论出现第五次综合趋势的原因。

2．为什么新功能主义者要以结构功能主义作为理论综合的基础？

3．“唯理论”、“经验论（实证主义）”、“后实证主义”各自的主要观点是什么？

4．新功能主义主要在哪些方面吸收和综合了社会学各家理论，并对结构功能主义实施了改造和发展？

相关阐释

从破坏环境生态的发展走向环境生态可持续的发展，有赖于人类思维的“哥白尼式的转变”。环境哲学和生态伦理学作为一种现代新型的意识观念，只是反映了这样一种重大转变的思想结果。哲学伦理学必须从“人类中心论”走向“人与环境生态和谐论”的转变。我们必须完成这种转变。正如阿马蒂亚·森所警示我们的：“问题不在于进行这种转变将要付出多大代价，而是如果我们不能实现这种转变将要付出多大代价”。他还说：“问题不在于我们是否需要知道做些什么或者需要什么样的技术去做。问题在于我们的社会制度能否在允许的时间内促成这个变化。”

摘自阿马蒂亚·森：《伦理学与经济学》，商务印书馆2000年版，第24、21页

对全球性环境和发展关系问题的反思

在科学技术有效推进社会发展的同时，一系列的负面问题也随之产生，如人口爆炸、资源枯竭、环境污染和能源危机等，最终使这些问题和其他问题缠结在了一起，成为全球性的环发问题。可以说，这些问题在任何一个历史时代都是存在的，但是，它们只有在20世纪60年代以后才上升

为全球性问题。这在于,它们表现出了以下特征:(1)形成原因的复杂性。全球性环发问题是由各种不同的问题构成的一个复杂的整体,这些问题是相互联系、相互依存、相互作用的,存在着一种此消彼长、盘根错节的关系,结成一个复杂的整体。例如,人口数量的膨胀加剧了资源压力、环境压力和能源压力,而日益严重的资源压力、环境压力和能源压力反过来又限制了人类生活水平的提高。(2)现实存在的威胁性。全球性环发问题是一种客观存在的危险,无论谁都不能忽视它,无论谁都逃脱不掉它的惩罚。如果这个问题得不到妥善的解决,将对整个人类构成严重的、无可挽回的损失,它不仅会造成人类社会生活条件的恶化和生产力水平的下降,而且会导致人类文明的毁灭。人类已经为之付出了惨重的代价。(3)解决方式的协作性。要想合理、有效地解决环发问题,必须要求世界上的所有国家、所有民族、所有地区求同存异、合作图存,必须要求世界上的各国政府、国家集团和国际性组织协调起来,建立一种全球伙伴关系。这在于,全球性问题的现实存在已经超越了政治疆界和地理区域,它的威胁是针对着整个地球和人类的。例如,由于臭氧层耗竭造成的紫外线辐射、海平面上升等严重的后果,对世界上所有的国家和民族都是“一视同仁”的,谁都不能幸免。全球性问题尤其是环境和发展问题的突现和加剧,要求人们在思考环境和发展关系问题的过程中,必须从全球性的范围内来关注人类的前途和命运,走可持续发展之路。

“未来学”一词最早是由德国学者奥西普·费莱希泰姆于1934年提出来的,最终在20世纪60年代至70年代成为一门集自然科学、社会科学、思维科学和管理科学等于一身的学科。一般来讲,未来学就是指以未来问题为研究对象的一门新兴的综合性学科。它主要探讨大工业生产方式和新科技革命给社会发展带来的影响,揭示按照人类的需要所作的各种选择实现的可能性,对未来发展的方向和前景进行预测和说明。未来学对未来主义的启示有:(1)科学预测是可能的,未来研究可以成为科学。科技进步所取得的成果是对社会发展规律的科学认识,因此,将科学技术运用在预测方面可以保证预测的科学性,以科学预测手段进行的未来研究能够成为科学。(2)未来研究和社会发展具有密切的关系,对未来的预测可以成为人们行动的依据。未来研究以科学的方法提供了一种有科学根据的未来形象,因此,人们可以根据预测选择自己的行动,在解决目前存在的问题和应对未来可能出现的问题的过程中就可以趋利避害。

美国生态学家莱斯特·R·布朗指出:“在生态学和经济学之间的这些

区别十分重要。比如,生态学家担心自然的极限,经济学家则倾向于不承认这方面的限制。生态学家按照自然法则,从循环的角度看待事物,而经济学家则更多地考虑直线或曲线的运行。经济学家非常相信市场的力量,生态学家则不满于市场的缺陷。"(1)在我们今天考虑地球和经济的关系中,我们的世界观需要作出哥白尼式的转变。"如同托勒密的地心说,经济学家的观点使人们对于现代世界的理解陷入混乱,创造出了和它所依存的生态经济不相适应的经济。"(2)他要求建立"一个能维系环境永续不衰的经济——生态经济,要求经济政策的形成,要以生态原理建立的框架为基础"。

摘自莱斯特·R·布朗:《生态经济》,东方出版社 2002 年版,第 2-3 页

相关文献

1. 贾春增主编:《外国社会学史》,中国人民大学出版 2000 年版。
2. 谢立中主编:《西方社会学名著提要》,江西人民出版社 2001 年版。
3. 杰弗里·亚历山大:《二十讲:二战以来的社会学理论》,华夏出版社 2000 年版。
4. 杨善华主编:《当代西方社会学理论》,北京大学出版社 1999 年版。
5. 宋林飞:《西方社会学理论》,南京大学出版社 1997 年版。

后　记

本教材是在浙江师范大学领导和教务处的关心指导下，在学校“通识课”教材建设经费的资助下，由我组织校内专家，开始酝酿写作。写作的大多数章节都是在已经开设多年通识课程“现代西方思潮评介”的讲稿基础上写成的。其中第二章、第八章由郑祥福教授、博士撰写，第三章、第五章由戴月华博士撰写，第十章由张啸尘副教授撰写，第十一章由斯亚平副教授撰写，第十三章由戴建庭副教授撰写，第十五章由许放明副教授撰写，其余的由我撰写。本教材的写作历时两年多，其间浙江师范大学教务处多次组织中期检查，并邀请校外专家指导督促。在此一并致谢。

本教材的写作参考和吸取了国内相关专著和教材的优秀成果和先进思想，特别是近年内出版的专著中的许多学术见解和最新资料。由于本人的资质浅陋，书中定然存在不少问题，敬请各位专家批评指正。

王　珉
2005.5